AF500502

L'IMMATERIALITÉ DE L'AME DEMONTRÉE CONTRE M. LOCKE

Par les mêmes Principes, par lesquels ce Philosophe démontre l'Existence & l'Immaterialité de Dieu,

AVEC DES NOUVELLES PREUVES

DE L'IMMATERIALITÉ DE DIEU, ET DE L'AME,

Tirées de l'Ecriture, des Peres & de la raison

PAR LE

P. GERDIL BARNABITE,

Professeur de Philosophie au College Royal de Casal,

OUVRAGE DEDIE'

A S. A. R. MONSEIGNEUR

LE DUC DE SAVOYE.

A TURIN, MDCCXLVII.

DE L'IMPRIMERIE ROYALE.

MONSEIGNEUR.

LE but que je me ſuis propoſé dans l'Ouvrage que j'ai l'honneur de préſenter à *V. A. R.*, a été d'employer les principes d'un célébre *Philoſophe* pour combatre ſes *propres doutes ſur la nature de l'Eſprit, & oppoſer aux dangereuſes conſéquences qui peuvent s'enſuivre contre l'immortalité de l'Ame, quelques preuves démonſtratives d'une vérité ſi importante, qui intereſſe également la Religion & la ſocieté. Si s'oſois me flater que le ſuccès eût répondu à mes deſirs, quelque dénué que ſoit mon Traité, des agréments d'une brillante imagination, la grandeur du ſujet ne me laiſſeroit aucun lieu de craindre qu'il ne fût digne d'un Prince, qui n'a commencé à faire uſage de ſa raiſon, que pour la cultiver par les études les plus ſolides; qui dès l'âge le plus tendre a témoigné pour les Sciences & les beaux Arts une ardeur égale à la facilité qu'il avoit à les apprendre, & qui par ſon eſtime & ſes progrès les a honoré de la protection la plus illuſtre & la plus flateuſe. Une ſi rare élevation de génie jointe à une raiſon ſi éclairée a produit en vous, MONSEIGNEUR, les fruits précieux qu'on en devoit attendre. Deſtiné par la Providence à prolonger la gloire de l'Etat, & la félicité des*

Peu-

Peuples, Vous n'êtes occupé que du ſoin de répondre à ſes hauts deſſeins ſur Vous. On Vous a vu dans les premiers eſſais que Vous avez faits des travaux & des dangers de la guerre, plein de cette noble ardeur qui annonce les Heros, conſerver ce caractere de modération, & ce tranquille diſcernement qui eſt le partage des grandes Ames. A tant de rares qualités ſe joint encore en Vous, MONSEIGNEUR, l'heureuſe néceſſité de les perfectionner de plus en plus. Les glorieux exemples de notre ſage & vaillant Monarque, l'éclat qui en rejaillit ſur Vous, excitent ſans ceſſe votre émulation a marcher ſur ſes traces; & Vous ſentez que le Ciel ne Vous a uni à lui par les liens les plus ſacrés de la nature, que pour Vous attacher d'autant plus puiſſamment à l'imitation de ſes grandes vertus, en Vous propoſant un modele qui fût tout enſemble l'objet de votre amour & de votre admiration. Ainſi en retraçant à nos yeux l'auguſte image d'un Roi qui fait les délices de ſes ſujets, Vous aſſurez la continuation du bonheur & du repos public.

public. Agréez donc, MONSEIGNEUR, que pénétre en mon particulier, plus que personne des sentiments de la respectueuse vénération que Vous imprimez dans tous les cœurs, je me hâte de Vous en rendre un humble hommage, dans ce premier fruit de mes réflexions que je donne au public: heureux, si quelque foible que soit cette production, Vous daignez l'honorer d'un regard favorable, & le recevoir comme un témoignage de mon zéle, & de mon très-profond respect.

DISCOURS

DISCOURS PRELIMINAIRE.

Utilité d'une Preuve démonstrative de l'Immortalité de l'Ame, fondée sur son Immaterialité.

L y a long-tems qu'on est convaincu, que la connoissance de soi-même est de toutes les études celle, qui contribue le plus à perfectionner la raison humaine, & qui en lui faisant sentir sa propre foiblesse, & sa dépendance de l'Etre suprême, lui inspire aussi plus de docilité à écouter la voix de la Religion, & à se laisser conduire par la sainteté de ses maximes. L'expérience ne montre que trop, que le libertinage & l'irréligion sont le plus souvent les suites funestes de la dissipation d'un Esprit, qui comme sorti hors de lui-même, se répand uniquement sur les objets materiels & sensibles. On peut à la vérité avec une telle disposition acquérir des connoissances sublimes, on peut devenir un grand Géométre & un grand Physicien; mais on est peu touché des vérités purement intellectuelles; & comme on s'accoutume à ne juger de la réalité des choses, que par l'impression sensible qu'elles font sur l'imagination; tout ce qui n'offre point de corps à l'Esprit paroit n'être rien, & on passe quelquefois jusqu'à se persuader ce qu'il y a réellement de plus inconcevable, que la penſée même eſt une qualité de la matiere, qui réſulte de la diſpoſition, & de la ſtructure des organes corporels. Qu'on mépriſe donc tant qu'on voudra cette partie de la Philoſophie qui traite des idées de l'entendement pur, des principes généraux de la connoiſſance humaine, & des ſubſtances immaterielles; que le ſeul nom de Métaphyſique ſoit un titre ſuffiſant pour rebuter bien des perſonnes, qui ſe piquent de délicateſſe, & d'un gout raffiné dans les Sciences; ceux qui ſupérieurs à la mode, voudront ne conſulter que le bon ſens, conviendront ſans peine qu'il nous importe avant tout, de bien pénétrer dans la connoiſſance de ce que nous ſommes. L'Eſprit eſt ſans doute à ſoi même le plus digne objet de ſon application & de ſes recherches; les caractéres de la Divinité, dont il porte l'image & la reſſemblance, ne ſont-ils pas des attraits aſſez puiſſants, pour nous inviter à les vouloir connoître de plus près? Si cet écoulement de la Divine Sageſſe, ce rayon d'intelligence, dont elle a bien voulu nous faire part, ne peut ſubſiſter que dans une nature immaterielle, plus approchante de la ſimplicité ſouverainement parfaite de l'Etre Divin, & infiniment élevée au deſſus de la condition de cette partie groſſiere & périſſable de nous-mêmes, qui nous eſt commune avec tout ce qu'il y a de créatures inſenſibles; n'eſt-ce pas un point qui mérite toute notre application, pour nous en éclair-

éclaircir, & nous en convaincre ? Peut-on ſans une aveugle ſtupidité renoncer à des titres ſi flateurs, ſans avoir auparavant apporté toute ſon attention à diſcuter les raiſonnements de tant de célébres Philoſophes, qui ne prétendent rien moins que de démontrer ces importantes vérités, qui relevent avec tant d'éclat la nobleſſe & l'excellence de notre Etre. L'Eſprit naturellement pénétré du déſir de l'immortalité ne peut ſe montrer ſi indifférent aux preuves, qui lui en aſſurent la poſſeſſion, comme un appanage de ſa nature ; à moins qu'un brutal attachement à des biens périſſables, ne l'ait ravalé juſqu'au point de lui faire ſouhaiter d'être de même condition que les objets de ſes amours.

Ce n'eſt donc pas ſans raiſon que les Docteurs, & les Philoſophes Chrétiens ont cru de tout tems, que la croyance de la Spiritualité & de l'Immortalité de l'Ame étoit la plus forte barriere, qu'on pût oppoſer au libertinage d'Eſprit, toujours ſuivi de celui du cœur, & d'autant plus dangereux, qu'on a eu ſoin de le revêtir du titre ſpécieux d'une noble liberté de penſer. Quelque déreglé, quelque corrompu que ſoit un homme, s'il eſt fortement perſuadé de l'immortalité de ſon Ame, cette conviction devient en lui comme une ſource de lumiere, qui peut bien être ſouvent obſcurcie par les nuages des paſſions & des vices ; mais qui retenant pourtant cette force & cette clarté invincible, dont la vérité ne ſauroit être dépouillée, ne pourra manquer de luire au moins par intervalle à son Esprit, de reveiller sa raison, & le secouer en son assoupissement. Il entre-verra en ces heureux moments d'un côté, l'objet & le principe de son véritable bonheur qu'il abandonne, pour courir après les plaisirs trompeurs de cette vie; & de l'autre, l'obscurité impénétrable d'un avenir affreux, & d'une éternité malheureuse où ses égarements le conduisent. Cette vérité venant ainsi à répandre une amertume salutaire sur les vaines joies dont il s'enyvre, le détrompera peu à peu de ses fausses maximes, & le rapprochera de cette Religion toute Divine & surnaturelle, qui seule peut fixer les doutes de l'homme sur son sort après cette vie, & lui fournir les moyens de se rendre éternellement heureux.

Un libertin au contraire séduit par les captieux raisonnements des Materialistes, ou plutôt par leur conformité à ses inclinations vicieuses, qui croit s'être bien élevé au dessus des préjugés du vulgaire, pour parler le langage ordinaire aux prétendus Esprits forts, pour faire profession de croire, que la Religion n'est qu'une vaine superstition, qui tient les grands génies dans une gêne injuste, & que le principe de la pensée n'étant que la portion la plus subtile du sang, doit périr avec l'organisation du corps: cet homme ne trouve plus rien en lui qui s'oppose à son libertinage, le principe de sa con-

duite

duite eſt parfaitement conforme à ſon train de vie : ce qui lui reſte de raiſon après une erreur ſi dangereuſe, ne ſert qu'à le plonger plus avant dans l'impieté & dans le vice.

Cette différence ſi ſenſible des maximes, qui doivent ſervir de regle aux penſées & aux actions de la vie, ſelon qu'on eſt perſuadé, oui ou non de l'immortalité de l'Ame, eſt ſans doute ce qui a engagé les plus ſages Législateurs, & les plus célébres Philoſophes de l'Antiquité à employer de concert l'autorité & la raiſon pour établir cette importante vérité, & à ne négliger aucun moyen de la répandre, & de la graver dans l'Eſprit des Peuples. Ils en ont donc traité avec toute la ſubtilité dont ils étoient capables, & on ne peut nier qu'ils n'en aient même donné d'excellentes preuves, malgré les notions obſcures & confuſes qu'ils avoient de la nature, & des qualités de l'Eſprit & du corps.

Deſcartes ayant diſtingué avec plus de netteté qu'on n'avoit jamais fait, ce qui appartient au corps, d'avec ce qui appartient à l'Eſprit dans les qualités ſenſibles, & démontré que l'éclat de la lumiere, la varieté des couleurs, les ſons & leur harmonie, en un mot tout ce qui affecte nos ſens, n'eſt dans les corps, qu'une certaine groſſeur, configuration, mouvement & arrangement de leurs parties; les Philoſophes modernes qui l'ont tous ſuivi en ce point, ſans en excepter M. Locke, doivent auſſi reconnoître que ces mê-

mes

mes qualités senſibles, en tant qu'elles ſont des affections de l'Ame, n'étant rien de ſemblable à ce qu'elles ſont dans les corps, elles doivent appartenir à une nature totalement différente: ainſi ce puiſſant génie a fixé les limites de la matiere, & prouvé l'immortalité de l'Ame par ſon immaterialité.

Il eſt donc ſurprenant qu'après cela, il ſe ſoit trouvé des Philoſophes, qui affectant de paroître convaincus de l'immortalité de l'Ame par un Eſprit de Foi & de Religion, ſe ſont fait une eſpece de gloire de faire naître des doutes ſur ſon immaterialité, qui eſt la baſe de ſon immortalité, & de faire paſſer les raiſonnements de ceux, qui prétendent l'établir par la raiſon, comme autant de recherches creuſes & incertaines ſur un ſujet tout-à-fait indifférent, & auquel nos connoiſſances ne ſauroient atteindre.

Le Chef de ces nouveaux indifférents ſur l'immaterialité de l'Ame eſt le célébre M. Locke, qui dans ſon eſſai ſur l'entendement humain prétend, „ qu'il nous eſt impoſſible de découvrir „ par la contemplation de nos propres idées ſans „ la révelation, ſi Dieu n'a point donné à quel„ que amas de matiere diſpoſé, comme il le „ trouve à propos, la puiſſance d'appercevoir & „ de penſer; où s'il a joint à la matiere ainſi „ diſpoſée une ſubſtance immaterielle qui penſe. „ Car, ajoute-t-il, par rapport à nos notions, il „ ne nous eſt pas plus mal aiſé de concevoir,

„ que

„ que Dieu peut, s'il lui plait, ajouter à notre „ idée de la matiere la faculté de penſer, que „ de comprendre qu'il y joigne une autre ſub- „ ſtance avec la faculté de penſer.

Il ne falloit rien de plus que l'autorité de M. Locke, pour mettre en vogue un ſentiment, qui accommode également la corruption du cœur humain, & la pareſſe naturelle de l'Eſprit, qui aime ſouvent à trouver dans les recherches difficiles & épineuſes un prétexte ſpécieux de s'arrêter dans un état de doute, pour s'épargner la peine de s'éclairer, & de ſe convaincre.

Le fameux M. Le Clerc ayant pouſſé ſa timide circonſpection, juſqu'à douter ſi l'on pourroit trouver dans l'Ecriture, & dans les Prophetes un exemple de la préſcience de Dieu par rapport aux effets futurs, libres, & contingents; il n'eſt pas étrange qu'il ait adopté le doute de M. Locke ſur la poſſibilité, ou même ſur l'éxiſtence actuelle de la matiere penſante.

Pneumat. ſect. 5. chap. 4. art. 13. & ſuiv.

La Foi, il eſt vrai, ordonne expreſſément, que l'on croie l'Ame immortelle. Cela ſuffit à ces Eſprits dociles vraiment humbles, & vraiment ſages, qui ſavent, ſelon le précepte de l'Apôtre, captiver leur entendement pour l'obeiſſance de Jeſus-Chriſt, & le ſoumettre aux Oracles de ſa révelation. Ces perſonnes n'ont aucunement beſoin de raiſonner ſur la ſubſtance

de

de l'Ame : la Foi leur tient lieu de ſcience; & ils ſont vraiment plus ſavants, guidés par l'autorité infaillible d'un Dieu qui parle, que tous ces ſubtils diſcoureurs, qui raiſonnent ſans ceſſe, & ne parviennent jamais à la connoiſſance de la vérité.

Mais il eſt d'autre part des Eſprits rebelles, qui ayant ſecoué le joug de l'autorité, ſe ſont livrés à l'erreur & à l'irréligion, des Eſprits préſomptueux, qui par un étrange abus de la raiſon même, refuſant de reconnoître dans la Religion Chrétienne, les marques viſibles d'une inſtitution Divine, ne veulent d'autre guide que leur propre ſens, & cette raiſon ſi ſujette à l'erreur, & à l'incertitude, comme le fait voir la multiplicité des opinions dans toutes les Sciences : & ce ſont ces Eſprits qu'il faut tâcher de convaincre par la raiſon, de la fauſſeté de leurs principes.

La providence de Dieu, & l'immortalité de l'Ame ſont les deux grandes vérités, que la raiſon humaine peut employer le plus utilement, pour diſſiper les illuſions de toute vaine Philoſophie, qui prétendra s'élever contre la Religion.

Act. Ap. c. 17. L'Apôtre nous en fournit lui-même un illuſtre exemple dans ſa ſublime Harangue aux Athéniens. Conduit à l'Aréopage par des Philoſophes Epicuriens & Stoïciens pour y expliquer ſa doctrine, il reveille d'abord dans l'eſprit de ſes Audi-

teurs

teurs par les expreſſions les plus magnifiques la haute idée de l'Etre ſuprême, de ce Dieu qu'ils adoroient ſans le connoître : il leur annonce un Dieu qui a créé le Ciel & la Terre, & tout ce qu'ils contiennent : un Dieu qui maître abſolu de ſes Créatures leur donne l'Etre, la reſpiration, la vie, & tout ce qu'elles ſont : un Dieu qui nous eſt intimément préſent, dans lequel nous vivons, nous nous mouvons, & nous ſommes : un Dieu immenſe, qui ne peut être renfermé dans des temples materiels : un Dieu dont la Majeſté eſt ſi fort au deſſus de tout ce qui tombe ſous nos ſens, que l'art de la Sculpture ne peut rien faire qui le repréſente ; que l'or, ni l'argent, ni les pierres précieuſes, ni tout ce que nous pouvons concevoir de plus noble dans la matiere, n'eſt rien qui lui reſſemble. C'eſt même par la conſidération de notre Etre, qui n'eſt qu'une foible image de l'Etre Créateur dont il eſt ſorti, vérité reconnue par les Payens mêmes, que l'Apôtre excite ſes Auditeurs à penſer ſi noblement de Dieu : *Genus ergo cum ſimus Dei*, dit-il, & c'eſt ainſi qu'il releve admirablement l'excellence du Genre humain, *non debemus æſtimare auro, aut argento, aut lapidi ſculpturæ artis, & cogitationis hominis Divinum eſſe ſimile*. Ce qui ne pouvant s'entendre de l'homme, en tant que materiel, il faut qu'il y ait en nous un Eſprit incapable d'être repréſenté ſous aucune forme corporelle, & que cet Eſprit, par lequel nous appartenons de ſi près à Dieu, ſoit auſſi lui-même quelque choſe d'immateriel & de Divin. Ainſi l'Apôtre en élevant les penſées de ſes Auditeurs au deſſus de tout ce qu'il y a de materiel, de périſſable & de ſenſible dans l'idée qu'ils devoient avoir, ſoit de Dieu, & de ſa Providence, ſoit de la nature de l'Ame, qui eſt la principale partie de nous-mêmes, & les ayant diſpoſés à n'y rien concevoir, que d'immateriel & d'incorruptible, il les amene inſenſiblement au dogme de la Réſurrection, qui eſt le fondement de notre Foi, de nos eſpérances, & de notre conduite. On peut donc croire avec fondement, que quoiqu'une preuve philoſophique de l'immortalité de l'Ame ne ſoit pas néceſſaire pour ceux, qui reçoivent avec ſimplicité les dogmes que la Religion nous propoſe, elle eſt du moins très-utile pour conduire à la vraie Religion ceux qui s'égarent, pour ne vouloir ſuivre d'autre guide que leur foible raiſon.

Or une des meilleures preuves qu'on puiſſe donner de l'immortalité de l'Ame, c'eſt ſans doute celle qui ſe tire de ſon immaterialité. Car un Etre non compoſé de parties eſt naturellement indeſtructible, il ne peut périr que par l'anéantiſſement. Mais dès qu'on ne ſera plus tenté de croire l'Ame mortelle, que ſous prétexte que Dieu peut anéantir les Eſprits immateriels, la croyance de ſon immortalité ne courra plus guere de riſque. L'erreur de ceux qui ont cru l'Ame mortelle, ou qui en ont douté, n'eſt venue que

de

de ce qu'ils ont cru, ou qu'ils ont douté que le principe de la penſée fût materiel, & par conſéquent ſujet à la corruption, comme tout ce qui réſulte de l'aſſemblage & de l'arrangement de pluſieurs parties. Pour douter de l'immortalité de l'Ame, après s'être convaincu de ſon immaterialité, il faudroit ou que la Philoſophie fournit quelque raiſon de la deſtruction d'un Etre ſimple, & d'un véritable anéantiſſement, ou que l'Ecriture nous donnât quelque ſujet de le croire: mais la Philoſophie ne dit rien de tel, & la Révelation y eſt expreſſément contraire.

Ayant donc remarqué que les principes, par leſquels M. Locke entreprend de démontrer l'éxiſtence, & même l'immaterialité de Dieu, ſervoient également à établir l'immaterialité de l'Ame, & par conſéquent ſon immortalité; j'ai cru qu' une démonſtration appuiée ſur de tels principes, ſeroit une preuve entiérement convaincante au moins pour ceux, que l'autorité de M. Locke retient dans le doute à cet égard. La ſeule lecture de l'abregé de M. Locke par M. l'Evêque de S. Aſaph, & traduit par M. Boſſet, m'inſpira il y a quelques années cette penſée, & me fournit le ſujet d'une Diſſertation latine pour le renouvellement des Etudes; où je m'attachai à prouver, qu'en ſuivant les principes de M. Locke, tout homme qui faiſoit profeſſion de douter de l'immaterialité du principe de la penſée, ne pouvoit plus avoir de preuve convaincante de

 l'éxil'éxiſtence & de l'immaterialité de Dieu. Mais ayant lu depuis le grand Ouvrage de M. Locke & y ayant vu non ſeulement ſes propres penſées plus étenduës, & mieux dévelopées, mais encore le précis de tout ce qu'il a répondu au Docteur Stillingfléet, qui l'avoit attaqué ſur le même ſujet; je me ſuis trouvé dans l'engagement d'étendre auſſi ma Diſſertation, & de répondre plus particuliérement à tous ces nouveaux raiſonnements de M. Locke, que je n'avois point trouvés dans ſon abregé. Le ſoin qu'a pris Monſieur Coſte de ramaſſer en cet Extrait tout ce que M. Locke a dit dans ſes derniers Ouvrages pour établir ſon ſentiment, me fait eſpérer qu'après y avoir ſolidement répondu, comme je me flate de le faire, je n'aurai rien laiſſé en arriere de ce qui appartient à une entiere réfutation de ce ſentiment.

„ Le Docteur Stillingfléet, dit M. Coſte, ſa„ vant Prélat de l'Egliſe Anglicane, ayant pris „ à tâche de réfuter pluſieurs opinions de M. Lo„ cke, ſe récria principalement ſur ce qu'il „ avance ici, que nous ne ſaurions découvrir „ ſi Dieu n'a point donné à certains amas de ma„ tiere diſpoſés, comme il le trouve à propos, „ la puiſſance d'appercevoir & de penſer. La „ queſtion eſt délicate, & M. Locke ayant eu „ ſoin dans le dernier Ouvrage qu'il écrivit, „ pour repouſſer les attaques du Docteur Stillin„ gfléet, d'étendre ſa penſée ſur cet Article, de

„ l'éclair-

„ l'éclaircir, & de la prouver par toutes les rai-
„ sons dont il pût s'aviser; j'ai cru qu'il étoit
„ nécessaire de donner ici un Extrait éxact de
„ tout ce qu'il a dit pour établir son sentiment.

Comme je n'ai point vu l'Ouvrage du Docteur Stillingfléet, je ne puis juger s'il s'y est pris, comme il faut, pour défendre la vérité contre les subtilités de M. Locke. Tout ce que je sais, c'est que je n'opposerai à M. Locke en tout cet Ouvrage, que des raisonnements précis & philosophiques, déduits des principes qu'il emploie, pour prouver l'éxistence & l'immaterialité de Dieu. Et pour donner à mon Ouvrage autant d'ordre, que la méthode de l'Auteur que je combats peut le permettre, j'ai jugé à propos de le diviser en huit Parties.

Division de l'Ouvrage.

DAns la premiere, je rapporte au long les principes, sur lesquels M. Locke établit sa Démonstration de l'éxistence & de l'immaterialité de Dieu; & je fais voir en même tems que ces principes supposent toujours que la matiere n'est qu'une masse d'étenduë solide, divisible & mobile, sans force, & sans action capable sulement de figure & de mouvement. Je releve à cette occasion quelques contradictions de M. Locke, & l'absurdité d'une nouvelle hypothése sur la création de la matiere, que cet Auteur indique en passant.

Je

Je tâche dans la ſeconde Partie de déterminer nettement les idées de la ſubſtance, & du mode de l'eſſence, & des facultés d'une choſe : je me ſers même de quelques paſſages de M. Locke, pour éclaircir & déterminer ces idées. De ces notions ainſi déterminées & des principes par leſquels M. Locke démontre l'immaterialité de Dieu, il en réſulte tout naturellement une Démonſtration complette de l'immaterialité de toute ſubſtance penſante.

Je paſſe dans la troiſiéme à diſcuter trois des principaux points du Syſtême de M. Locke, qui tendent également à renverſer les principes de ſa Démonſtration de l'immaterialité de Dieu. Ces trois points ſont. 1. Que nous n'avons aucune idée de la ſubſtance en général. 2. Que nous n'avons non plus aucune idée, ni de la ſubſtance du corps, ni de celle de l'Eſprit en particulier; ce qu'il prétend montrer, en comparant les idées qu'il ſuppoſe être communes à l'Eſprit & au corps; & enſuite celles qu'il croit être particulieres à l'une & à l'autre de ces ſubſtances. 3. Enfin que nous n'avons pas même une idée claire de l'étenduë.

Mon but dans la quatriéme Partie eſt de montrer, que l'idée de la ſimple étenduë eſt non ſeulement une idée claire; mais que de plus elle eſt commune à tous les hommes, qu'on en peut déduire géométriquement toutes les propriétés, qui appartiennent inconteſtablement à la matiere; que l'idée du vuide n'eſt que l'idée de l'étenduë

ab-

abſtraite, & qu'en un mot l'étenduë eſt la ſubſtance même de la matiere, & de tous les corps. Ce principe qui eſt la baſe de tout le Syſtême Cartéſien, & de la véritable Philoſophie, ſert également à écarter de la Métaphyſique les notions confuſes, qui rendent cette Science inintelligible dans les écrits de quelques Philoſophes, & à écarter auſſi de la Phyſique ces qualités occultes, qu'on ſuppoſe être naturelles aux corps, quoiqu'indépendantes de la groſſeur, de la figure, & du mouvement de leurs parties, qualités qui ne ſont réellement qu'autant d'idées abſtraites de quelque cauſe en général, que les Philoſophes ſubſtituent aux cauſes particulieres & déterminées, quand il les ignorent. J'aſſigne en même tems une regle générale, qui pourra ſervir à diſtinguer les qualités réelles d'une choſe de ces qualités imaginaires, dont je viens de parler.

Dans la cinquiéme Partie, j'examine les arguments, que M. Locke emploie, pour rendre plauſible ſon doute ſur la poſſibilité d'une amas de matiere doué de la faculté de penſer. Il inſiſte principalement ſur la prétendue action du corps ſur l'Eſprit, qu'il ſuppoſe n'être pas moins certaine qu'elle eſt occulte. Je n'ai non plus ici beſoin, que de M. Locke pour le combatre, & je tire de ſes obſervations de quoi prouver démonſtrativement, que les impreſſions qui ſe font ſur les organes de nos ſens ne peuvent qu'occaſionner les ſentiments & les idées, dont notre Ame eſt affe-

ctée

ctée ensuite de ces impressions, mais non pas les produire par une force proprement dite.

Dans la sixiéme Partie, en répondant aux nouveaux raisonnements, par lesquels M. Locke a voulu soutenir son doute contre le Docteur Stillingfléet, je tâche toujours de faire voir, que c'est sans raison qu'on s'obstine à introduire dans la matiere ces facultés intrinseques, que leurs fauteurs mêmes avouent être incompréhensibles.

Dans la septiéme Partie, on montre par des passages incontestables de Ciceron, & de Plutarque, que plusieurs entre les anciens Philosophes ont reconnu dans la nature de l'Ame une substance non étenduë, & absolument dépouillée de toute materialité.

Enfin dans la huitiéme Partie, je démontre en premier lieu, qu'on doit nécessairement admettre l'éxistence de quelque Etre non étendu, contre le premier principe d'un nouveau Systême fondé en partie sur les principes de M. Locke. Je prouve ensuite l'immaterialité absolue de Dieu par ses Attributs, & par des passages formels de l'Ecriture Sainte de l'ancien & du nouveau Testament. Enfin je prouve que les Docteurs de l'Eglise dès les premiers siécles ont expressément enseigné & soutenu l'immaterialité absolue de Dieu, & des Intelligences créées, de sorte que sur ce point, comme sur les autres, la tradition de l'Eglise est parfaitement conforme à la doctrine, & à l'Esprit de l'Ecriture.

PRE-

PREMIERE PARTIE.

Examen des principes, par lesquels M. Locke démontre l'existence, & l'immaterialité de DIEU.

§. 1.

Onsieur Locke fonde sa démonstration de l'existence de Dieu sur la connoissance certaine, que nous avons de notre propre existence, & de nôtre pensée; car puisque ce n'est pas nous, qui nous sommes donné notre existence & notre pensée, il faut que nous la tenions cette existence, & cette pensée d'un Etre éternel, tout puissant, & très-intelligent. Il y a donc un Etre éternel, très-puissant, & très-intelligent, à qui l'on donne communément le nom de Dieu. C'est ici à peu près la substance de cette démonstration de M. Locke, qu'il propose d'une maniere courte, & simple dès le commencement du chap. 10., où il traite de l'existence de Dieu; mais il passe ensuite à en développer les principes avec plus d'étenduë, & de précision, parceque, comme il le dit, *c'est un point si fondamental, & d'une si haute importance, que toute la Religion, & la véritable morale en dépendent*. Voici donc ses principes, ou les parties de son argument, telles qu'il les reprend pour les mettre dans un plus grand jour.

I. „ C'est une vérité, dit-il, tout à fait évidente, qu'il „ doit y avoir quelque chose, qui existe de toute éternité. Car

I. Premier principe de M. Locke, qu'il doit

exister quelque chose de toute éternité.

„ Car le pur néant n'auroit jamais rien pû produire d'existant. Puis donc que quelque chose doit exister de toute „ éternité, voions quelle espece de chose ce doit être.

II. Second principe de M. Locke, qu'il y a deux sortes d'Etres, pensants, & non pensants.

2. „ L'homme ne connoit, ou ne conçoit dans ce „ monde que deux sortes d'Etres. Premierement ceux, „ qui sont purement materiels, qui n'ont ni sentiment, „ ni perception, ni pensée, comme l'extremité des poils „ de la barbe, & les rogneures des ongles. Secondement, „ des Etres, qui ont du sentiment, de la perception, & „ des pensées, tels que nous nous reconnoissons nous-mémes. „ Dans la suite, ajouté M. Locke, nous désignerons ces „ deux sortes d'Etres par le nom d'Etres pensants, & „ non pensants; termes, qui sont peut-être plus commo- „ des pour le dessein, que nous avons presentement en vûë „ (s'ils ne le sont pas pour autre chose) que ceux de mate- „ riel, & d'immateriel.

III. Que dans le systême de M. Locke on ne sauroit s'assurer qu'il y ait des Etres non pensants.

Si tout autre Philosophe que M. Locke eut posé un tel principe, & que M. Locke eut dû l'examiner, je crois qu'il auroit dit à ce Philosophe, comme au Pere Malebranche sur la division de toutes les manieres de voir les objets exterieurs: vôtre esprit est très-borné, & tout esprit borné doit avoir assez de modestie, & d'humilité pour avouër qu'il peut y avoir plusieurs manieres de concevoir les objets, quoique nous ne les connoissions point du tout. Ainsi quoique nous ne concevions pas qu'il y ait sentiment, perception, & pensée dans l'extremité des poils de la barbe, & dans la rogneure des ongles; foibles, & bornés, au point que nous le sommes, en devons nous conclure que ces choses soient privées de sentiment, & de connoissance, & qu'elles n'aient pas des pensées, qui leur soient particulieres, & dont nous ne pouvons non plus nous appercevoir que des pensées des habitants de l'Amerique, avec qui nous n'avons aucune correspondance? Voila ce que M. Locke auroit dû dire en suivant sa maniere de raisonner; & un tel raisonnement, dont il est pour-

pourtant bien aisé de découvrir la fausseté, fait voir qu'une entiere assurance qu'il y ait des Etres purement materiels, & non pensants, ne peut s'accorder aucunement avec les principes de cet Auteur, je ne dis pas seulement sur la foiblesse, & les bornes de l'esprit humain, qui souvent lui servent de prétexte pour resister à l'évidence des propositions, qui combattent ses préjugés; mais, ce qui est plus important, avec ses pensées sur la nature de la matiere. Car selon M. Locke la matiere n'est pas simplement une étenduë solide; mais c'est une chose encore plus occulte, une substance absolument inconnoissable, & qui est le sujet de l'étenduë, de la solidité, de la cohésion, & de cent autres proprietés, que nous ne connoissons pas: avec de tels principes comment assurer qu'il y ait des corps non pensants? Pendant qu'une pierre ne sera qu'une masse d'étenduë solide, ayant des parties d'une certaine grosseur, & configuration avec une certaine disposition, & liaison entre elles dependante de l'action d'un agent exterieur, alors je concevrai clairement avec les Cartesiens qu'une telle substance, qui n'est qu'une étenduë solide modifiée d'une certaine façon, est absolument incapable d'avoir ni sentiment, ni perception, ni pensée; mais, si la substance de la pierre n'est pas une étenduë solide existente, ou modifiée d'une certaine maniere; mais un sujet plus occulte, & incompréhensible, & que l'étenduë, & la solidité ne soient que quelques-unes de ses proprietés, pendant que cette substance occulte, mais réelle, peut en avoir une infinité d'autres; qui peut m'assurer qu'entre ces proprietés il ne s'y trouve le sentiment, la perception, & la pensée? On ne peut donc en suivant les principes de M. Locke sur la nature de la matiere, & de la substance en général, avoir, je ne dis pas aucune évidence, ou certitude, mais ni même des motifs probables de juger qu'il y ait des Etres materiels, quelques purement materiels, qu'on les conçoive, qui soient non pensants; j'aurai

rai occasion de mieux développer encore ce raisonnement dans la suite.

IV. Troisieme principe de M. Locke : que la matiere une fois en repos ne peut se donner le mouvement.

„ Si donc, poursuit M. Locke, il doit y avoir un Etre, „ qui existe de toute éternité, voions de quelle de ces „ deux sortes d'Etres (pensants, ou non pensants) il faut „ qu'il soit. Et d'abord la raison porte naturellement à „ croire, que ce doit être nécessairement un Etre qui pense; „ car il est aussi impossible de concevoir, que la simple „ matiere non pensante produise jamais un Etre intelli„ gent, qui pense, qu'il est impossible de concevoir, que „ le néant pût de lui-même produire la matiere : en effet „ supposons une partie de matiere grosse, ou petite, qui „ existe de toute éternité, nous trouverons qu'elle est in„ capable de rien produire par elle-même. Supposons, „ p. e., que la matiere du premier caillou, qui nous tombe „ entre les mains, soit éternelle, que les parties en soient „ exactement unies, & qu'elles soient dans un parfait „ repos les unes auprès des autres: s'il n'y avoit aucun „ autre Etre dans le monde, ce caillou ne demeureroit„ il pas éternellement dans cet état, toujours en repos, „ & dans une entiere inaction ? Peut-on concevoir qu'il „ puisse se donner du mouvement à lui-même, n'étant que „ pure matiere, ou qu'il puisse produire aucune chose?

V. Que ce principe de M. Locke suppose, que nous connoissons la substance de la matiere. Contradiction de M. Locke à ce sujet.

L'assurance, avec laquelle M. Locke décide ici, que la pure matiere n'a en elle-même aucun principe de mouvement, & que dès qu'elle est en repos, elle doit y rester éternellement dans une entiere inaction sans pouvoir ni se mouvoir elle-même, ni rien produire hors d'elle, cette assurance, dis-je, ne peut être fondée, que sur l'idée de la matiere telle qu'on l'a communément, je veux dire, d'une étenduë solide, & divisible en parties, & sur la supposition qu'il n'y ait rien dans la matiere que ce qui répond précisement à cette idée. Sans cela on ne pourra jamais définir quelles proprietés conviennent, ou ne conviennent pas à la pure matiere. Or comment accorder

cette

cette ſuppoſition avec les ſentiments de M. Locke ſur l'idée de la matiere, & de l'étenduë même, dont il prétend prouver l. 2. c. 23., que nous n'avons aucune idée claire? il ne le prouve à la vérité, que par des raiſons très-frivoles, comme je le ferai voir en ſon lieu; mais ce n'en eſt pas moins ſon ſentiment, & ce ſentiment contredit viſiblement les preuves, qu'il apporte, que la matiere n'a en elle-même aucun principe de mouvement. „ Qui „ voudra prendre la peine, dit M. Locke chap. 23. p. 2., „ de ſe conſulter ſoi-même ſur la notion, qu'il a de la „ pure ſubſtance en général, trouvera qu'il n'en a abſolu- „ ment point d'autre, que de, je ne ſais quel ſujet, qui „ lui eſt tout à fait inconnu, & qu'il ſuppoſe être le ſou- „ tien des qualités, qui ſont capables d'exciter des idées „ ſimples dans notre eſprit, qualités, qu'on nomme com- „ munément des accidents. En effet qu'on demande à „ quelqu'un ce que c'eſt que le ſujet, dans lequel la cou- „ leur ou le poids exiſtent, il n'aura autre choſe à dire, „ ſi non que ce ſont des parties ſolides, & étenduës. Mais „ ſi on lui demande ce que c'eſt que la choſe, dans la- „ quelle la ſolidité, & l'étenduë ſont inhérentes, il ne „ ſera pas moins en peine, que l'Indien qui ayant dit, „ que la terre étoit ſoutenuë par un grand Elephant, ré- „ pondit à ceux, qui lui demanderent ſur quoi s'appuioit „ cet Elephant, que c'étoit ſur une grande tortuë, & qui „ étant encor preſſé de dire ce qui ſoûtenoit la tortue, „ repliqua que c'étoit quelque choſe, un je ne ſais quoi, „ qu'il ne connoiſſoit pas. Par la même raiſon je voudrois demander à M. Locke: connoiſſez-vous le ſujet de la ſolidité, & de l'étenduë de ce caillou, que vous ſuppoſez devoir demeurer dans une inaction éternelle? Sans doute, que je ne le connois pas, me répondroit-il: ce ſujet eſt la ſubſtance du caillou, & par tout je ſoutiens, que nous n'avons aucune idée claire de la ſubſtance, ni en général, ni en particulier; eh bien répliquerois-je, ſi vous ne con-

noiſſez

noiſſez point la ſubſtance du caillou, s'il y a dans le caillou un ſujet occulte outre l'étenduë, & la ſolidité, que vous y connoiſſez, par quelle regle de Logique pouvez-vous aſſurer, que ce ſujet, ou cette ſubſtance ſoit privée de toute puiſſance active de ſe mouvoir? De plus M. Locke reconnoit les parties de ce caillou éxactement unies; & pour prouver, que nous ne connoiſſons point clairement ce que c'eſt que l'étenduë, il prétend que l'étenduë nait de la cohéſion des parties ſolides, qui eſt comme un lien, qui les tient attachées les unes aux autres, & qu'il ſuppoſe auſſi abſolument inintelligible; enfin pour démontrer par une recherche très-ſubtile ſelon lui, que cette cohéſion ne peut être expliquée par aucune preſſion, il nous tranſporte p. 27. juſques aux extremités de l'univers, & aux dernieres limites de la matiere, où il nous fait voir, que la matiere s'eparpilleroit de tous côtés, ſi la cohéſion de ſes parties devoit être un effet d'une preſſion exterieure. Cela poſé, il eſt évident, que M. Locke admet dans la pure matiere une force de cohéſion, qui précede même l'étenduë, dont l'effet eſt d'empêcher, que les parties de la matiere ne ſe diſſipent, & qu'au contraire elles demeurent exactement unies les unes aux autres, & tout cela, quoique nous ne connoiſſions point quelle eſt cette force ſi naturelle à la matiere, que ſans elle la matiere ne ſeroit pas même étenduë. Or je demande ſi après avoir ſuppoſé dans la pure matiere une force de cohéſion, il y auroit quelque inconvenient à y ſuppoſer auſſi, ou du moins à douter, qu'il ne pût y avoir auſſi une force de repulſion? Dès qu'on reconnoit dans la matiere une cohéſion, ou une attraction, qui ne ſoit pas l'effet d'une action immediate de Dieu, enſuite des loix générales, qu'il a établies pour la conſervation, & l'ordre de l'univers; mais qu'on regarde cette force de cohéſion, ou d'attraction comme une proprieté naturelle, & intrinſeque de la matière, il n'y a plus aucune difficulté a reconconnoître dans la matiere une force de repulsion. Si deux parties de matiere peuvent s'attirer selon un certain aspect, ou dans une telle supposition, qu'il plaira de faire, pourquoi ne pourront-elles pas selon un autre aspect, ou dans une autre supposition se repousser mutuellement ? M. LOCKE ne peut donc sans se contredire, nier qu'il ne puisse y avoir dans la matiere un principe naturel de mouvement. Je ferai voir ensuite l'absurdité des sentiments de cet Auteur sur la substance en général, sur la matiere, sur l'étenduë en particulier.

VI. Quatrieme principe de M. Locke : que la matiere avec le mouvement ne peut produire la pensée.

Après avoir prouvé autant qu'il l'a pû faire selon ses principes, que la matiere ne peut se donner à elle-même le mouvement, M. LOCKE prétend faire voir ensuite, que quand même la matiere auroit son mouvement de toute éternité, ce mouvement ne lui serviroit de rien pour produire la pensée. „ Mais supposons, dit-il, que le mou-„ vement soit de toute éternité dans la matiere, cepen-„ dant la matiere, qui est un Etre non pensant, & le „ mouvement ne sauroient jamais faire naître la pensée. „ Quelque changement, que le mouvement puisse produire „ tant à l'égard de la grosseur, qu'à l'égard de la figure „ des parties de la matiere, il sera toûjours autant au „ dessus des forces du mouvement, & de la matiere de „ produire de la connoissance, qu'il est au dessus des for-„ ces du néant de produire la matiere. J'en appelle à „ ce que chacun pense en lui-même : qu'il dise, s'il n'est „ point vrai, qu'il pourroit concevoir aussi aisément la ma-„ tiere produite par le néant, que se figurer, que la pensée „ ait été produite par la simple matiere dans un tems, au „ quel il n'y avoit aucune chose pensante, ou aucun Etre, qui „ existât actuellement. Divisez la matiere en autant de „ petites parties, qu'il vous plaira [ce que nous sommes „ portés à regarder comme un moyen de la spiritualiser, „ & d'en faire une chose pensante] donnez lui, dis-je, „ toutes les figures, & tous les differents mouvements,

„ que vous voudrez, faites-en un globe, un cube, un cone, „ un prisme, un cylindre &c., dont les diametres ne „ soient que la 10000000m. partie d'un gr., cette par- „ ticule de matiere n'agira pas autrement sur d'autres „ corps d'une grosseur, qui lui soit proportionnée, que „ des corps, qui ont un pouce, ou un pied de diametre, „ & vous pouvez esperer avec autant de raison de produire „ du sentiment, des pensées, & de la connoissance en joi- „ gnant ensemble de grosses parties de matiere, qui aient „ une certaine figure, & un certain mouvement, que par „ le moyen des plus petites parties de matiere, qu'il y ait „ au monde. Ces dernieres se heurtent, se poussent, & „ resistent l'une à l'autre, justement, comme les plus gros- „ ses parties, & c'est là tout ce qu'elles peuvent faire: „ par conséquent si nous ne voulons pas supposer un pre- „ mier Etre, qui ait existé de toute éternité, la matiere „ ne peut jamais commencer d'exister. Que si nous disons, „ que la simple matiere destituée de mouvement est éter- „ nelle, ce mouvement ne peut jamais commencer d'exi- „ ster; & si nous supposons, qu'il n'y a eu, que la ma- „ tiere, & le mouvement, qui aient existé, ou qui soient „ éternels, on ne voit pas, que la pensée puisse jamais „ commencer d'exister.

VII. Que ce principe de M. Locke confirme contre lui, que nous avons une idée claire de la substance de la matiere.

Pour le coup, M. Locke est parfait Cartesien. La pure, & simple matiere ne consiste ici, qu'en des parties solides d'une certaine grosseur, & d'une certaine figure. Ces parties ne peuvent agir les unes sur les autres que par le mouvement, & le mouvement ne peut que les faire changer de grosseur, & de figure: elles ne peuvent que se heurter, & se diviser: & il est autant évident, que la matiere, & le mouvement ne peuvent produire de la connoissance, qu'il l'est, que le néant ne peut produire la matiere. C'est même une évidence telle, que M. Locke en appelle au sentiment de tout le monde. Il faut donc reconnoître ici qu'il n'y a rien dans la matiere, que ce qui que nous y concevons clairement, & distinctement. Cela est absolument necessaire pour en venir à la conclusion, que M. LOCKE en a tirée; que s'il n'y a rien eu d'éternel hors la matiere, & le mouvement; la pensée n'a jamais pû commencer d'exister. Voila donc la nature de la matiere clairement expliquée, la voila depoüillée de toute qualité occulte. Nous verrons bien-tôt, que M. LOCKE ne pourra plus soutenir une telle clarté: il nous dira, que nous n'avons aucune idée de la matiere, que c'est une temerité à nous de prétendre, qu'il n'y ait rien dans la matiere, que ce qui répond à nos foibles conceptions. Mais c'est à lui à se concilier avec lui-même, & à montrer par quelle regle on peut soutenir des sentiments si opposés.

§. II.

I. Cinquieme principe de M. Locke: que si la matiere étoit le premier Etre éternel pensant, il n'y auroit pas un Etre unique éternel pensant, mais une infinité d'Etres finis pensants.

MOnsieur LOCKE a donc prouvé jusqu'ici la nécessité de reconnoître un Etre éternel pensant, distingué de la simple matiere. 1. Parceque quand même on supposeroit la matiere éternelle, cette matiere ne pourroit jamais se donner le mouvement, & 2. quand même on supposeroit le mouvement coéternel à la matiere, il seroit toujours impossible, que la matiere, & le mouvement eussent pû produire la pensée. Or quoique rien ne soit plus aisé, que de prouver que la matiere ne peut être éternelle, puisque rien ne peut être éternel, que ce qui existe par soi-même, & que rien n'existe par soi-même que l'Etre universel, infini, sans restriction, Dieu même; il faut pourtant avouër, que ces deux propositions, que forme M. LOCKE sur la supposition de l'éternité de la matiere, ne laissent pas que d'être très-certaines, & très évidentes: mais, comme je l'ai déja remarqué, elles ne peuvent l'être que dans la supposition, que la matiere ne soit, comme nous le prouverons plus bas, qu'une étenduë solide, divisible, & mobile: car si la nature de la matiere consistoit

 en

en un sujet plus occulte, & qui nous fût entierement inconnu, ainsi que le prétend M. Locke, nous n'en pourrions raisonnablement affirmer, ou nier aucune proprieté. Voici maintenant une réflexion, que M. Locke ajoute à ses preuves pour mieux faire voir encore, que la matiere n'est pas le premier Etre éternel pensant: „ l'on pourroit ajouter, qu'encore que l'idée générale, & specifique, que nous avons de la matiere, nous porte à en „ parler, comme si c'étoit une chose unique en nombre; „ cependant toute la matiere n'est pas proprement une „ chose individuelle, qui existe, comme un Etre materiel, „ ou un corps singulier, que nous connoissons, ou que „ nous pouvons concevoir; de sorte que si la matiere étoit „ le premier Etre éternel pensant, il n'y auroit pas un „ Etre unique, éternel, infini, & pensant; mais, un nombre infini d'Etres éternels, finis, pensants, qui seroient „ indépendants les uns des autres, dont les forces seroient bornées, & les pensées distinctes, & qui par conséquent ne pourroient jamais produire cet ordre, cette „ harmonie, & cette beauté, qu'on remarque dans la nature: puis donc que le premier Etre doit être nécessairement un Etre pensant, & que ce qui existe avant toutes choses doit nécessairement contenir, & avoir actuellement, du moins toutes les perfections, qui peuvent „ exister dans la suite: (car il ne peut jamais donner à „ un autre des perfections, qu'il n'a point, ou actuellement en lui-même, ou du moins dans un plus haut degré) il s'ensuit nécessairement de là, que le premier Etre „ éternel ne peut être la matiere.

II. Que ce raisonnement de M. Locke n'est pas exactement juste.

Il y a plusieurs remarques à faire sur ce raisonnement de M. Locke. 1. Il est difficile de comprendre, pourquoi il ne veut pas, que toute la matiere soit une chose aussi proprement individuelle, que quelque Etre materiel, ou quelque corps singulier que ce soit. L'univers, qui est toute la matiere, quoique composé d'un si grand nombre de de différentes parties, doit être regardé avec autant de raison, comme un seul tout physique, & individuel, qu'un arbre, & un animal; puisque les parties, qui composent le monde, & qui comprennent toute la matiere, se rapportent aussi bien les unes aux autres, que les parties, qui composent un pomier, ou un cheval. Et quand même on prétendroit, que M. Locke n'a parlé, que de la matiere supposée encore informe, on pourroit dire contre lui, qu'elle seroit toujours une chose autant individuelle qu'un caillou, ou un morceau de plomb, par la seule cohésion de ses parties.

III. Que ce principe de M. Locke prouve l'immaterialité de l'ame.

Cependant il est toujours vrai de dire, que si la pensée convenoit à la matiere, en tant que matiere, il n'y auroit point de partie dans tout l'Univers, qui ne fût un Etre pensant; ainsi le Monde ne seroit pas un seul Etre pensant, mais un assemblage d'un nombre infini de petits Etres pensants, dont les pensées seroient toutes distinctes. Et cela prouve aussi, que l'homme selon tout ce qu'il est, ne peut être materiel; car il s'ensuivroit par la même raison, que ce ne seroit plus un seul Etre pensant, mais un assemblage d'un nombre infini de petits Etres pensants.

IV. Le raisonnement de M. Locke prouve contre lui, que le corps ne peut produire des idées dans l'ame.

Enfin s'il est vrai, comme le dit ici M. Locke d'après tous les Philosophes, qu'un Etre ne peut jamais donner à un autre des perfections, qu'il n'a point, ou actuellement, ou dans un plus haut degré, il s'ensuit nécessairement, que des objets purement materiels ne peuvent jamais être, que des causes simplement occasionnelles des sensations, dont notre ame est affectée, quand ces objets impriment un certain mouvement aux organes de nos sens. En effet si les objets materiels n'étoient pas simplement des occasions, mais des causes proprement efficientes des idées, & des sensations, qu'ils excitent en nous par le mouvement; il faudroit, que la matiere, & le mouvement eussent en eux-mêmes, ou actuellement, ou dans un plus haut degré toute la perfection des idées, & des sen-

ſenſations, ce qu'on ne peut ſuppoſer ſans abſurdité. Et on n'évite point la difficulté en diſant, que les objets materiels produiſent les idées par une puiſſance, que Dieu leur ait communiquée; car Dieu communiquant cette puiſſance, a dû communiquer tout ce qui eſt eſſentiel à cette puiſſance. Or il eſt eſſentiel à la puiſſance de toute cauſe proprement efficiente, & non occaſionelle, qu'elle contienne en elle-même toute la perfection, qu'elle peut produire, ou actuellement, ou dans un plus haut degré, comme le dit M. Locke; donc Dieu n'a pû donner à la matiere une vraie vertu, une vraie puiſſance de produire des idées, s'il n'a mis en elle une perfection au moins équivalente à celle des idées. Or pourroit-on dire, que des objets revétus d'une telle perfection fuſſent purement materiels? On voit par là, combien eſt plus raiſonnable le ſyſtême des cauſes occaſionelles; puiſque ſans ce ſyſtême on ne peut s'empêcher de reconnoître dans le corps, des vertus, & des facultés, dont nous ne ſaurions non ſeulement nous faire aucune idée, mais qu'outre cela nous concevons clairement repugner à la nature de la matiere; puiſqu'elles ne peuvent être des déterminations de l'étenduë ſolide, que nous concevons clairement être l'eſſence de la matiere.

§. III.

NOus avons expoſé juſqu'ici la ſuite des raiſonnements, qui ont conduit M. Locke à la découverte d'un Eſprit néceſſairement exiſtant de toute éternité, & de qui tous les autres Etres ont dû tirer leur exiſtence, & leurs perfections, & qui eſt par conſéquent cet Etre ſuprême, qu'on appelle Dieu. Mais, pour mettre ſa preuve dans un plus grand jour, M. Locke examine enſuite la ſuppoſition, & les objections de ceux, qui ne niant pas qu'il ne doive y avoir un Etre éternel penſant, prétendent ſeulement que cet Etre peut être materiel.

Pre-

„ Premierement, dit M. Locke, ou ils croient que chaque „ partie de la matiere pense, & en ce cas il faudroit ad- „ mettre autant d'Etres éternels pensants, qu'il y a de „ particules de matiere, & par conséquent un nombre in- „ fini de Dieux, ou ils ne croient pas, que la matiere com- „ me matiere, c'est-à-dire, chaque partie de la matiere „ pense; mais la raison ne peut comprendre qu'un Etre „ pensant soit composé de parties non pensantes, non „ plus qu'un Etre étendu soit composé de parties non „ étenduës.

I. Sixieme principe de M. Locke: qu'un Etre pensant ne peut etre composé de parties non pensantes.

Quelque extravagante que soit réellement la supposition de ceux, qui font la matiere pensante, il est difficile d'en démontrer l'absurdité en suivant les principes de M. Locke: si on lui eut demandé, pourquoi il est plus difficile de concevoir qu'un Etre pensant soit composé de parties non pensantes, qu'il l'est de concevoir qu'un corps rond soit composé de parties non rondes? Je ne sais s'il auroit pû satisfaire à cette question, sans donner un peu dans le sentiment des Cartesiens sur la nature de la matiere. Mais pour ne pas nous attacher à de simples conjectures, contentons-nous de faire ici remarquer une contradiction visible de M. Locke sur l'idée, & la nature de l'étenduë. M. Locke met ici au rang des choses impossibles, & que la raison ne sauroit comprendre, qu'un Etre étendu soit composé de parties non étenduës. Cependant il soutient l. 2. chap. 23., que l'étenduë nait de la cohésion des parties solides de la matiere, de sorte que l'étenduë doit être regardée comme un effet de la cohésion de ces parties. Donc en considerant les particules de la matiere avant toute cohésion, comme on peut sans doute les considerer, & qu'il est même de l'ordre de les considerer, on conçoit des particules solides sans étenduë, & qui par leur cohésion mutuelle forment l'étenduë. M. Locke concevoit donc alors ce qu'il soutient ici, que la raison ne peut comprendre, qu'un Etre étendu soit composé de parties non étenduës.

II. Ce principe ne peut avoir lieu dans le systême de M. Locke. Contradiction de cet Auteur.

En

III. i Septéme principe de M. Locke: qu'on ne peut ſuppoſer qu'un ſeul atôme de matiere penſe.

„ En ſecond lieu, pourſuit M. Locke, ſi toute la matiere ne penſe pas, qu'ils diſent, s'il n'y a qu'un ſeul „ atôme qui penſe; & cet atôme eſt-il ſeul éternel, ou „ non? S'il eſt ſeul éternel, c'eſt donc lui ſeul, qui par „ ſa penſée toute puiſſante a produit le reſte de la ma„ tiere, ce que ces gens-là ne veulent point avouër. S'ils „ diſent, que le reſte de la matiere a exiſté de toute „ éternité, auſſi bien que ce ſeul atôme penſant, c'eſt „ bâtir une hypothéſe en l'air ſans la moindre apparence „ de raiſon, puiſque chaque particule de matiere en qua„ lité de matiere peut recevoir toutes les mêmes figures, „ & tous les mêmes mouvements, que quelque autre par„ ticule de matiere.

On voit ici, que M. Locke ſuppoſe toujours, que la matiere comme matiere n'eſt capable, que de figure, & de mouvement. Et ce n'eſt pas ſans raiſon; car voulant prouver, que Dieu n'eſt pas materiel, il lui ſieroit mal d'avancer ici, ce qu'il ſoutient par tout ailleurs, qu'on ne ſait abſolument ce que c'eſt que la nature de la matiere, & de l'étenduë.

IV. Huitieme principe de M. Locke: qu'on ne peut attribuer la penſée à la ſimple juxtapoſition des parties de la matiere.

„ En troiſieme lieu, reprend M. Locke, ſi un ſeul atô„ me particulier ne peut point être l'Etre éternel pen„ ſant, il faut que cet Etre ſoit un certain amas parti„ culier de matiere jointe enſemble. C'eſt là, je penſe, „ l'idée, ſous laquelle ceux, qui prétendent, que Dieu „ ſoit materiel, ſont le plus portés à ſe le figurer, parce„ que c'eſt la notion, qui leur eſt le plus promptement „ ſuggerée par l'idée commune, qu'ils ont d'eux mêmes, „ & des autres hommes, qu'ils regardent comme autant „ d'Etres materiels, qui penſent. Mais cette imagina„ tion, quoique plus naturelle, n'eſt pas moins abſurde, que „ celles que nous venons d'examiner; car de ſuppoſer, „ que cet Etre éternel penſant ne ſoit autre choſe qu'un „ amas de parties de matiere, dont chacune eſt non pen„ ſante, c'eſt attribuer toute la raiſon, & la connoiſſance

de

„ de cet Etre éternel à la ſimple *juxtapoſition* des parties,
„ qui le compoſent; ce qui eſt la choſe du monde la plus
„ abſurde. Car des parties de matiere, qui ne penſent
„ point, ont beau être étroitement jointes enſemble, elles
„ ne peuvent acquérir par là qu'une nouvelle relation
„ locale, qui conſiſte dans une nouvelle poſition de ces
„ différentes parties, & il n'eſt pas poſſible, que cela
„ ſeul puiſſe leur communiquer la penſée, & la connoiſ-
„ ſance.

Il eſt donc bien certain, que de quelque maniere qu'on diſpoſe les parties de la matiere, cet arrangement, qui n'eſt qu'une ſimple relation locale, ne pourra jamais produire, ou former une penſée, & une connoiſſance.

V. Neuvieme principe de M. Locke : que la matiere ſans mouvement n'eſt qu' une lourde maſſe ſans action.

„ Mais de plus, ou toutes les parties de cet amas de
„ matiere ſont en repos, ou bien elles ont un certain
„ mouvement, qui fait qu'il penſe. Si cet amas de matiere
„ eſt dans un parfait repos, ce n'eſt qu'une lourde maſſe
„ privée de toute action, qui ne peut par conſéquent
„ avoir aucun privilege ſur un atôme.

VI. Cõtradiction de M. Locke, qui admet une force de cohéſion indépendante du mouvement.

Si la matiere ſans mouvement n'eſt qu'une lourde maſſe ſans action, on ne peut conteſter, que toute l'activité, ou la force de la matiere ne dépende du mouvement. C'eſt donc ſe contredire, que d'attribuer à la matiere une force, & une action réelle indépendamment du mouvement; & c'eſt pourtant ce que fait M. Locke, qui reconnoit dans la matiere une force intrinſeque de cohéſion, qui retient ſes parties fortement liées les unes aux autres, & qui ne dépend en aucune maniere de la preſſion, ou du mouvement d'aucune autre matiere fluide, ou ſolide &c.

VII. Dixieme principe de M. Locke : que ſi le mouvement donnoit la penſée à la matiere, il ne pourroit plus y avoir de liberté.

„ Si c'eſt le mouvement de ſes parties, qui le fait pen-
„ ſer, il s'enſuivra de là, que toutes ſes penſées doivent
„ être néceſſairement accidentelles, & limitées; car tou-
„ tes les parties, dont cet amas de matiere eſt compoſé,
„ & qui par leur mouvement y produiſent la penſée, étant
„ en elles-mêmes & priſes ſeparément, deſtituées de toute

penſée,

„ pensée, elles ne sauroient regler leur propre mouve-
„ ment, & moins encore être reglées par les pensées du
„ tout, qu'elles composent, parceque dans cette sup-
„ position le mouvement devant préceder la pensée, &
„ être par conséquent sans elle, la pensée n'est point la
„ cause, mais la suite du mouvement ; ce qui étant
„ posé, il n'y aura ni liberté, ni pouvoir, ni pensée,
„ ou action quelconque reglée par la raison, & par la
„ sagesse.

Cette pensée m'étoit déja tombée dans l'esprit avant la lecture de cet ouvrage, & je m'en suis servi dans ma Dissertation latine contre ceux, qui font consister la pensée dans un certain mouvement des esprits animaux. Je suis bien aise de voir ici mon raisonnement confirmé par M. Locke. Je veux dire, que si la pensée consistoit en un certain mouvement des esprits animaux, & des fibres du cerveau; comme ce mouvement dépend d'une cause mécanique, & nécessaire, & qu'il est la cause, & non l'effet de la pensée, il ne pourroit plus y avoir dans l'homme ni liberté, ni raison, ni sagesse : l'homme ne pourroit plus choisir entre ses idées, celle qui lui plairoit, pour s'y fixer, & en faire l'objet de sa contemplation. Le sang plus ou moins agité, pousseroit lui seul les pensées au cerveau avec plus ou moins de force, & il les feroit succeder les unes aux autres avec autant de rapidité qu'en a le cours des esprits animaux, qui s'en séparent. Il est honteux à la nature humaine, qu'on doive confuter de telles erreurs.

§. I V.

I. Sentiment de M. Locke touchant ceux, qui sont la matiere éternelle.

„ ENfin d'autres s'imaginent, continue l'Auteur, que
„ la matiere est éternelle, quoiqu'ils reconnoissent
„ un Etre éternel pensant, & immateriel. Il est vrai,
„ qu'ils reconnoissent ainsi l'existence de Dieu, mais ils
„ lui ôtent la Création, qui est la premiere, & une des
plus

„ plus confidérables parties de fon ouvrage. *Voici donc*
„ *comment M. Locke examine ce fentiment*. Il faut, dit-on,
„ reconnoître, que la matiere eft éternelle. Pourquoi ?
„ parceque vous ne fauriez concevoir, comment elle
„ pourroit être faite de rien; pourquoi donc ne vous re-
„ gardez vous point auffi vous-même comme éternel ? Vous
„ répondrez peut-être, que c'eft à caufe, que vous avez
„ commencé d'exifter depuis vingt, ou trente ans. Mais,
„ fi je vous demande ce que vous entendez par ce vous,
„ qui commença alors à exifter, peut-être ferez-vous
„ embarraffé à le dire. La matiere, dont vous étes com-
„ pofé, ne commença pas alors à exifter; parceque, fi
„ cela étoit, elle ne feroit pas éternelle: elle commença
„ feulement à être formée, & arrangée de la maniere
„ qu'il faut pour compofer votre corps. Mais cette difpofi-
„ tion de parties n'eft pas vous, elle ne conftitue pas ce
„ principe penfant, qui eft en vous, & qui eft vous-même
„ . . . . . . quand eft-ce donc que ce principe penfant,
„ qui eft en vous, a commencé d'exifter? s'il n'a jamais
„ commencé d'exifter, il faut donc, que de toute éter-
„ nité, vous ayez été un Etre penfant; abfurdité, que je
„ n'ai pas befoin de refuter, jufqu'à ce que je trouve
„ quelqu'un, qui foit affez dépourvu de fens pour la fou-
„ tenir. Que fi vous pouvez reconnoître, qu'un Etre
„ penfant a été fait de rien, pourquoi ne pouvez pas auffi
„ reconnoître, qu'une égale puiffance puiffe tirer du néant
„ un Etre materiel.

II. M. Locke combattu par lui-même.

C'eft encore ici un de ces cas, où il femble, que M. Locke prenne plaifir de fe combattre lui-même. Ceux donc, qui s'imaginent, que la matiere eft éternelle, pourroient lui répondre, en lui oppofant fes propres maximes: Nous ôtons, il eft vrai, peuvent-ils dire, à Dieu la création, mais nous ne lui ôtons pas le pouvoir de l'arranger, & de la fubtilifer, comme il lui plait; puis donc que vous foutenez, qu'il ne nous eft pas plus mal aifé de comprendre, que Dieu ait donné à quelque amas de matiere, disposé comme il le juge à propos; la faculté de penser, que de comprendre qu'il y ait joint un Etre immateriel pensant; nous nous en tenons nous-mêmes à ce sentiment, & nous disons que, quoique la matiere éternelle, n'ait pas été éternellement pensante, cependant il ne nous est pas plus mal aisé de concevoir, que Dieu en arrangeant, comme il l'a jugé à propos, certains amas de matiere, leur ait accordé la faculté de penser, qu'il nous l'est de concevoir qu'il ait crée, comme vous le dites ici, un principe immateriel pensant pour l'y joindre. Si vous repliquez, que cet arrangement quel qu'il soit, cette disposition, cette juxtaposition, cette relation locale des parties de la matiere, ne peut être, ni une pensée, ni la faculté de penser, & qu'ainsi pour ajouter à la matiere la faculté de penser, il faut que Dieu lui ajoute une réalité, une chose, un Etre, qui n'est point dans la matiere, & qu'il ne peut par conséquent lui ajouter, qu'en le créant; vous direz une chose si évidente, qu'il nous sera difficile d'y répondre; mais pensez que vous ne pourrez le dire, qu'en vous contredisant vous-même, & en faisant voir l'absurdité de l'opposition, que vous faites, entre accorder à la matiere, la faculté de penser, & ajouter à la matiere un Etre immateriel pensant: puisque si Dieu ne pouvoit accorder à la matiere la faculté de penser, qu'en lui ajoutant une réalité, une chose, un Etre non contenu en elle; il n'y auroit non seulement aucune opposition entre ces deux propositions; mais au contraire ce seroit la même chose que de dire, que Dieu accorde à la matiere la faculté de penser, & dire qu'il y ajoute un Etre immateriel pensant, & on ne pourroit pas dire, comme vous le faites, que de ces deux propositions, l'une fût plus ou moins aisée à comprendre que l'autre.

III. Paroles mystérieuses de M. Locke sur la

M. Locke ajoute enfin sur la création de la matiere ces paroles remarquables. „ Peut-être, que si nous voulions

nous

„ nous éloigner un peu des idées communes, donner l'essor à notre esprit, & nous engager dans l'examen le plus profond, que nous pourrions faire de la nature des choses, nous pourrions en venir jusqu'à concevoir, quoique d'une maniere imparfaite, comment la matiere peut d'abord avoir été produite, & avoir commencé d'exister par le pouvoir de ce premier Etre éternel .. ..; mais parceque cela m'écarteroit, peut-être trop des notions sur lesquelles la Philosophie est présentement fondée dans le monde, j'aurois tort de m'engager dans cette discussion &c.

création de la matiere.

IV. Nouvelle hypothése sur la création de la matiere proposée par M. Neuton, annoncée mysterieusement par M. Locke, dévoilée, & réfutée par M. Coste.

Cet air de mystere, avec lequel M. Locke annonce une nouvelle découverte sur la création de la matiere si éloignée des idées communes, & à laquelle on ne peut parvenir, qu'en donnant l'essor à son esprit, & l'engageant dans l'examen le plus profond; cet air de mystere, dis-je, a pû sans doute piquer avec raison la curiosité des Philosophes, comme le remarque ici M. Coste, je rapporterai la note de ce traducteur en son entier, parceque l'endroit est curieux, & que j'aurai occasion d'y ajouter quelques réflexions.

„ Ici, M. Locke, excite notre curiosité, sans vouloir la satisfaire; bien des gens s'étant imaginés, qu'il m'avoit communiqué cette maniere d'expliquer la création de la matiere, me prierent peu de tems après que ma traduction eut vû le jour, de leur en faire part; mais je fus obligé de leur avouër, que M. Locke m'en avoit fait un secret à moi-même. Enfin long-tems après sa mort M. le Chevalier Neuton, à qui je parlai par hazard, de cet endroit du Livre de M. Locke, me découvrit tout le mystere. Souriant il me dit d'abord, que c'étoit lui-même, qui avoit imaginé cette maniere d'expliquer la création de la matiere, que la pensée lui en étoit venuë dans l'esprit un jour, qu'il vint à tomber sur cette question avec M. Locke, & un Seigneur Anglois, *le feu Comte de Pembroke*: & voici comment

 il

„ il leur expliqua sa pensée: on pourroit, dit-il, se for-
„ mer en quelque maniere, une idée de la création de la
„ matiere, en supposant, que Dieu eût empêché par sa
„ puissance, que rien ne pût entrer dans une certaine
„ portion de l'espace pur, qui de sa nature est pénétra-
„ ble, éternel, nécessaire, infini; car dès là, cette por-
„ tion d'espace auroit l'impénétrabilité, l'une des qua-
„ lités essentielles à la matiere, & comme l'espace pur
„ est absolument uniforme, on n'a qu'à supposer, que
„ Dieu auroit communiqué cette espece d'impénétrabilité
„ à une autre pareille portion de l'espace, & cela nous
„ donneroit en quelque sorte, une idée de la mobilité de
„ la matiere, autre qualité, qui lui est aussi très-essen-
„ tielle. Nous voila maintenant délivrés de l'embarras de
„ chercher ce que M. Locke avoit trouvé bon de cacher
„ à ses lecteurs; car c'est-là tout ce qui lui a donné oc-
„ casion de nous dire, que si nous voulions donner l'essor
„ à notre Esprit, nous pourrions concevoir, quoique d'une
„ maniere imparfaite, comment la matiere pourroit d'abord
„ avoir été produite &c. Pour moi, s'il m'est permis de
„ dire librement ma pensée, je ne vois pas, comment
„ ces deux suppositions peuvent contribuer à nous faire
„ concevoir la création de la matiere. A mon sens elles
„ n'y contribuent non plus, qu'un pont contribue à ren-
„ dre l'eau, qui coule immediatement dessous, impéné-
„ trable à un boulet de canon, qui venant à tomber per-
„ pendiculairement d'une hauteur de vingt, ou trente
„ toises sur ce pont, y est arrêté, sans pouvoir passer à
„ travers pour entrer dans l'eau qui coule directement
„ dessous. Car dans ce cas-là, l'eau reste liquide, & pé-
„ nétrable à ce boulet, quoique la solidité du pont em-
„ pêche, que le boulet ne tombe dans l'eau. De même
„ la puissance de Dieu peut empêcher, que rien n'entre
„ dans une certaine portion d'espace; mais elle ne change
„ point par là la nature de cette portion d'espace, qui restant

tou-

„ toujours pénétrable, comme toute autre portion d'espace, „ n'acquiert point, en conséquence de cet obstacle, le moindre „ degré de l'impénétrabilité, qui est essentielle à la matiere.

Je trouve cette remarque de M. Coste aussi judicieuse, qu'elle est naturelle, & je suis étonné, qu'elle ait échapé à M. Neuton, & à M. Locke; un Péripatéticien ne l'auroit pas manquée; il auroit d'abord distingué deux sortes d'impénétrabilité, l'une intrinseque, & l'autre extrinseque; & il auroit fait voir, que pour changer l'espace en matiere, si cela étoit possible, il ne faudroit rien moins qu'une impénétrabilité intrinseque, qui fût dans l'étenduë même de l'espace, & qu'une impénétrabilité purement extrinseque, & qui consiste seulement en ce que Dieu empêche, que rien n'entre dans l'espace toujours pénétrable de lui-même; ne change rien à cet espace, & le laisse tel qu'il étoit. Peut-être même, que le cas, que M. Locke paroit faire d'un tel raisonnement, pourroit consoler un peu les Scholastiques du mépris, que M. Locke témoigne avoir pour eux. Quant à M. Neuton Auteur de ce raisonnement, les lettres Philosophiques nous apprennent, que ce grand Philosophe faisoit à l'opinion des Ariens l'honneur de la favoriser, & qu'il pensoit, que les Unitaires raisonnoient plus géométriquement que nous; & dans un autre endroit, que s'étant avisé de commenter l'Apocalypse, il y avoit trouvé, que le Pape est l'Antechrist. Il est vrai, que l'Auteur des Lettres ajoute, qu'apparemment M. Neuton avoit voulu par ce commentaire consoler la race humaine de la superiorité qu'il avoit sur elle. Mais, pour ôter à l'erreur l'avantage qu'elle pourroit tirer d'une si illustre protection: on me permettra de dire, sans blesser le respect dû à ce grand homme, que son raisonnement, sur la création de la matiere, peut donner un juste motif de penser, qu'il falloit, que son esprit géométrique, fût tout renfermé dans la Géométrie, & dans la Physique, & fournir ainsi à la race humaine un

vrai

vrai sujet d'humiliation, en voyant qu'un homme superieur à tant de grands génies, en fait de Mathématique se soit mépris aussi grossiérement, que l'auroit pû faire un homme du vulgaire, sur des matieres moins difficiles; & les personnes de bon sens jugeront par là, quel cas ils doivent faire de ses raisonnements géométriques sur des matieres, qu'on ne peut soumettre aux calculs de l'Algébre, & par lesquels au contraire, Dieu veut soumettre l'esprit humain à sa souveraine sagesse, en lui proposant des vérités, qu'il ne peut comprendre, & qu'il doit croire, se laissant conduire aveuglément par l'autorité de l'Eglise, interpréte infaillible de la révelation.

Mais, pour venir aux réflexions, que j'ai promises d'ajouter à celle de M. Coste; je demande, en premier lieu, si cet espace, que M. Neuton, & M. Locke supposent pénétrable, éternel, nécessaire, infini, est un Etre distingué de Dieu, ou si c'est Dieu-même, en tant qu'il est immense. Si c'est un Etre distingué de Dieu; il y a donc un Etre éternel, infini, nécessaire, indépendant de la création de Dieu; & cet Etre est aussi positif, que la matiere, puisqu'il devient matiere sans aucun changement intrinseque; de sorte qu'on peut dire que la matiere, selon ce qu'elle est en elle-même, est de toute éternité, & qu'elle n'a jamais commencé d'exister, ce qui est également contraire à la raison, & à la Religion. D'ailleurs comment pourra-t-on prouver, que les Etres pensants ont été créés, si on trouve, que la matiere ne l'a pas été? Si on dit, que l'espace est Dieu même, il s'ensuivra, que par la création, telle qu'elle a été expliquée cy-dessus par M. Neuton, & M. Locke, certaines portions de l'immensité de Dieu sont devenuës materielles, & mobiles; & que les corps ne sont que des portions de l'Etre Divin, ce qui est visiblement absurde, impie, & ridicule.

V. Autres preuves contre la supposition de M. Neuton sur la création de la matiere.

Je ne vois pas, en second lieu, ce que peut contribuer la supposition de M. Neuton à faire la matiere mobile, la la matiere n'étant qu'une portion d'espace; afinque la matiere devînt mobile, il faudroit que cette portion d'espace pût se déplacer, pour aller dans une autre portion d'espace trouver une autre place. Or c'est ce qui est impossible, dès qu'on reconnoit un espace pur nécessairement infini. Car, ou la portion d'espace, qui se déplace, laisse sa place, ou non. Si elle laisse sa place, cette place n'étant que l'espace qui y étoit, il faudra dire, que l'espace est demeuré dans sa place en même tems qu'il s'en est ôté; si cette portion d'espace ne laisse aucune place, l'espace n'est donc pas par tout, il n'est pas nécessairement infini, il peut croitre, ou diminuer; ce que ne peuvent admettre ceux, qui soutiennent l'espace pur, nécessaire, infini.

Le peu de remarques, que je viens de faire sur les arguments, par lesquels M. Locke prétend prouver l'existence, & l'immaterialité de Dieu, font voir assez clairement, si je ne me trompe, que sa démonstration est toute appuyée sur ce principe, qu'il suppose évidemment connu; que la matiere n'est par elle-même, qu'une lourde masse d'étenduë solide, incapable de se donner le mouvement, & par conséquent privée de toute puissance d'agir, & dont les différentes parties ayant reçû le mouvement, ne peuvent que se heurter, se diviser, & recevoir de nouveaux arrangements, ou de nouvelles relations locales; il faudroit maintenant faire l'application de ce principe aux raisonnements, que M. Locke a mis en œuvre pour soutenir, qu'on ne parviendra jamais à savoir, si Dieu n'a point accordé à quelque amas de matiere, la faculté de penser, pour juger par l'évidence de ce principe de la vérité, ou de la fausseté d'une telle proposition; mais, comme il sera aisé de remarquer, que la plus part de ces beaux discours ne roulent que sur l'équivoque, & la signification vague, & indéterminée des mots de substance, d'essence, & de proprieté, ou de faculté; j'ai cru qu'il convenoit, avant que d'entrer dans le détail de telles raisons, de fixer la signification de ces termes, & d'en éclaircir les idées.

SECON-

SECONDE PARTIE.

Démonſtration de l'immaterialité de l'ame tirée des principes de M. Locke ſur l'exiſtence, & l'immaterialité de Dieu.

SECTION PREMIERE

Explication des termes de ſubſtance, & de mode, d'eſſence, de proprieté, de faculté &c.; & application de ces idées à la matiere.

RIEN n'eſt plus clair, ni plus ſimple, que l'idée de la ſubſtance, & du mode; & on peut dire, que s'il ſe trouve des difficultés embarraſſantes dans les Traittés, qu'on a composés ſur ce ſujet, ce n'eſt, que parceque leurs Auteurs ſe ſont plus attachés aux ſpéculations trop recherchées, & aux penſées creuſes de certains Philoſophes, qu'à la nature-même des choſes.

I. Idée de la ſubſtance, & du mode.

Tout ce qui tombe ſous nos ſens, par cela-même, que nous voyons qu'il exiſte d'une certaine maniere, nous fournit l'idée la plus claire, & la plus diſtincte, que nous puiſſions ſouhaiter de la ſubſtance, & du mode. Tout ce que nous concevons, qui a ſon exiſtence propre, & qui eſt par là, diſtingué de toute autre choſe, c'eſt une ſubſtance. La maniere, dont cette choſe exiſte, c'eſt un mode. Un morceau de fer, dont on a fait un boulet de canon, nous en preſentera un exemple. Lorſque nous conſidérons ce morceau de fer préciſément, en tant que c'eſt une choſe, qui a ſa propre exiſtence, nous concevons que c'eſt une ſubſtance; & lorſque nous conſidérons la maniere, dont il exiſte, qu'il eſt rond, par exemple, plutôt que quarré, nous avons l'idée du mode. Ainſi à regarder les choſes telles qu'elles ſont, il eſt évident, que le mode n'eſt pas réellement diſtingué de la ſubſtance; il n'eſt que la ſubſtance

ſtance même conſidérée en un certain état : la rondeur n'eſt point diſtinguée du morceau de fer rond, ce n'eſt que ce même morceau, en tant que ſes parties ſont tellement diſpoſées, que celles qui ſont à la ſuperficie ſont toutes également éloignées de celle qui eſt au milieu, & qui tient lieu de centre. La rondeur n'a donc pas une exiſtence qui lui ſoit propre, elle n'exiſte que par l'exiſtence même du fer ; & quoique par abſtraction, l'Eſprit puiſſe diſtinguer le mode d'avec la ſubſtance, il ne ſauroit pourtant concevoir qu'un mode, ou qu'une maniere d'exiſter, ait ſon exiſtence propre. L'exiſtence d'une ſubſtance ne dépend point formellement de l'exiſtence de toute autre choſe : l'exiſtence d'un morceau de fer, ne dépend point de l'exiſtence d'un morceau de plomb ; mais l'exiſtence du mode, dépend de l'exiſtence de la ſubſtance. Si le ſujet rond vient à être détruit, la rondeur ne peut plus exiſter. C'eſt là un caractére ſi évident de la diſtinction de la ſubſtance & du mode, que l'eſprit ne peut s'y méprendre pour peu d'attention qu'il y apporte.

II. D'où vient qu'on s'eſt imaginé, que le mode eſt un Etre diſtingué réellement de la ſubſtance.

1. Ce qui a donc embrouillé les notions de la ſubſtance & du mode, ſi claires par elles-mêmes, c'eſt le jugement peu reglé de quelques Philoſophes, qui ont voulu réaliſer les abſtractions de leur eſprit. Après avoir long tems penſé au morceau de fer, ſans penſer à la rondeur, & à la rondeur ſans penſer à aucun ſujet déterminé, comme de fer, de plomb &c., ils ont perdu de vuë la connéxion néceſſaire de la rondeur avec ſon ſujet ; ils ont oublié que ce n'étoit qu'une maniere d'être du fer, du plomb, ou de quelque autre ſujet ; & ils ſe ſont imaginés, que c'étoit une entité, qui avoit ſon exiſtence propre ; mais, qui étant trop foible pour ſe ſoutenir par elle-même, avoit beſoin d'être ſoutenuë par la ſubſtance, & d'y demeurer inhérente. On a donné à cette ſorte d'entité le nom de qualité & d'accident.

Il eſt bon de remarquer ici, que M. LOCKE lui-même

 deſap-

III. M. Locke rejette une telle opinion.

desapprouve une telle méthode. Il en parle peu favorablement l. 2. c. 13. p. 19., & ch. 23. il traitte de peu raisonnable & d'absurde l'opinion de ceux, qui croient que ces deux puissances de l'Ame, qu'on appelle entendement & volonté, sont deux Etres ou accidents réellement distingués de l'Ame-même; puisqu'il est évident que l'entendement n'est autre chose que l'Ame, en tant qu'elle est capable d'appercevoir; & la volonté, l'Ame, en tant qu'elle est capable de vouloir.

IV. Autre distinction réelle admise par quelques Philosophes entre la matiere & la forme des corps naturels.

Ces mêmes Philosophes, qui distinguent l'accident de la substance, n'ont pas été contents de cette seule distinction à l'égard des corps naturels; mais de plus, ils ont partagé leur substance en deux demi-substances, qu'ils appellent matiere & forme. La matiere est commune à tous les corps: c'est le sujet de toutes les formes. Mais, si on leur demande ce que c'est que ce sujet de toutes les formes, ils répondent fort sérieusement, que c'est ce qui n'est ni quoi, ni qu'est ce; *quod neque est quid*, *neque quantum*, *neque quale &c.* Quant à la forme, c'est l'acte de la matiere, c'est ce qui la fait être quoi, & qu'est ce, qui constitue les corps en leur propre espece, & les fait différer de tout autre corps.

V. M. Locke rejette aussi les formes substantielles de l'école.

M. Locke ne trouve pas moins absurde un tel sentiment. Voici comme il en parle l. 2. c. 31. 36. „ Si „ quelqu'un dit, que l'essence réelle & la constitution in- „ terieure, d'où dépendent les propriétés de l'or, n'est „ pas la grosseur, la figure, & l'arrangement, ou la con- „ texture de ses parties solides, mais quelque autre chose „ qu'il nomme sa forme particuliere; je me trouve plus „ éloigné d'avoir aucune idée de son essence réelle que „ je n'étois auparavant. Car j'ai en général une idée „ de figure, de grosseur, & de situation de parties soli- „ des, quoique je n'en aie aucune en particulier de la „ figure, de la grosseur, ou de la liaison des parties, par „ où les qualités, dont je viens de parler, sont produites

Mais

„ . . . . . . Mais, quand on me dit que son essence est „ quelque autre chose que la figure, la grosseur, la situa- „ tion des parties solides de ce corps, quelque chose qu'on „ nomme forme substantielle, c'est de quoi j'avoue que „ je n'ai absolument aucune idée, excepté celle du son „ de ces deux syllabes, forme, ce qui est bien d'avoir une „ idée de son essence, ou constitution réelle. Ailleurs M. Locke met ces mêmes formes substantielles, les ames végétatives, les especes intentionelles des Péripatéticiens, l'Ame du monde des Platoniciens, la tendance des atômes vers le mouvement des Epicuriens, les véhicules aëriens & ètheriens du Docteur More, au rang des mots qui ne signifient rien. Et en plusieurs endroits de son ouvrage, mais surtout l. 2. c. 8. il prouve au long, que toutes les qualités & les puissances, ou facultés des corps, dépendent entiérement de la grosseur, de la figure, de la liaison & du mouvement des particules solides, dont ils sont composés; de sorte que la différence naturelle des corps, ne procéde que de la différente constitution interieure de leurs parties. Et c'est ainsi qu'en ont pensé, non seulement tous les Modernes, après Descartes; mais aussi la plus part des anciens Philosophes, quoique privés des secours de la Physique expérimentale, qui a été si bien cultivée dans ces derniers siécles, & qui a pleinement confirmé ce sentiment.

VI. Que la forme des corps n'est pas un Etre distingué réellement de la matiere.

Il en est donc de la forme par rapport à la matiere dans les différents corps naturels, ce que nous avons dit qu'il en est du mode par rapport à la substance. La forme n'est qu'une certaine disposition des particules interieures & insensibles de la matiere. Si nous considérons la matiere précisément, selon ce qu'elle est en elle-même, je veux dire, comme une masse d'étenduë solide, divisible en parties, nous concevons qu'on peut tirer de cette masse homogéne des particules de différente grosseur & figures, qu'on peut les arranger en différente façon, & leur impri-

 mer

mer différents degrés de mouvement; de ſorte que de ces différentes combinaiſons, il en reſultera divers aſſemblages de matiere très-différents entr'eux; & qui devant affecter nos ſens de différente maniere, nous paroîtront auſſi revêtus de qualités très-différentes; & ce ſont ces aſſemblages qu'on appelle corps naturels ou ſenſibles doués de matiere & de forme. Or il eſt à remarquer que cette différence de conſtitution interieure, quoique accidentelle, par rapport à la matiere en elle-même, eſt très-eſſentielle par rapport au composé, ou au corps naturel qui en réſulte. Cette conſtitution interieure eſt donc la forme, ou eſſence de chaque corps en particulier, qui le diſtingue de tout autre corps, & de laquelle découlent toutes ſes propriétés & facultés. Cette forme n'a donc aucune exiſtence, aucune réalité, qui lui ſoit propre, & qui ſoit diſtinguée de l'exiſtence & de la réalité de la matiere : ce n'eſt qu'une détermination, ou maniere d'exiſter des parties, dont la matiere eſt eſſentiellement compoſée. Ainſi, comme on peut conſidérer la matiere, ou ſelon ce qu'elle eſt en elle-même, ou ſelon la maniere, dont ſes particules peuvent être figurées & arrangées, elle préſente auſſi à notre eſprit deux idées différentes, qui répondent à ces deux divers états. L'une eſt plus générale, elle répréſente la matiere en elle-même, & ſeulement comme capable de recevoir différents arrangements: l'autre eſt plus déterminée, elle répréſente la matiere ſous un certain arrangement, qui conſtitue un corps particulier. L'arrangement ou la forme de la matiere n'eſt donc que la matiere-même, en tant que diſpoſée d'une certaine façon: & ſi on veut par abſtraction la diſtinguer de la matiere, elle n'eſt qu'un rapport, une relation locale de ſes parties ſolides.

VII. Que les qualités des corps ne ſont pas non plus des Etres diſtingués réellement de leur ſubſtance.

Il en eſt donc auſſi de même des propriétés, qualités & facultés des corps, qui n'étant que des déterminations de la figure, de la groſſeur, du mouvement & de la contexture des parties ſolides, dont ils ſont compoſés, comme

l'avoue

l'avoue M. Locke, ne peuvent non plus avoir aucune existence, ni aucune réalité qui leur ſoit propre, & qui ſoit diſtinguée de l'exiſtence & de la réalité des parties ſolides, qui ont cette telle groſſeur, cette telle figure, ce tel mouvement, cette telle liaiſon, par le moyen deſquelles elles ont de certains rapports entr'elles, & avec d'autres corps. Toute qualité ou faculté n'eſt donc réellement que la ſubſtance-même, en tant qu'elle exiſte d'une telle maniere déterminée, & conſidérée par abſtraction, comme détachée de ſon ſujet; ce n'eſt qu'un mode, ou un rapport des parties de cette ſubſtance, en qui l'on ne peut par conſéquent concevoir une exiſtence diſtincte de celle de la ſubſtance; puiſque le mode ou la maniere d'exiſter d'une choſe, ne ſauroit avoir ſon exiſtence à part, diſtincte de l'exiſtence de cette choſe même. Ainſi, les différentes facultés, que le feu a d'échauffer, de bruler, de ſécher, de fondre, de durcir &c. ne ſont point des réalités diſtinguées des particules, dont le feu eſt composé: le feu échauffe, brule, ſéche, fond, durcit &c. par la groſſeur, la figure, & le mouvement de ſes particules; & ces facultés conſidérées par abſtraction ne ſont, que les différents rapports, qu'ont les particules du feu, aux particules des autres corps, comme d'une pierre, du bois, des metaux, de la cire, de la bouë &c. il en eſt autant des qualités, ou facultés de tous les autres corps, comme on pourroit le prouver par une infinité d'exemples; mais que nous nous diſpenſerons de rapporter, parceque tous les livres de Phyſique moderne en ſont pleins.

C'eſt ici en effet le point fondamental, ſur lequel roule toute la différence qu'il y a entre la Phyſique barbare des Arabes, qui explique tout, ou pour mieux dire, embrouille tout par toutes ces formalités, & entités réellement diſtinguées de leurs ſujets; & la Phyſique polie des Académies de l'Europe, qui poſant pour principe que les effets naturels ne dépendent que des affections méchaniques de la

matiere,

matiere, c'eſt-à-dire, de la groſſeur, de la figure, du mouvement, & de la liaiſon de ſes parties, s'étudie à découvrir par des expériences fines & délicates, les loix de ce merveilleux méchaniſme, dont la moindre connoiſſance eſt bien plus capable de nous remplir l'eſprit & le cœur d'une reſpectueuſe admiration pour la ſageſſe de ſon Auteur, que ce cahos d'entités, où il eſt abſolument impoſſible de rien comprendre.

SECTION SECONDE.

Démonſtration : Que la matiere eſt abſolument incapable de penſer.

CE que nous venons de dire des idées de la ſubſtance, du mode, de la faculté en général, & l'application que nous en avons faite à la matiere fondée ſur les principes de M. Locke, nous fournit contre cet Auteur une démonſtration invincible, que la matiere eſt abſolument incapable de penſer.

Si Dieu pouvoit donner à la matiere la penſée, ou la faculté de penſer, ce ſeroit ou en donnant aux parties ſolides de quelque amas de matiere une telle groſſeur, une telle figure, un tel mouvement, une telle liaiſon, qu'il en réſultat la faculté de penſer, & enſuite la penſée-même; ou ce ſeroit en ajoutant à cet amas de matiere, une faculté entierement diſtinguée de l'arrangement de ſes parties ſolides. Or eſt-il que l'un & l'autre eſt impoſſible dans les principes de M. Locke. Et premierement il eſt impoſſible qu'en arrangeant d'une certaine façon les parties ſolides d'un amas de matiere, il en réſulte la penſée, ou la faculté de penſer. 1. Parceque ce ſeroit attribuer la penſée, la raiſon, & la connoiſſance à la ſimple juxtapoſition, & relation locale des parties de la matiere; ce qui eſt de l'aveu de M. Locke, comme nous l'avons fait remarquer cy-deſſus

la

la chose du monde la plus absurde. Et quand même M. Locke ne le diroit pas, il est évident d'un côté que l'arrangement des parties de la matiere, ne consiste que dans un rapport de distance de ces parties les unes à l'égard des autres; & que ce rapport n'ajoute rien de réel à ces parties: d'un autre côté, il n'est pas moins évident, que la faculté de penser dans la matiere, seroit une perfection réelle, ajoutée à la simple matiere; donc cette faculté ne sauroit resulter d'un simple arrangement de ses parties, lequel n'étant qu'un rapport, n'ajoute rien de réel à la matiere. 2. Si la faculté de penser pouvoit resulter d'un certain arrangement des parties de la matiere, il s'ensuivroit que la réalité de la pensée seroit originairement contenuë dans la matiere, comme la rondeur, ou toute autre figure: puisqu'un simple arrangement des parties de la matiere, éxécuté par le moyen du mouvement, pourroit également produire l'une & l'autre. Or c'est ce que M. Locke nie formellement, & qui renverse le principe, sur lequel il appuye sa démonstration de l'immaterialité de Dieu; que la matiere avec le mouvement ne peut jamais produire la pensée.

Secondement il n'est pas moins impossible, que Dieu ajoute à la matiere une faculté, qui ne dépende point de la grosseur, de la figure, du mouvement, & de la liaison de ses parties. Car, comme nous venons de le voir, de l'aveu même de M. Locke toute faculté de la matiere dépend essentiellement de ces qualités, que nous venons de nommer, & que M. Locke appelle les qualités premieres & originelles de la matiere. Et certainement il faut reconnoître que toute faculté de la matiere dépend d'une certaine contexture, & n'est qu'un mode, une détermination de ses qualités premieres, où il faut reconnoître que c'est un petit Etre accidentel inhérent à la matiere: cela posé, je voudrois que les partisans de M. Locke répondissent à ces deux arguments. Toute faculté de la matiere, selon M.

M. Locke, dépend eſſentiellement de la groſſeur, figure, mouvement, & liaiſon des parties ſolides de la matiere: la faculté de penſer, ſelon M. Locke, ne ſauroit réſulter d'aucun arrangement, d'aucune contexture des parties de la matiere. Donc, ſelon M. Locke, la faculté de penſer ne peut être une faculté de la matiere. Voici l'autre argument. Toute faculté qu'on ſuppoſe être une réalité diſtinguée de celle de ſon ſujet, eſt un accident péripatéticien: la faculté de penſer ne pouvant, ſelon M. Locke, réſulter de la groſſeur, de la figure, du mouvement, de la liaiſon des parties ſolides d'un amas de matiere, doit être une réalité diſtinguée de celle de cet amas, donc ce doit être un accident péripatéticien. Or eſt-il que, ſelon M. Locke, les formes ſubſtantielles, & les accidents péripatéticiens ne ſont que des chimeres abſurdes & ridicules. Donc, ſelon M. Locke, la faculté de penſer ſuppoſée dans la matiere, doit être regardée, comme une chimere abſurde & ridicule.

Autre Démonſtration.

L'Etre de la penſée ne pouvant, comme on vient de le voir, de l'aveu de M. Locke, être tiré, comme la rondeur du ſein de la matiere, & produit par un certain arrangement de ſes parties, il faut pour l'ajouter à la matiere, que Dieu la produiſe par une vraie création. Car toute production d'une choſe, qui n'eſt pas tirée d'un ſujet préexiſtant, & qui n'eſt pas compoſée de parties, qui exiſtaſſent déjà, eſt une vraie création. Voici M. Locke liv. 2. c. 26., cela poſé, il eſt bien aiſé de prouver que la réalité, que M. Locke ſuppoſe être la faculté de penſer dans la matiere, doit être une ſubſtance, & une ſubſtance immaterielle. Tout Etre, qui n'eſt point produit par un arrangement des parties de la matiere, mais par une création proprement ditte, doit avoir ſon exiſtence & ſa réalité propre entiérement diſtinguée de l'exiſtence, & de la réalité de la matiere, & de tout autre Etre. Or eſt-il que tout Etre, qui a ſon exiſtence & ſa réalité propre diſtinguée

de

de celle de la matiere, & de tout autre Etre, eſt une ſubſtance, & non un mode de la matiere : donc, ſi l'être de la faculté de penſer eſt produit par une véritable création, & non par l'arrangement des particules de la matiere, cet Etre a ſon exiſtence & ſa réalité propre diſtinguée entiérement de celle de la matiere : c'eſt donc une ſubſtance entiérement diſtinguée de la matiere, & par conſéquent immaterielle.

TROISIEME PARTIE.

Examen des ſentiments de M Locke ſur la ſubſtance en général, & ſur la matiere & l'étenduë en particulier.

SECTION PREMIERE

De l'idée de la Subſtance.

ON ne peut donner atteinte à notre démonſtration ; que la matiere eſt abſolument incapable de penſer, qu'en ſe retranchant à dire avec M. Locke, que nous ne ſavons abſolument ce que c'eſt que la ſubſtance ni en général, ni en particulier, & que nous ignorons de même la nature de la matiere & de l'étenduë ; ce qui renverſe pourtant d'un ſeul coup tout ce que cet Auteur a établi cy-deſſus pour fondement de ſa démonſtration ; que la matiere ne peut être le premier Etre penſant. Cela fait voir de quelle importance il eſt de diſſiper ces ténébres d'ignorance, dans leſquelles M. Locke par un effet de ſon incomparable modeſtie, voudroit ici enſevelir l'eſprit humain. Examinons donc ſes raiſonnements, & aſſurons à l'eſprit, autant qu'il nous ſera poſſible, la poſſeſſion des connoiſſances, que Dieu a bien voulu lui accorder, & qu'il a revêtu d'un caractére ſi lumineux d'évidence & de clarté, qu'il n'y a que ceux, qui par un étrange renverſe-

 ment

ment de leur raison, paroissent n'avoir d'autre but dans leurs études que l'ignorance & l'obscurité, qui puissent refuser de s'y rendre. Je commence par un fort long raisonnement de M. Locke l. 2. c. 13. p. 18., je ne l'abrégerai pas, parceque je suis bien aise que le Lecteur puisse mettre sur le compte de M. Locke tout ce qu'il y trouvera de fort ou de foible.

I. Raisonnement de M. Locke pour prouver que nous n'avons aucune idée distincte de ce mot substance.

„ Je tâche de me délivrer autant que je puis, de ces „ illusions que nous sommes sujets à nous faire à nous „ mêmes, en prenant des mots pour des choses. Il ne nous „ sert de rien de faire semblant de savoir ce que nous ne „ savons pas, en prononçant certains sons qui ne signifient „ rien de distinct & de positif. C'est battre l'air inutilement; „ car des mots faits à plaisir ne changent point la nature „ des choses, & ne peuvent devenir intelligibles, qu'en „ tant que ce sont des signes de quelque chose de positif, „ & qu'ils expriment des idées distinctes & déterminées. „ Je souhaiterois au reste que ceux qui appuyent si fort „ sur le son de ces trois syllabes substance, prissent la peine „ de considérer, si l'appliquant comme ils font, à Dieu, „ cet Etre infini & incompréhensible aux esprits finis, & „ aux corps, ils le prennent dans le même sens; & si ce „ mot emporte la même idée, lorsqu'on le donne à cha- „ cun de ces trois Etres si différents. S'ils disent qu'oui, „ je les prie de voir, s'il ne s'ensuivra point de là, que „ Dieu, les esprits finis & les corps participants en com- „ mun à la même nature de substance, ne différent au- „ trement que par la différente modification de cette sub- „ stance, comme un arbre & un caillou, qui étant corps „ dans le même sens, & participant également à la nature „ du corps, ne différent que dans la simple modification de „ cette matiere commune dont ils sont composés, ce qui „ seroit un dogme bien difficile à digérer. S'ils disent qu'ils „ appliquent le mot de substance a Dieu, aux esprits finis, „ & à la matiere en trois différentes significations, que lorsqu'on

„ qu'on dit que Dieu eſt une ſubſtance, ce mot marque „ une certaine idée, qu'il en ſignifie une autre lorſqu'on „ le donne à l'Ame, & une troiſiéme, lorſqu'on le donne „ au corps: ſi, dis-je, le terme de ſubſtance a trois différentes idées abſolument diſtinctes; ces Meſſieurs nous rendroient un grand ſervice, s'ils vouloient prendre la peine „ de nous faire connoître ces trois idées, ou du moins de „ leur donner trois noms diſtincts, afin de prévenir dans „ un ſujet ſi important la confuſion & les erreurs, que cauſera naturellement l'uſage d'un terme ſi ambigu, ſi on „ l'applique indifféremment & ſans diſtinction à des choſes ſi différentes; car à peine a-t-il une ſeule ſignification „ claire & déterminée; tant s'en faut que dans l'uſage ordinaire on ſoupçonne qu'il en renferme trois. Et d'ailleurs s'ils peuvent attribuer trois idées diſtinctes à la ſubſtance, qui peut empêcher qu'un autre lui en attribue „ une quatriéme ?

II. Réponſe qu'on a une idée très-diſtincte de la ſubſtance en général.

Il paroit par tout ce long diſcours, que M. Locke a prit le mot de ſubſtance, non pour le ſigne d'une idée générale, qui répréſente un attribut commun à tous les Etres, qui eſt d'avoir chacun ſon exiſtence propre diſtinguée de l'exiſtence de tout autre Etre; mais plutôt pour le nom d'une certaine ſorte d'Etre, & d'une nature particuliere. Que veut-il dire en effet par ces paroles, Dieu, les eſprits finis, & les corps participants à une même nature de ſubſtance, s'il ne conçoit la ſubſtance, comme une maſſe commune, qui ſerve à former tout ce qu'il y a d'Etres concevables ? Mais aſſurément l'équivoque eſt groſſiére. M. Locke n'avoit qu'à lire les Cartéſiens, il auroit trouvé dans leurs livres, qu'on entend par le mot de ſubſtance tout ce qui a ſon exiſtence propre. Ce mot ne peut donc avoir une ſignification plus claire & plus déterminée: & ces trois ſyllabes *ſubſtance* ainſi définies font évanouïr tout ce grand appareil de raiſonnements, que M. Locke étale ici avec tant de pompe. On demande, ſi en appliquant le mot de ſubſtance à Dieu, aux esprits finis, & aux corps, on le prend dans le même sens? Je réponds qu'oui: Dieu a son existence propre, les esprits finis & les corps ont leur existence propre, le nom de substance convient donc à Dieu, aux esprits finis & aux corps dans le même sens. Et il ne s'ensuivra point de là, que Dieu, les esprits finis & les corps participants à une même nature de substance, ne soient que des modifications de cette substance; car il n'y a point une telle nature de substance, il n'y a point, dis-je, de substance générale existante, dont toutes les substances particuliéres puissent être formées, comme il y a une matiere homogéne, dont les corps particuliers ne sont que de différents amas, & qui leur est commune à tous.

III Le raisonnement de M. Locke sur la substance prouveroit qu'on n'a non plus aucune idée distincte de l'Etre en général.

Mais, pour mieux faire voir encore, combien est peu fondée l'objection de M. Locke, substituons dans son raisonnement le mot d'Etre au mot de substance; car parmi les Modernes qui rejettent les accidents péripatéticiens, le nom d'Etre & celui de substance sont parfaitement synonymes: quand on conçoit une chose qui existe, disent-ils, on a l'idée de la substance; quand on conçoit la maniere dont cette chose existe, on a l'idée du mode. l'Etre est donc la substance, la maniere d'Etre est le mode. Substituant donc dans l'objection de M. Locke le mot d'Etre à celui de substance; supposons un homme, qui après un long préambule sur les illusions qu'on se fait à soi-même, en prenant les mots pour des choses, vienne enfin à conclure avec M. Locke par ces paroles. „ Au reste je voudrois bien que ceux, qui appuyent si fort sur le son de „ ces deux syllabes *Etre*, prissent la peine de considérer, si „ l'appliquant comme ils font, (& M. Locke entr'autres) „ à Dieu, aux esprits finis & aux corps, ils le prennent „ dans le même sens. S'il disent qu'oui, je les prie de „ considérer, s'il ne s'ensuivra point de là, que Dieu, les „ esprits finis, & les corps participants en commun à la „ même nature d'Etre, ne différent point, que par la diffé-

rente

„ rente modification de cet Etre, comme un arbre & un
„ caillou, qui étant corps dans le même sens, & partici-
„ pant également à la nature du corps ne différent que
„ dans la simple modification de cette matiere commune.
„ S'ils disent qu'ils appliquent le mot d'Etre à Dieu, aux
„ esprits finis & à la matiere en trois différentes significa-
„ tions, qu'ils expliquent ces trois idées, qu'ils attachent
„ au mot Etre d'une maniere distincte, qu'ils leur don-
„ nent de différents noms, & qu'ils pensent que s'ils peu-
„ vent attribuer à l'Etre trois idées distinctes, si quelque
„ chose empêche qu'un autre ne lui en attribue une qua-
„ triéme. Si quelque homme s'avisoit de raisonner ainsi serieusement sur le mot d'Etre, qui de l'aveu de tout le monde ne signifie qu'une idée générale, en laquelle conviennent toutes les choses qui existent, par cela-même qu'elles existent, ou qu'elles sont hors du néant, qu'en penseroit-on? trouveroit-on de quoi se convaincre par un tel raisonnement, qu'on n'a aucune idée de l'Etre en général? Et cependant ce raisonnement en quoi différe-t-il de celui, que vient de proposer M. Locke sur le mot de substance, pour obscurcir l'idée générale, que nous en avons, & qui de l'aveu de tous les Philosophes modernes ne signifient que la propriété, qu'a essentiellement tout Etre d'avoir son existence propre. Mais passons au chap. 23., où M. Locke traite à fond de l'idée de la substance en général, & de celle de l'Esprit & du corps en particulier.

IV. La substance est, selon M. Locke, le sujet inconnu des qualités d'une chose.

Monsieur Locke explique d'abord ce que c'est que l'idée de la substance, & comment on la forme. L'Esprit, dit-il, remarquant que des idées simples, qu'il acquiert par voie de sensation, ou de réfléxion; plusieurs vont constamment ensemble, il les regarde comme appartenantes à un seul sujet, & ne pouvant concevoir, que ces idées simples subsistent par elles-mêmes, il imagine un sujet qui les soutienne, & où elles subsistent, & c'est ce sujet qu'on appelle substance. De sorte, qu'on n'a point d'autre notion de la sub-

ſubſtance en général, que de je ne ſais quel ſujet tout-à-fait inconnu, & qu'on ſuppoſe être le ſoutien des qualités des corps. „ En effet, ajoute-t-il, qu'on demande à quel-„ qu'un ce que c'eſt que le ſujet, dans lequel la couleur „ ou le poids exiſtent, il n'aura autre choſe à dire, ſinon „ que ce ſont des parties ſolides & étenduës. Mais, ſi on „ lui demande ce que c'eſt que la choſe dans laquelle la „ ſolidité, & l'étenduë ſont inhérentes? il ne ſera pas moins „ en peine que l'Indien, qui ayant dit que la terre étoit „ ſoutenuë par un grand Elephant, & l'Elephant par une „ grande tortuë, répondit à ceux qui lui demanderent ce „ qui ſoutenoit la tortuë, que c'étoit quelque choſe, un je „ ne ſais quoi, qu'il ne connoiſſoit pas.

V. Obſcurité, & fauſſeté d'une telle notion de la ſubſtance.

L'explication que M. Locke donne ici de la ſubſtance en général eſt tout-à-fait conforme à celle des Péripatéticiens, qui réaliſant les abſtractions de leur eſprit, s'imaginent que les qualités d'une choſe, comme la rondeur, la dureté, le poids d'un boulet de canon, ſont réellement diſtinguées de ce boulet; & qui voyant enſuite que ces qualités ne peuvent naturellement ſubſiſter par elles-mêmes; s'imaginent que dans un boulet de canon il y a un certain ſujet occulte qui les ſoutient, & dans lequel ces qualités ſont inhérentes. Mais le fait eſt, qu'une telle idée de la ſubſtance eſt tout-à-fait chimérique: les qualités d'une choſe ſont réellement cette choſe-même, en tant qu'elle exiſte d'une certaine maniere: elles ſont des manieres d'Etre, ou des déterminations de ſon exiſtence, ainſi qu'il a été prouvé cy-deſſus; & la ſubſtance eſt cette choſe ſimplement conſidérée en elle-même. Si on demande donc à quelqu'un, quel eſt le ſujet dans lequel la couleur & le poids exiſtent? il répondra avec raiſon, que ce ſont des parties ſolides & étenduës; parceque ces parties peuvent être d'une denſité, d'une groſſeur, & dans une diſpoſition telle qu'il la faut, pour réfléchir l'eſpece de rayons capables de produire un tel ſentiment de couleur: il en eſt de même du poids: un

corps

corps a plus ou moins de poids, selon qu'il a plus ou moins de parties, parceque chaque partie est également poussée vers le centre par la cause générale de la gravité: mais, si on lui demande ensuite *ce que c'est que la chose, dans laquelle la solidité & l'étenduë sont inhérentes*? il devra répondre, que la solidité est une propriété, une maniere d'Etre, une détermination de l'étenduë, car la solidité ne peut non plus être par elle-même que la figure; mais, que l'étenduë n'a besoin d'aucun sujet qui la soutienne, & qu'au contraire elle est elle-même le sujet de la solidité, de la figure, de la couleur, du poids &c. En effet nous concevons que l'étenduë peut exister par elle-même, ou avoir son existence, & sa réalité qui lui soit propre; l'idée donc de l'étenduë, c'est l'idée d'une chose qui subsiste par elle-même, c'est l'idée d'une substance. Je fais voir dans la quatriéme partie de cet ouvrage, comment la solidité est une maniere d'Etre, ou une propriété inséparable de l'étenduë, démontrant par les propres principes de M. Locke la connéxion nécessaire qu'il y a entre l'idée de l'étenduë, & celle de la solidité; j'y fais voir aussi, comment toutes les autres propriétés de la matiere naissent de cette même étenduë; l'étenduë est donc cette chose, ce je ne sais quoi, ce sujet qui est le soutien de toutes les qualités qu'on observe dans les corps, c'est l'essence, & la substance-même de la matiere.

VI. Autre raisonnement de M. Locke pour obscurcir l'idée claire de la substance, tiré de quelques façons de parler populaires.

„ Nous devons remarquer, poursuit M. Locke, que nos „ idées complexes des substances, outre toutes les idées „ simples, dont elles sont composées, emportent toujours „ une idée confuse de quelque chose à quoi elles appartiennent, & dans quoi elles subsistent. C'est pour cela, „ que lorsque nous parlons de quelque espece de substance, nous disons que c'est une chose qui a telles ou „ telles qualités; comme, que le corps est une chose étenduë, figurée, & capable de mouvement, que l'esprit est „ une chose capable de penser. Ces façons de parler, &

autres

„ autres semblables, donnent à entendre que la substance „ est toujours supposée, comme quelque chose de distinct „ de l'étenduë, de la figure, de la solidité, du mouvement, „ de la pensée, & des autres idées qu'on peut observer, „ quoique nous ne sachions ce que c'est.

VII. Réponse. Je réponds que ces façons de parler ne peuvent donner à entendre, que la substance du corps soit quelque chose de distinct de l'étenduë, & qui en soit le sujet, ou le soutien, qu'à ceux qui ne sachant pas profiter de l'avis, que nous donne ci-dessus M. Locke, se font illusion à eux-mêmes, en prenant des mots pour des choses. Cette illusion est plus commune qu'on ne sauroit le croire. Un Professeur d'une célébre Université d'Italie, & qui passe dans le public pour un assez habile homme, vouloit un jour me convaincre sur une semblable façon de parler, que la substance de quelque corps que ce soit, comme d'une montagne, doit être quelque chose de distinct de cette étenduë, & qui en soit le soutien. Examinez, me disoit-il, subtilement cette expression, *l'étenduë d'une montagne*, elle vous fera connoître, qu'autre chose est la montagne qui a cette étenduë, autre chose l'étenduë, qui est inhérente à la montagne. L'une est le sujet de l'autre, la montagne est le sujet de l'étenduë, l'étenduë n'est donc pas la substance-même de la montagne. Je lui répondis, qu'en examinant aussi subtilement ces autres façons de parler, *le mois de Janvier*, *la saison de l'hiver*, *la Ville de Rome &c.*, on auroit trouvé, que comme l'étenduë de la montagne doit être différente de la montagne; le mois de Janvier doit aussi être différent de Janvier, la saison de l'hiver différente de l'hiver, la Ville de Rome différente de Rome. Car, si cette façon de parler, l'étenduë de la montagne prouve qu'entre l'étenduë, & la montagne il y ait une opposition rélative, ou un rapport de sujet & de mode; ces façons de parler, le mois de Janvier, la Ville de Rome &c. doivent prouver par la même raison, qu'entre le mois, & Janvier,

entre

entre la Ville & Rome, il y ait auſſi une ſemblable rélation; de ſorte que Janvier ſoit le ſujet du mois, l'hiver le ſujet de la ſaiſon, Rome le ſujet de la Ville, comme la montagne eſt le ſujet de l'étenduë; & de même que l'étenduë eſt une choſe qui appartient à la montagne, comme à une autre choſe diſtincte; ainſi le mois ſera une choſe appartenante à Janvier, comme à une autre choſe diſtincte &c. Cette comparaiſon ſuffit pour faire ſentir le ridicule d'une telle objection, & qu'il eſt indigne d'un Philoſophe de ſoumettre ſes idées aux loix, ou pour mieux dire, aux abus, & aux imperfections du langage. Mais, pour faire voir qu'il y a dans ces expreſſions un ſens juſte, qui a échappé à la ſubtilité de ces Meſſieurs; je remarquerai en paſſant, que quand on dit p. e. voyez-vous l'étenduë de cette montagne? ce lac a tant de lieuës d'étenduë en longueur & en largeur &c., on ne prétend point parler de l'étenduë de la montagne, & du lac, ſelon ce qu'elle eſt en elle-même, & ſelon qu'elle eſt modifiée pour faire une montagne & un lac; mais ſeulement de la grandeur meſurable de cette montagne & de ce lac, en tant qu'on les compare, ou expreſſément, ou tacitement avec une autre grandeur ou meſure, ſelon laquelle on juge qu'une choſe eſt grande ou petite; car les Philoſophes ſavent qu'il n'y a point de grandeur abſoluë, mais ſeulement par rapport. Ainſi dans ces ſortes d'expreſſions, il y a toujours une comparaiſon ou tacite, ou expreſſe; & aſſurément quand un homme dit à un autre, voyez-vous l'étenduë de cette montagne? peut-on penſer qu'il ait dans l'eſprit le ſens que l'on voudroit donner à ces paroles, & qu'il veuille dire à ſon compagnon, que l'étenduë de la montagne qu'il voit n'eſt pas la ſubſtance de la montagne, mais un mode inhérent à cette ſubſtance, qui doit être par conſéquent quelque choſe de diſtinct de cette étenduë. N'eſt-il pas au contraire évident, que cet homme ne veut dire autre choſe à ſon camarade, ſinon, voyez-vous combien cette montagne eſt grande, par rapport à ce que les montagnes ſont ordinairement? Mais, quand on dit, que le corps eſt une choſe étenduë; le mot de choſe ne ſignifie point, dans cette façon de parler, une ſubſtance qui ſoit le ſujet de l'étenduë, mais il ſignifie ſeulement l'idée de l'Etre en général, qu'on détermine dans le corps, par ce qu'il y a de plus eſſentiel au corps qui eſt l'étenduë; ainſi ſelon les régles de la grammaire, on fait un ſubſtantif de l'Etre en général, & un adjectif de ce qui le détermine; mais tout cela n'eſt appuyé que ſur des abſtractions de l'eſprit; & un Philoſophe, qui va puiſer des raiſons dans ces façons de parler, avant que de les avoir déterminées à une ſignification préciſe & diſtincte, ſe fait illuſion à lui-même, & ne fait que battre l'air inutilement.

VIII. Des Subſtances particulieres.

Quant aux ſubſtances particuliéres, M. Locke prétend que l'idée que nous en avons, n'eſt qu'une idée complexe des idées ſimples de leurs qualités & de leurs puiſſances, que nous acquérons par l'obſervation. Il y a du vrai & du faux dans ce ſentiment. Il eſt vrai, que nous ne connoiſſons diſtinctement les corps particuliers, que par l'aſſemblage des qualités que nos ſens y découvrent; mais il eſt faux que l'idée que nous avons de leur ſubſtance, ſoit l'idée complexe de cet aſſemblage de qualités. La ſubſtance de tous les corps, c'eſt l'étenduë ſolide; c'eſt elle qui a ſon exiſtence propre en chaque corps, ou pour mieux dire, c'eſt elle qui fait que chaque corps ait ſa propre exiſtence diſtinguée de l'exiſtence de toute autre choſe; la maniere dont cette étenduë ſolide exiſte, ou eſt modifiée, c'eſt ce qu'il y a de différent dans les différents corps: autre eſt la figure, la groſſeur, le mouvement, la liaiſon, la contexture des particules qui compoſent l'eau, autre de celles qui compoſent le feu &c. Cette conſtitution interieure des parties ſolides & étenduës, & qui n'eſt qu'une maniere, ou une détermination de leur exiſtence; c'eſt ce qu'on appelle la forme ou l'eſſence de chaque corps; ainſi

tous

tous les corps conviennent par la matiere, & par la substance; & ils ne différent que par la forme ou l'essence. Nous avons donc une idée très-claire de la substance, qui est commune à tous les corps; mais il faut avouer que nous ne connoissons que très-imparfaitement leur constitution interieure, ou leur essence; & ce n'est que par les qualités que nous y observons, que nous pouvons distinguer les corps les uns des autres, & former quelque foible conjecture sur cette constitution interieure, dont ces qualités dépendent.

SECTION SECONDE.

Examen de la comparaison, que fait M. Locke, entre la substance de l'esprit, & celle du corps.

POur mieux prouver encore que *nous n'avons aucune idée de la substance de la matiere*, M. Locke compare en ce chapitre la substance de l'esprit avec celle du corps, & prétend faire voir, *que l'une & l'autre sont également éloignées de nos conceptions*. Premiérement il établit quelles sont les idées originales particulieres au corps & à l'esprit: il parle ensuite des idées qui leur sont communes, & sur tout de la mobilité: enfin il revient aux idées originales de l'une & de l'autre substance, pour prouver que nous ne savons absolument, ni ce que c'est que l'esprit, ni ce que c'est que le corps. Pour éviter cette interruption dans l'examen des idées originales particulieres aux corps & à l'esprit, & procéder avec le plus d'ordre qu'il est possible; je commencerai par examiner, s'il est vrai que l'idée de la mobilité est commune à l'esprit & au corps. Cette question entre tout naturellement dans notre sujet, qui est de démontrer l'immaterialité de l'Ame; & faire voir qu'elle n'a rien de commun avec ce qu'on appelle corps, étenduë, ou matiere.

§. I

Que la mobilité ne peut convenir à l'esprit.

I. Premiére preuve de M. Locke: que les esprits peuvent changer de distance par rapport à quelque autre Etre considéré en repos.

LES idées que M. Locke prétend être communes aux esprits & aux corps, sont celles d'existence, de durée, & de mobilité. Quant aux idées d'existence & de durée, on ne peut nier qu'elles ne conviennent également à l'esprit & au corps; & cela fait voir que M. Locke n'entendoit pas trop bien ce qu'il écrivoit ci-dessus chap. 13. sur la prétenduë illusion de ceux, qui attribuent le mot de substance aux esprits & aux corps dans le même sens; car le mot de substance ne signifiant qu'une existence propre distinguée de l'existence de toute autre chose; il s'ensuit que si l'idée d'existence, & de durée convient également aux esprits & aux corps, l'idée de substance leur doit aussi être commune, & que ces trois syllabes, substance, peuvent leur être attribuées dans le même sens. Mais, pour ce qui est de la mobilité, c'est en vain que M. Locke prétend, qu'on ne doit pas trouver étrange qu'il l'attribue à l'esprit: ses raisons pour le prouver ne sont rien moins que concluantes. „ Comme je ne connois, dit-il, le mouvement, que sous „ l'idée d'un changement de distance, par rapport à d'autres „ Etres, qui sont considérés en repos; & que je trouve „ que les esprits non plus que les corps, ne sauroient opérer qu'où ils sont; & que les esprits opérent en divers „ tems dans différents lieux; je ne puis qu'attribuer le „ changement de place à tous les esprits finis; car je ne „ parle point ici de l'Esprit infini. En effet mon esprit „ étant un Etre réel aussi bien que mon corps, il est certainement aussi capable que le corps même, de changer „ de distance par rapport à quelque corps, ou quelque autre „ Etre que ce soit, & par conséquent il est capable de mouvement; de sorte que, si un Mathématicien peut considérer une certaine distance, ou un changement de di-

stance

„ ſtance entre deux points, qui que ce ſoit peut concevoir „ ſans doute une diſtance, ou un changement de diſtance „ entre deux eſprits, & concevoir par ce moyen leur mou- „ vement, l'approche ou l'éloignement de l'un à l'égard „ de l'autre.

II. Réponſe : les eſprits n'occupant point de place ils ne peuvent en changer.

Deux Etres ne peuvent point changer de diſtance, ſi l'un ou l'autre ne change de place, & ce n'eſt qu'en changeant de place, qu'un Etre change de diſtance, par rapport à un autre Etre conſidéré en repos. C'eſt donc préciſément ſous l'idée d'un changement de place, que l'on conçoit le mouvement. Or il eſt bien évident, que rien ne peut changer de place, que ce qui occupe une place; il n'y a donc que ce qui occupe une place, qui ſoit capable de mouvement. Il s'agit donc de ſavoir, ſi l'eſprit occupe une place, ce ſeul point décidé, termine toute la queſtion. Si l'eſprit occupe une place, il eſt certain que l'eſprit eſt capable de mouvement; ſi l'eſprit n'occupe point de place, il eſt clair que l'idée de l'eſprit, & celle du mouvement ſont incompatibles; l'eſprit n'occupant point de place, il ne peut en changer; ne pouvant en changer, il ne peut être en mouvement.

Je conviens ſans peine avec M. Locke, que l'eſprit eſt un Etre auſſi réel que le corps: car, quoique nous ne connoiſſions pas ſi clairement la nature de l'eſprit, que celle du corps; cependant le ſentiment interieur que nous avons de notre penſée, eſt plus que ſuffiſant pour nous convaincre, que l'Etre de la penſée eſt une choſe qui n'eſt pas moins réelle que l'étenduë. Or en conſidérant la penſée en elle-même, & non ſelon ſes différents rapports aux différents objets qui la terminent, de ce que M. Locke ſoutient quelque part qu'il eſt eſſentiel à tout Etre penſant de ſe ſentir, j'en pouvois conclure avec aſſez de probabilité contre lui-même, que la penſée eſt le fond même de la ſubſtance de l'eſprit, puiſque l'eſprit ne ſent rien en lui-même de plus intime que la penſée. Mais que la penſée ne ſoit

qu'un

qu'un mode de l'eſprit, il ſera toujours vrai de dire, que comme la réalité du mode, n'eſt point diſtinguée de celle de ſon ſujet, ainſi la réalité, que nous concevons dans la penſée, doit être la réalité même de l'eſprit. On ne peut donc concevoir l'eſprit que comme l'Etre ou la réalité de la penſée. Cela poſé, pour ſavoir ſi l'eſprit peut occuper une place, il n'y a qu'à examiner, ſi la penſée peut elle-même occuper une place; de ſorte que, ſi nous trouvons que l'idée d'occuper un lieu ne s'accorde pas avec la penſée, nous ne devons pas craindre d'aſſurer, que cette même idée ne s'accorde pas avec la nature de l'eſprit, qui n'eſt que l'Etre de la penſée. Si quelqu'un vouloit donc tenir l'affirmative, je le prierois de faire attention, qu'on peut en premier lieu concevoir la penſée; quoiqu'on écarte de ſon eſprit toute idée d'étenduë: or comment pourroit-on en écartant toute idée d'étenduë, concevoir encore la penſée, ſi la penſée étoit une choſe étenduë? qu'on peut en ſecond lieu tourner dans ſon eſprit de mille façons différentes l'idée de l'étenduë, ſans pouvoir jamais cependant y rien reconnoître de ſemblable à la penſée; qu'enfin, comme l'on ne peut rien concevoir ſous l'idée d'une choſe étenduë, ſans y concevoir quelque longueur, quelque largeur, quelque profondeur, & quelque figure; il faudroit auſſi concevoir ces choſes dans la penſée, ſi on la concevoit comme étenduë; de ſorte que l'on pourroit demander avec raiſon à un homme de ce ſentiment, de combien ſes penſées ſont plus longues ou plus larges les unes que les autres, s'il en a d'ovales, de rondes, & de quarrées; ce qui eſt le comble de l'extravagance, & qui fait voir que rien n'eſt plus abſurde, que de prétendre concevoir la penſée ſous l'idée d'une choſe étenduë. On ne peut donc concevoir, que l'Etre de la penſée où l'eſprit occupe une place; il ne peut donc en changer; il eſt donc incapable de mouvement.

III. Autre argument de M. Locke tiré de la

„ Chacun ſent en lui-même, pourſuit M. Locke, que
„ ſon ame peut penſer, vouloir, & opérer ſur ſon corps, dans

„ dans le lieu où il eſt; mais qu'elle ne ſauroit opérer ſur „ un corps, ou dans un lieu qui feroit à cent lieuës d'elle; „ ainſi perſonne ne peut s'imaginer, que tandis qu'il eſt à „ Paris, ſon ame puiſſe penſer ou remuer un corps à Mont- „ pellier, & ne pas voir que ſon ame étant unie à ſon corps, „ elle change continuellement de place, durant tout le „ chemin qu'il fait de Paris à Montpellier, de même que „ le caroſſe ou le cheval qui le porte. D'où l'on peut ſu- „ rement conclure à mon avis, que ſon ame eſt en mou- „ vement pendant tout ce tems-là. Que ſi l'on fait diffi- „ culté de reconnoître, que cet exemple nous donne une „ idée aſſez claire du mouvement de l'ame; on n'a, je „ penſe, qu'à réflechir ſur ſa ſéparation d'avec le corps „ par la mort, pour être convaincu de ce mouvement: car „ conſidérer l'ame comme ſortant du corps, ſans avoir au- „ cune idée de ſon mouvement, c'eſt ce me ſemble, une „ choſe abſolument impoſſible.

préſence, & des opérations de l'ame en ſon corps.

IV. Réponſe: quelle eſt la préſence & l'opération de l'ame en ſon corps.

C'eſt une choſe abſolument impoſſible de concevoir, qu'une penſée, ou une volonté puiſſent être placées dans un lieu; car pour cela il faudroit concevoir la penſée, & la volonté ſous l'idée d'une choſe étenduë, & commenſurable à une place, ce que chacun ſent en lui-même être abſolument inconcevable. Quand on dit donc que l'ame peut penſer, & remuer ſon corps dans le lieu où il eſt, mais non ailleurs; ces façons de parler ont beſoin d'explication pour être intelligibles: & premiérement, quand on dit que l'ame peut opérer ſur ſon corps, & le remuer dans le lieu où il eſt; il faut diſtinguer dans cette opération ce qui ſe paſſe dans l'ame, & ce qui ſe paſſe dans le corps: dans l'ame il n'y a qu'une volonté, ou un déſir que ſon corps ſoit remué; & ce déſir eſt ſuivi d'un mouvement dans le corps, enſuite des loix d'union de l'ame & du corps; on peut donc dire que l'ame remue ſon corps dans le lieu où il eſt; parceque le mouvement du corps ne peut commencer que dans le lieu où il eſt; mais l'acte, par lequel l'ame veut le mouvement de son corps, & qui en est la cause occasionnelle, cet acte ne peut être placé en aucun lieu, parcequ'il n'occupe aucune étenduë. Mais l'ame ne pense-t-elle pas, & ne veut-elle pas dans son propre corps? C'est cette façon de parler, que je dois expliquer en second lieu. Je dis donc que ces expressions; l'ame est dans le corps, elle pense dans le corps, elle sort du corps, ne signifient autre chose, si non que l'ame est unie au corps, qu'elle pense dépendemment de cette union, & qu'après un certain tems, elle n'est plus unie au corps. Or cette union n'a rien de semblable aux préjugés grossiers du vulgaire, qui s'imagine que l'ame entre dans le corps, & s'y répand, comme le vin entre dans une bouteille, qu'elle y demeure enfermée, comme un ressort dans une montre, qui la fait mouvoir, & qu'elle en sorte, comme le souffle sort des poumons par la respiration. Il est même étonnant, que M. Locke ait donné dans des imaginations si absurdes. L'ame est unie au corps par un rapport réciproque de pensées & de mouvements. Certains mouvements du corps sont causes occasionnelles de certaines pensées, dont Dieu affecte l'ame, & réciproquement les pensées sont causes occasionnelles des mouvements, que Dieu produit dans le corps. Mais de là il ne s'ensuit pas, que l'ame soit placée dans le corps, comme le cerveau dans le crane, ou qu'elle soit dans le lieu où est le corps: & si l'usage permet qu'on se serve de telles expressions, on doit se souvenir, que ce sont des expressions figurées, absolument inintelligibles, si l'on prétend les prendre à la lettre, & qui ne peuvent recevoir d'autre sens intelligible que celui-ci, l'ame pense ensuite des mouvements d'un corps, qui est maintenant à Paris, & qui se transporte à Montpellier. C'est donc une illusion bien grossiére de s'imaginer que l'ame change de place avec le corps, parcequ'elle est unie au corps. Une telle conséquence auroit lieu, si l'ame étoit unie au corps, comme le ressort à la montre; mais puisqu'un tel sens du mot d'union de l'ame,

&

& du corps eſt un ſens abſurde, & que ce mot ne ſignifie qu'un rapport réciproque de penſées, & de mouvements, il eſt évident qu'une telle concluſion n'eſt fondée que ſur une miſérable équivoque, & pour en ſentir le ridicule, il n'y a qu'à mettre la définition à la place du défini. Entre l'ame & le corps il y a un rapport réciproque de penſées & de mouvements, donc l'ame change de place avec le corps. Qu'on voie, ſi l'on peut découvrir la moindre apparence de liaiſon entre une telle conſéquence, & la propoſition qui la précede, & qui lui ſert d'antecedent? Quant à la ſéparation de l'ame d'avec le corps, qui eſt l'exemple, ſur lequel M. Locke appuye ſi fort; cet Auteur a-t-il pû penſer que l'ame ſorte du corps par un mouvement local, comme un homme ſort de ſa chambre & de ſon carroſſe? peut-on avoir une telle idée de la ſéparation de l'ame d'avec le corps, à moins qu'on ne conçoive l'ame, c. à. d. l'Etre de la penſée; car nous n'avons d'autre idée de l'ame, à moins, dis-je, qu'on ne conçoive l'Etre de la penſée ſous l'idée d'une choſe étenduë & materielle, qui remplit ſa place & qui lui eſt commenſurable: ce qui eſt abſolument impoſſible & inconcevable. L'ame ne ſort donc du corps qu'en ce ſens, que leur rapport réciproque de penſées & de mouvements, & par conſéquent leur union vient à ceſſer. Quand la circulation du ſang vient à manquer, que les eſprits animaux ne peuvent plus s'en ſéparer, que les fibres perdent leur oſcillation & ſe roidiſſent; alors ce qui étoit la cauſe occaſionnelle des penſées de l'ame, & ce qui étoit néceſſaire pour communiquer au corps le mouvement enſuite des penſées de l'ame ſe trouve détruit; le rapport réciproque, c. à. d. l'union de l'ame & du corps ceſſe, l'ame n'eſt plus unie au corps; elle change d'état, mais elle ne change pas de place.

V. Troiſiéme argument de M. Locke.

„ Si l'on dit que l'ame ne ſauroit changer de lieu, par„ cequ'elle n'en occupe aucun, les eſprits n'étant pas *in* „ *loco, ſed ubi*; je ne crois pas que bien des gens faſſent

„ maintenant beaucoup de fond sur cette façon de parler,
„ dans un siécle où l'on n'est pas fort disposé à admirer des
„ sens frivoles, ou à se laisser tromper par ces sortes d'ex-
„ pressions inintelligibles. Mais, si quelqu'un s'imagine que
„ cette distinction peut recevoir un sens raisonnable, &
„ qu'on peut l'appliquer à notre question; je le prie de
„ l'exprimer en françois intelligible, & d'en tirer après
„ cela une raison qui montre que les esprits immateriels ne
„ sont pas capables de mouvement. On ne peut à la vé-
„ rité attribuer de mouvement à Dieu, non pas parcequ'il
„ est un Esprit immateriel, mais parcequ'il est un Esprit
„ infini.

VI. Réponse. Il est assez naturel de penser que ceux, qui prétendent que les Esprits ne sont pas *in loco, sed ubi*, font une distinction qu'ils n'entendent pas eux-mêmes. Mais ceux qui sans distinction assurent positivement que l'Esprit, c. à. d. l'Etre de la pensée ne peut occuper aucune place, parceque rien ne peut occuper une place que ce qui remplit cette place, & qui a une étenduë égale à celle de la place qu'il occupe, & que dans l'Etre de la pensée il est impossible de concevoir aucune étenduë; ceux-là, dis-je, entendent parfaitement ce qu'ils disent, & ils peuvent le prouver d'une maniere trés-intelligible en latin, en françois, en italien, & en quelque langue que ce soit: ceux au contraire qui faisant fond sur certaines façons de parler populaires croient que l'ame est placée dans le corps, tout de même que le corps est placé dans un carrosse, qu'elle promene aussi bien que le corps de Paris à Montpellier, qu'en se séparant du corps elle en sort par un mouvement local, comme une liqueur spiritueuse qui s'évente, & sort du vase où elle étoit renfermée; je ne sais s'ils peuvent se persuader de comprendre le sens de ces façons de parler, en les prenant non dans un sens figuré, mais au pied de la lettre. Pour peu d'attention qu'ils voulussent y apporter, & quelque légere réfléxion, qu'ils prissent la peine de faire sur l'impossibilité

qu'il

qu'il y a de concevoir la penſée ſous l'idée d'une choſe étenduë, commenſurable à un lieu; ils ſe convaincroient aiſément qu'ils ſe ſont laiſſé tromper par des expreſſions auſſi inintelligibles, que le peut être la diſtinction du *non in loco, ſed ubi*.

VII. Contradiction de M. Locke au ſujet des idées qu'il fait communes à l'eſprit & au corps.

Je crois avoir ſuffiſamment démontré que l'idée de la mobilité n'eſt pas commune à l'eſprit & au corps. Mais que penſera-t-on du ſyſtême de M. Locke, & de la liaiſon de ſes principes, ſi je fais voir que M. Locke qui emploie ici toute ſa ſubtilité, pour prouver que non ſeulement l'idée de l'exiſtence & de la durée, mais auſſi celle de la mobilité eſt commune à l'eſprit & au corps, ſe ſert en un autre endroit de cette même ſubtilité, pour ravir à l'eſprit non ſeulement l'idée d'occuper un eſpace, & par conſéquent celle de la mobilité, mais auſſi l'idée de la ſucceſſion & de la durée telle qu'elle convient au corps? „ Cet endroit eſt le chap. *9.* du livre 2., où il poſe pour maxime que „ les idées qui „ viennent par voie de ſenſation, ſont ſouvent alterées par „ le jugement dans l'eſprit des perſonnes faites ſans qu'el- „ les s'en apperçoivent; ſelon cette maxime il prétend qu'en jettant les yeux ſur un globe on a d'abord par voie de ſenſation l'idée ou la perception d'un cercle plat, mais qu'enſuite le jugement forme l'idée ou la perception d'un convexe, & la ſubſtitue à celle du cercle plat, ſans que l'ame s'apperçoive de cette premiére idée de ſenſation, & de la formation de celle que le jugement lui ſubſtitue, parceque tout cela ſe fait en un inſtant. Nous avons fait voir ailleurs à combien de contradictions un tel ſentiment engage M. Locke; mais nous ne remarquerons ici que ce qu'il ajoute pour ôter la ſurpriſe que cette doctrine pourroit cauſer. „ Nous ne devons pas être ſurpris, dit-il, que nous „ faſſions ſi peu de réflexion à des choſes qui nous frap- „ pent d'une maniere ſi intime, ſi nous conſidérons combien „ les actions de l'ame ſont ſubites; car on peut dire que „ comme on croit qu'elle n'occupe aucun eſpace, & qu'elle

„ n'a point d'étenduë, il femble auffi que fes actions n'ont „ befoin d'aucun intervalle de tems pour être produites, & „ qu'un inftant en renferme plufieurs. M. Locke pofe ici l'opinion commune où l'on eft que l'ame n'occupe aucun efpace, & qu'elle n'a point d'étenduë (deux chofes que M. Locke joint enfemble, parceque en effet elles font inféparables) pour fondement de la conféquence qu'il en tire, & qui fait à fon fujet que les actions de l'ame n'ont point befoin d'intervalle de tems, & qu'elles font fi fubites qu'un inftant en renferme plufieurs. Premiérement je voudrois qu'un partifan de M. Locke m'expliquât quelle connéxion il y a entre ces deux propofitions: l'ame n'occupe aucun efpace; & celle-ci, les actions de l'ame n'ont befoin d'aucun intervalle de tems; & à quelle régle de Logique & de bon fens on peut rapporter un tel raifonnement: l'ame n'occupe aucun efpace; donc fes actions n'ont befoin d'aucun intervalle „ de tems. En fecond lieu, fi un inftant eft, comme le „ définit M. Locke l. 2. ch. 14. p. 10., cette portion de „ durée qui n'occupe juftement que le tems auquel une „ feule idée eft dans notre efprit, fans qu'une autre lui fuc- „ cede, Je demande comment il fe peut faire qu'un feul inftant renferme une fucceffion d'idées, premiérement celle de la fenfation, enfuite celle du jugement? Mais, me dira-t-on, tout ce que M. Locke dit de la rapidité, avec laquelle les actions de l'ame fe fuccedent, ne doit s'entendre que par rapport aux actions du corps, puifqu'il ajoute immediatement après ce que je viens de rapporter: *Mais je dis ceci par rapport aux actions du corps*. M. Locke veut donc dire en cet endroit que les actions de l'ame font incomparablement plus fubites que celles du corps. Mais qu'on revienne au chap. 14. on y trouvera que les mouvements du corps font fouvent fi rapides, qu'ils furpaffent de beaucoup la viteffe avec laquelle nos idées fe peuvent fucceder; „ lorfqu'un corps fe meut „ en rond, dit-il p. 8., en moins de tems qu'il n'en faut „ à nos idées pour pouvoir fe fucceder dans notre efprit les

„ les unes aux autres, il ne paroit pas être en mouvement,
„ mais semble être un cercle parfait &c. & p. 9. quoique
„ nos idées se suivent peut-être quelque fois un peu plus vite,
„ & quelque fois un peu plus lentement; elles vont pour-
„ tant à mon avis presque toujours du même train dans un
„ homme éveillé, & il me semble même que la vitesse &
„ la lenteur de cette succession d'idées, ont certaines bornes
„ qu'elles ne sauroient passer. Je fonde la raison de cette
„ conjecture sur ce que j'observe, que nous ne saurions ap-
„ percevoir de la succession dans les impressions qui se font
„ sur nos sens, que lorsqu'elles se font dans un certain
„ dégré de vitesse ou de lenteur; si, par exemple, l'im-
„ pression est extremement prompte, nous n'y sentons aucune
„ succession, dans les cas mêmes où il est évident qu'il y a
„ une succession réelle. Qu'un boulet de canon passe au
„ travers d'une chambre, & que dans son chemin il em-
„ porte quelque membre du corps d'un homme, c'est une
„ chose aussi évidente qu'aucune démonstration puisse l'être,
„ que le boulet doit percer successivement les deux côtés
„ opposés de la chambre. Il n'est pas moins certain qu'il
„ doit toucher une certaine partie de la chair avant l'au-
„ tre, & ainsi de suite; & cependant je ne pense pas qu'
„ aucun de ceux qui ont jamais senti ou entendu un tel
„ coup de canon qui ait percé deux murailles éloignées
„ l'une de l'autre, ait pû observer de la succession dans la
„ douleur ou dans le son d'un coup si prompt » Et de là
„ M. Locke conclut que „ cette portion de durée, où nous
„ ne remarquons aucune succession, c'est ce que nous ap-
„ pellons un instant, qui est une portion de durée qui n'oc-
„ cupe justement que le tems auquel une seule idée est
„ dans notre esprit, sans qu'une autre lui succede. Mais
de tout cela ne s'ensuit-il pas évidemment que bien loin, qu'on puisse dire que les actions de l'ame sont si subites par rapport à celles du corps, qu'un seul instant en renferme plusieurs, qu'au contraire l'on doit dire que les actions du

corps

corps font fouvent fi fubites par rapport à celles de l'ame qu'un feul inftant en renferme plufieurs ; tout le tems qu'un boulet de canon met à percer une muraille, à parcourir la chambre, & à percer une autre muraille n'eft qu' une portion de durée, qui n'occupe juftement que le tems qu'une feule idée eft dans notre efprit ; c'eft donc un feul inftant, & cet inftant, comme l'on voit, renferme plufieurs actions. Mais quoiqu'il en foit de ces contradictions de M. Locke, il me fuffit de remarquer qu'on ne peut foutenir ; que les actions de l'ame fe fuivent l'une l'autre fans intervalle de tems, fans ôter à l'efprit l'idée d'une durée fucceffive, telle que nous la concevons dans les Efprits & dans les corps, & c'eft attribuer à l'Efprit un attribut, que M. Locke ofe bien nier à l'éternité de Dieu contre la lumiere de la raifon & le fentiment de tous les Théologiens.

VIII. Idée de l'impénétrabilité attribuée par M. Locke aux Efprits les uns par rapport aux autres. Abfurdes conféquences d'un tel fentiment.

Un autre embarras dans lequel M. Locke nous jette fur la nature des Efprits eft en ce qu'il dit l. 2. ch. 27. p. 2., où après avoir dit que nous n'avons d'idées que de trois fortes de fubftances, qui font 1. Dieu, 2. Les intelligences finies, 3. Les corps ; „ il ajoute ; quoique ces trois for- „ tes de fubftances, comme nous les nommons, ne s'ex- „ cluent pas l'une l'autre du même lieu, cependant nous „ ne pouvons nous empêcher de concevoir, que chacune „ d'elles doit néceffairement exclure du même lieu toute „ autre qui eft de la même efpece. De là il fuit premiére- „ ment que non feulement les Efprits finis & les corps font placés dans l'efpace, mais que Dieu occupe auffi fon lieu dans cet efpace, ou du moins qu'il eft lui-même le lieu des Efprits & des corps, & que nous devons nous répréfenter fon immenfité fous l'idée d'un efpace infini, pénétrable, & étenduë, dans lequel nous concevons des parties réellement diftinguées l'une de l'autre, quoique à caufe de fon infinité elles ne foient pas féparables ; ce qui eft évidemment abfurde & impie. Il s'enfuit en fecond lieu que fi les Efprits finis doivent exifter dans un certain lieu auffi bien que les corps,

&

& l'occuper ce lieu de telle ſorte qu'ils en excluent tout autre Eſprit, il faut que l'idée de l'étenduë ſoit commune aux Eſprits & aux corps : car le lieu qu'occupent les Eſprits eſt de même nature que celui qu'occupent les corps. Or rien ne peut occuper un lieu que ce qui eſt commenſurable à ce lieu, & ce n'eſt que par l'étenduë qu'on peut être commenſurable au lieu. Donc ſi les Eſprits ſont auſſi bien que les corps commenſurables à un lieu, c. à. d. à une portion de l'eſpace, dont l'étenduë eſt toute de même nature, il faut que l'idée de l'étenduë ſoit la même dans les Eſprits que dans les corps. Et de là il ſuit que non ſeulement un Eſprit doit exclure de ſon lieu tout autre Eſprit, mais qu'il en doit auſſi exclure les corps mêmes, & qu'ainſi les Eſprits ne ſont pas ſeulement ſolides & impénétrables les uns par rapport aux autres, mais qu'ils le ſont auſſi par rapport au corps. La raiſon en eſt que l'idée de l'impénétrabilité nait néceſſairement de l'idée de l'étenduë, comme M. Locke nous l'apprend liv. 4. ch. 7. p. 5.; de ſorte qu'un corps n'exclut un autre corps du même lieu que parcequ'il remplit déjà un lieu égal à ſa ſurface, c. à. d. qu'il l'exclut parcequ'il eſt étendu, & que deux choſes étenduës ne peuvent occuper le même lieu; ſi ce n'eſt donc qu'à cauſe de l'étenduë qu'un corps ne peut être dans le lieu qu'occupe un autre corps; n'eſt-il pas évident que cette étenduë ſe trouvant auſſi dans l'Eſprit, l'Eſprit ne pourra occuper un lieu déjà rempli par un corps? L'Eſprit eſt donc auſſi bien que le corps une choſe étenduë & impénétrable. Je laiſſe au Lecteur à juger de la vraiſem-blance d'une telle opinion.

§. 2.

Des Idées originales particuliéres à l'Eſprit & au corps.

REvenons maintenant au parallele que fait M. Locke entre les idées originales particuliéres à l'Eſprit, & les idées originales particuliéres au corps, pour prouver que la I. Quelles ſont ces idées ſelon M. Locke.

la substance de l'un & de l'autre est ègalement éloignée de nos conceptions. „ Par l'idée complexe d'étenduë, de figure, de couleur, & de toutes les autres qualités sensibles, à quoi se reduit tout ce que nous connoissons du corps; nous sommes aussi éloignés d'avoir quelque idée de la substance du corps, que si nous ne le connoissions point du tout. Et quelque connoissance particuliére que nous pensions avoir de la matiere, & malgré ce grand nombre de qualités que les hommes croient appercevoir & remarquer dans les corps, on trouvera peut-être, après y avoir bien pensé, que les idées originales qu'ils ont du corps ne sont ni en plus grand nombre, ni plus claires que celles qu'ils ont des Esprits immateriels. Les idées originales que nous avons du corps, comme lui étant particuliéres, en tant qu'elles servent à le distinguer de l'Esprit, sont la cohésion de parties solides & par conséquent séparables, & la puissance de communiquer le mouvement par voie d'impulsions. Les idées que nous considérons comme particuliéres à l'Esprit sont la pensée, la volonté, ou la puissance de mettre un corps en mouvement par la pensée, & la liberté qui est une suite de ce pouvoir.

II. Que la cohésion & l'impulsion ne peuvent être les idées originales du corps. Contradiction de M. Locke à ce sujet.

Je pense que M. Locke appelle idées originales d'une chose les qualités qui sont les premiéres que l'on conçoit particuliéres à cette chose, sans lesquelles on ne peut la concevoir, qui ne supposent par conséquent aucune autre idée antecédente dont elles soient une suite, & dont elles dépendent; mais qu'au contraire toutes les autres idées qu'on peut avoir des autres qualités de cette chose dépendent de ces idées originales. Cette définition supposée, il est bien clair que la cohésion des parties solides & séparables, & la puissance de mouvoir par impulsion ne peuvent être les idées originales du corps & de la matiere. La cohésion des parties solides & séparables suppose l'idée de ces parties antecédentes à l'idée de leur cohésion. Or je demande, ces parties que l'on l'on conçoit antécédemment à leur cohésion actuelle, & comme en étant seulement capables, doit-on les concevoir sous l'idée d'une étenduë solide, ou simplement sous l'idée d'une solidité sans étenduë? Peut-être M. Locke répondra-t-il, qu'on doit les concevoir simplement solides sans étenduë, parceque, comme il le dira bien-tôt, l'étenduë nait de la cohésion des parties solides, d'où il suit qu'avant cette cohésion il ne peut y avoir d'étenduë, & ailleurs il dit que c'est par la solidité qu'un corps occupe une certaine place dans l'espace: mais le fait est que M. Locke ne peut faire une telle réponse sans se contredire ouvertement; car il avoue l. 4. c. 10. qu'il est absolument impossible de concevoir qu'un Etre étendu soit composé de parties non étenduës: & d'ailleurs il a été démontré par ses propres principes que la solidité est une suite de l'étenduë, & qu'elle en est une propriété. Il est donc évident que la cohésion des parties solides suppose la solidité, & que la solidité suppose l'étenduë. La puissance de mettre un corps en mouvement par impulsion suppose aussi la solidité ou impénétrabilité dans les corps qui se poussent, & cette solidité, comme on vient de le voir, est une suite & une propriété de l'étenduë; ainsi quand même on accorderoit au corps une vraie puissance de communiquer le mouvement par voie d'impulsion, cette puissance ne pourroit pourtant jamais être une des idées originales du corps & de la matiere, d'autant plus qu'on peut concevoir le corps ou la matiere sans cette puissance.

III. Que le corps n'a point de vraie puissance de communiquer le mouvement par impulsion. Premiére preuve tirée de l'idée du mouvement.

Mais outre cela on peut prouver par deux raisons invincibles, qu'une vraie puissance de communiquer le mouvement par impulsion ne peut convenir au corps, & que l'impulsion n'est que la cause occasionnelle de cette communication de mouvement. La premiére est que le mouvement n'étant qu'un pur changement de place, comme en convient M. Locke, & ce changement ne consistant en autre chose qu'en ce que le corps qui existe dans une place, existe ensuite en une autre, & ainsi de suite; il s'ensuit qu'il ne peut y avoir de cauſe de mouvement, que celle qui peut faire exiſter le corps en une place, & ſucceſſivement en d'autres places contiguës. Or le corps n'exiſte en une place, que parcequ'il y eſt produit & conſervé par l'action toute-puiſſante par laquelle Dieu l'a créé; il n'y a donc que cette action qui ſoit capable de faire exiſter le corps ſucceſſivement en différentes places contiguës, & par conſéquent de le mouvoir immediatement.

IV. Seconde preuve, l'impulſion, ſelon M. Locke même, eſt une paſſion & non une action du corps.

La ſeconde raiſon eſt, qu'on ne peut concevoir qu'il y ait dans le corps une puiſſance de communiquer le mouvement par impulſion, ſi on ne conçoit l'impulſion comme une action du corps. Or l'impulſion n'eſt que le mouvement d'un corps qui en rencontre un autre; & le mouvement ſelon M. Locke l. 2. ch. 21. p. 72. eſt une paſſion plutôt qu'une action du corps. Donc l'impulſion qui n'eſt pas quelque choſe de diſtingué du mouvement d'un corps qui en rencontre un autre, doit être auſſi conſidérée comme une paſſion, plutôt que comme une action; on ne peut donc concevoir dans le corps une puiſſance active de communiquer le mouvement par impulſion. Les paroles de M. Locke ajouteront encore plus de poids à cet argument: „ A bien conſidérer la choſe, le „ mouvement n'eſt dans la ſubſtance ſolide qu'une ſimple „ paſſion, ſi elle le reçoit uniquement de quelque agent ex„ terieur. Et par conſéquent la puiſſance active de mouvoir „ ne ſe trouve dans aucune ſubſtance, qui étant en repos ne „ ſauroit commencer le mouvement en elle-même, ou dans „ quelque autre ſubſtance. M. Locke poſe donc ici pour maxime certaine que le mouvement n'eſt qu'une ſimple paſſion dans la ſubſtance ſolide, ſi elle le reçoit uniquement de quelque agent exterieur. Or eſt-il qu'il n'eſt pas moins certain, de l'aveu même de M. Locke, que la ſubſtance ſolide ne peut recevoir le mouvement que de quelque agent exterieur; puiſqu'il eſt évident ſelon lui l. 4. ch. 10. p. 10. que la matiere ne peut ſe donner le mouvement à elle-même. Donc le mouvement dans la matiere ou ſubſtance ſolide n'eſt

qu'une

qu' une ſimple paſſion. De plus M. Locke poſe ici pour maxime certaine que la puiſſance active de mouvoir ne ſe trouve dans aucune ſubſtance, qui étant une fois en repos ne ſauroit commencer le mouvement en elle-même, ou dans quelque autre ſubſtance. Or eſt-il que la matiere eſt préciſément dans ce cas là; puiſque, comme nous l'avons déjà fait remarquer, il eſt évident, ſelon M. Locke, que la matiere une fois en repos ne ſauroit commencer le mouvement en elle-même, ni par conſéquent en quelque autre ſubſtance. Donc il ne doit pas être moins évident que la puiſſance active de mouvoir ne ſauroit ſe trouver dans la matiere. Comment donc M. Locke, pourra-t-il nous perſuader que la puiſſance active de mouvoir eſt une des qualités originales du corps, pendant qu'il prouve évidemment qu'on ne ſauroit concevoir une telle puiſſance dans la matiere ou dans le corps pris en général.

Quant aux idées que nous conſidérons comme particuliéres à l'Eſprit, le ſentiment interieur que nous avons de nous mêmes, ne nous permet pas de douter que la penſée, la volonté, & la liberté ne ſoient des propriétés d'une ſubſtance immaterielle, non que nous ayons une idée claire de cette ſubſtance immaterielle; mais parceque l'idée claire que nous avons de la matiere nous fait connoître évidemment qu'elle eſt abſolument incapable de penſée, de volonté, & de liberté.

V. Que la volonté ne conſiſte pas dans la puiſſance de communiquer le mouvement par la penſée.

Mais il eſt bon de remarquer que la définition, que M. Locke nous donne ici de la volonté, n'exprime qu'une puiſſance chimérique & tout-à-fait éloignée de la vraie puiſſance active, que nous éprouvons en nous-mêmes. La volonté, dit-il, eſt la puiſſance de mettre un corps en mouvement par la penſée. Suppoſons un homme qui en dormant ſoit attaqué d'une paralyſie, qui ne lui laiſſe de libre que la tête, & qu'il ne s'en apperçoive que lorſqu'étant éveillé, & voulant ſe lever à l'ordinaire, il ſe trouve dans une impuiſſance totale de ſe remuer de ſa place; n'eſt-il pas évident qu'il y a en cet homme un acte & une détermination de ſa volonté

 auſſi

aussi vraie, aussi réelle, aussi précise de se lever, qu'elle y étoit le jour d'auparavant quand il se portoit bien? On devroit pourtant dire selon la définition de M. Locke que la paralysie a ôté à cet homme la volonté, puisqu'elle lui a ôté la puissance de mouvoir son corps par la pensée. Il faut donc distinguer l'acte intérieur & propre de la volonté, d'avec les actes exterieurs du corps, qui ne dépendent de cet acte intérieur qu'ensuite des loix générales d'union, ou de communication occasionnelle de pensées & de mouvements, que Dieu a établies entre l'Ame & le corps.

VI. Que la comparaison que fait M. Locke des idées originales de l'Esprit & de celles du corps, prouve que nous avons une idée claire de la substance du corps, & non de la substance de l'esprit.

Mais, quoiqu'il n'y ait point de volonté au sens que l'entend M. Locke, il n'en est pas moins vrai que l'entendement & la volonté sont les propriétés principales, que nous appercevons dans notre Ame, avec cette différence que la volonté suppose l'entendement, puisqu'on ne peut vouloir aucune chose si l'on n'y pense actuellement, & que la pensée est par conséquent une qualité comme originale par rapport à la volition. Mais quoique nous connoissions par sentiment intérieur ces deux facultés de l'Ame qu'on nomme Entendement & Volonté; nous n'avons pourtant pas une idée claire de leur sujet, comme je l'ai expliqué dans ma défense du P. Malebranche, & M. Locke même n'en disconvient pas. Ainsi en comparant les deux idées ou qualités originales, que M. Locke prétend être particuliéres au corps, avec les deux idées ou qualités originales qu'il dit être particuliéres à l'Esprit: nous remarquons cette différence que les deux idés originales du corps, la cohésion des parties solides, & la puissance de mouvoir par impulsion nous conduisent actuellement à la connoissance de l'étenduë qui en est le sujet: au lieu que le sentiment intérieur que nous avons de notre entendement & de notre volonté ne nous conduit aucunement à la connoissance claire de la nature de la substance, qui en est le sujet ou le soutien. Nous savons que la cohésion & l'impulsion supposent la solidité, & que la solidité suppose l'étenduë, laquelle ne suppose plus rien, puisqu'

puiſqu' elle a ſon exiſtence propre, & que la ſolidité, la figure & le mouvement ne ſont que des manieres d'Etre ou des déterminations de l'étenduë, dont elle eſt en ce ſens le ſujet & le ſoutien. Cela poſé, ſi la ſubſtance n'eſt, ſelon la définition qu'en donne M. Locke, que le ſujet ou le ſoutien des qualités d'une choſe, il faut bien que nous ayons une idée claire de la ſubſtance du corps; puiſque nous avons une idée claire de l'étenduë, qui eſt évidemment le ſujet de la cohéſion & de l'impulſion, leſquelles, ſelon M. Locke, ſont les deux qualités originales des corps; mais on ne ſauroit dire que nous ayons une idée claire de la ſubſtance de l'Ame, puiſque nous ne connoiſſons pas ſi clairement le ſujet des deux qualités originales de l'Ame, l'entendement & la volonté. Au reſte, comme je l'ai déja obſervé pluſieurs fois, ce défaut de l'idée claire de l'Ame n'empêche pas qu'on ne puiſſe éxactement prouver ſon immaterialité, en comparant le ſentiment intérieur que nous en avons avec l'idée de la matiere, qui eſt incapable d'avoir les propriétés de la penſée que nous ſentons en nous-mêmes; ce qui eſt même le but de cet ouvrage.

SECTION TROISIEME

Examen des difficultés de M. Locke contre l'idée claire de l'étenduë.

I. On ne peut connoître, ſelon M. Locke, la ſubſtance de la matiere.

MOnſieur Locke eſt de ſentiment que nous n'avons pas une idée plus claire de la ſubſtance du corps que de celle de l'Eſprit, & que réellement nous ne connoiſſons ni l'une, ni l'autre. „ Notre idée du corps, dit-il, emporte „ une ſubſtance étenduë ſolide, capable de communiquer „ du mouvement par impulſion; & l'idée que nous avons „ de notre Ame conſidérée comme un Eſprit immateriel, „ eſt celle d'une ſubſtance qui penſe, & qui a la puiſſance „ de mettre un corps en mouvement par la volonté ou la penſée.

„ *Et il ajoute ensuite* : Je sais que certaines gens dont les „ pensées sont, pour ainsi dire, enfoncées dans la matiere, „ & qui ont si fort asservi leur Esprit à leur sens, sont por- „ tés à dire qu'ils ne sauroient concevoir une chose qui „ pense, ce qui est peut-être fort véritable. Mais je sou- „ tiens que s'ils y songent bien, ils trouveront qu'ils ne „ peuvent pas mieux concevoir une chose étenduë. Si quel- „ qu'un dit à ce propos qu'il ne sait ce qui pense en lui, il „ entend par là, qu'il ne sait quelle est la substance de cet Etre „ pensant : il ne connoit pas non plus, répondrai-je, la „ substance d'une chose solide.

II. Réponse : Preuve du contraire.

M. Locke veut dire apparemment qu'on ne connoit pas quelle est la substance; dont la solidité est un mode, ou une propriété; & qu'on ne connoit non plus le sujet de la solidité que celui de la pensée. Il n'y a qu'un seul moyen de décider cette question; c'est de voir si quand nous pensons à une chose solide, nous n'avons aucune idée outre celle de la solidité, qui lui soit même antécédente, & dont la solidité soit une suite : car si cela est, il faut avouer que nous ne connoissons non plus une chose solide, qu'une chose pensante; puisqu'en réfléchissant à la chose pensante, nous n'appercevons rien qui soit antécédent à la pensée, & dont elle soit une suite; mais si nous ne pouvons penser à une chose solide, que nous ne concevions cette chose sous l'idée d'une étenduë; & si nous voyons clairement & par connoissance intuitive, comme l'affirme M. Locke l. 4. c. 7. §. 5., que la solidité ou impénétrabilité est une suite ou propriété de cette étenduë; comment peut-on avancer que nous ne connoissons non plus une chose solide qu'une chose pensante, puisque dans la chose solide nous connoissons clairement l'étenduë qui est le sujet de la solidité, & que dans la chose pensante, nous n'avons aucune idée claire de ce qui est le sujet de la pensée?

III. On ne peut connoître, selon M. Locke, ce

„ Et s'il ajoute, poursuit M. Locke, qu'il ne sait point „ comment il pense, je repliquerai qu'il ne sait pas non plus

com-

„ comment il eſt étendu, comment les parties ſolides d'un „ corps ſont unies, ou attachées enſemble pour faire un tout „ étendu.

que c'eſt que l'étenduë du corps.

C'eſt ici le nœud de la difficulté. Si nous ne connoiſſons pas clairement ce que c'eſt que l'étenduë, M. Locke a raiſon; mais on va voir qu'on ne peut attaquer des idées claires, ou pour mieux dire, l'évidence même, ſans s'égarer furieuſement.

IV. Preuve de M. Locke: nous ne connoiſſons pas la cauſe de la cohéſion des parties ſolides d'où réſulte l'étenduë.

„ On ne peut ſavoir, dit M. Locke, comment les par- „ ties ſolides du corps ſont unies ou attachées enſemble pour „ faire un tout étendu. *Voici ſes preuves qu'il rapporte tout* „ *de ſuite*. Car, quoiqu'on puiſſe attribuer à la preſſion de „ l'air la cohéſion des différentes parties de matiere qui ſont „ plus groſſes que les parties de l'air, & qui ont des pores „ plus petits que les corpuſcules de l'air; cependant la preſ- „ ſion de l'air ne ſauroit ſervir à expliquer la cohéſion des „ particules de l'air même, puiſqu'elle n'en ſauroit être la cauſe. Monſieur Locke adapte enſuite ce même raiſonnement à l'éther & à la matiere ſubtile, dont les particules ne peuvent être unies par la preſſion de cette même matiere, & conclut enfin que plus cette hypothéſe prouve évidemment „ que les parties des autres corps ſont jointes enſemble par „ la preſſion exterieure de l'éther, & qu'elles ne peuvent „ avoir une autre cauſe intelligible de leur cohéſion, plus „ elle nous laiſſe dans l'obſcurité par rapport à la cohéſion „ des parties qui compoſent les corpuſcules de l'éther lui- „ même: car nous ne ſaurions concevoir ces corpuſcules „ ſans parties, & par conſéquent diviſibles, ni comprendre „ comment leurs parties ſont unies les unes aux autres, puiſ- „ qu'il leur manque cette cauſe d'union qui ſert à expliquer „ la cohéſion des parties des autres corps.

V. Réponſe: Equivoque de M. Locke qui confond la cohéſion qui fait la dureté des corps,

Tout l'argument de M. Locke ſe reduit donc à ceci: les corps ne ſont étendus que par l'union de leurs parties, nous ne connoiſſons par la cauſe de cette union ou cohéſion, donc nous ne ſavons pas comment les corps ſont étendus. Mais

puiſque

avec la simple union ou continuité des parties qui résulte de l'étenduë.

puisque M. Locke veut bien nous avertir que nous prenions garde de ne pas nous faire illusion à nous-mêmes en prenant des mots pour des choses, qu'il me soit permis de lui demander en quel sens il prend le mot d'union & de cohésion de parties, quand il dit que c'est par le moyen de cette union ou cohésion qu'un corps est étendu. Entend-il par cette union une simple juxtaposition, c'est un de ses termes ou continuité des parties situées simplement les unes auprès des autres, sans aucun lieu qui les attache les unes aux autres, & sans aucune force qui les sépare, ou bien entend-il, cette force de cohésion plus ou moins grande, par laquelle nous observons que les parties de tous les corps qui tombent sous nos sens sont attachées les unes aux autres, de sorte qu'elles resistent plus ou moins à leur mutuelle séparation? Si M. Locke prend le mot d'union dans le premier sens, comme il devroit le prendre, puisque nous concevons clairement que l'étendue n'éxige que cette simple juxtaposition ou continuité de parties, & que le lien qui les attache plus ou moins fortement n'y contribue en rien, si, dis-je, il le prend en ce sens, il ne peut y avoir aucune difficulté sur la cause de cette union. M. Locke convient que la matiere est indifférente au repos & au mouvement, & qu'étant une fois en repos elle ne sauroit d'elle-même se donner le mouvement. Supposant donc ce qu'on ne peut revoquer en doute, que dans le premier instant de sa création la matiere ait eu ses parties situées les unes auprès des autres dans une parfaite continuité, il est clair que la matiere n'a pû d'elle-même, que demeurer dans cet état d'union & de continuité, dont la cause se trouve dans l'indifférence au repos & au mouvement, qui lui est absolument essentielle. Ainsi bien loin qu'il soit si difficile de trouver la cause de la continuité des parties de la matiere, il ne peut y avoir de la difficulté qu'à trouver la cause de la desunion de ses parties; puisqu'elles ne peuvent être desunies que par le mouvement, & que le mouvement ne peut leur être imprimé

que

que par une cause exterieure. On voit par là, que tout le discours de M. Locke sur la pression de l'air & de l'éther est hors de propos ; & même ce discours donne assez à entendre, que M. Locke a pris le mot d'union pour cette cohésion plus ou moins forte, qui tient les parties de la matiere tellement attachées ensemble qu'elles resistent à leur mutuelle séparation ; de sorte, qu'on ne peut les diviser sans quelque difficulté. Mais si cela est, peut-on nier que M. Locke n'ait confondu par une équivoque assez grossiére, la cohésion d'où résulte la dureté des corps, avec la simple union & continuité qui est un effet de leur étenduë. Que les parties d'un corps soient attachées plus ou moins fortement les unes aux autres, ce corps n'en est, ni plus ni moins étendu. Ce n'est donc que la simple juxtaposition des parties, & non leur cohésion plus ou moins forte qui fait qu'un corps est étendu. Cependant tout ce que M. Locke vient de débiter contre l'hypothése de ceux, qui expliquent la cohésion des corps par la pression de l'air ou de l'éther, ne laisse aucun lieu de douter que cet Auteur ne soit tombé dans une aussi étrange méprise, que de prétendre qu'on ne peut savoir comment les corps sont étendus, parcequ'on ne sait pas comment ils sont durs. En effet les Philosophes ne sont pas allés chercher l'hypothése de la pression de la matiere subtile pour expliquer l'union, ou la simple juxtaposition & continuité des parties de la matiere qui fait l'étenduë ; puisqu'une telle union nait de l'indifférence de la matiere au repos & au mouvement, mais seulement pour expliquer pourquoi malgré une telle indifférence naturelle à la matiere, il se trouve des corps dont les parties sont tellement attachées, qu'elles resistent aux efforts avec lesquels on tâche de les séparer ; c'est-à-dire, en un mot qu'une telle hypothése sert à expliquer, non l'étenduë, mais la dureté des corps. On sent bien que je ne dois m'étendre ici à raisonner en physicien pour, ou contre une hypothése qui ne fait rien à notre sujet : je remarquérai seulement que les Cartésiens ne feront guére embarrassés de l'objection, que leur fait M. Locke sur la cause de la cohésion des particules de la matiere subtile, ils lui diront nettement qu'il est faux, qu'il doive y avoir entre les particules de la matiere subtile aucune force de cohésion, qui les tienne attachées les unes aux autres, & qu'elles ne sont unies que par une simple continuité sans aucune force, par laquelle elles puissent resister à leur mutuelle séparation.

VI. Suite de la même équivoque de M. Locke.

„ Mais dans le fond, poursuit M. Locke, on ne sauroit „ concevoir que la pression d'un ambiant fluide, quelque „ grande qu'elle soit, puisse être la cause de la cohésion des „ parties solides de la matiere; car quoiqu'une telle pression „ puisse empêcher qu'on n'éloigne deux surfaces polies l'une „ de l'autre par une ligne, qui leur soit perpendiculaire, „ comme on voit par l'expérience de deux marbres polis „ posés l'un sur l'autre, elle ne sauroit du moins empêcher „ qu'on ne les sépare, par un mouvement parallele à ces sur„ faces . . . . . . c'est pour cela que s'il n'y avoit point „ d'autre cause de la cohésion des corps, il seroit fort aisé „ d'en séparer toutes les parties, en les faisant ainsi glisser „ de côté . . . . . . * de sorte que quelque claire que soit „ l'idée, que nous croyons avoir de l'étenduë du corps, qui „ n'est autre chose qu'une cohésion de parties solides, peut„ être que qui considérera bien la chose en lui-même, aura „ sujet de conclure, qu'il lui est aussi facile d'avoir une idée „ claire de la maniere, dont l'Ame pense, que de celle dont „ le corps est étendu: car, comme le corps n'est point au„ trement étendu que par l'union & la cohésion de ses parties

* Quand M. Locke a dit, que l'étenduë resultoit de la cohésion des parties, & que nous ne pouvons par conséquent avoir une idée claire de l'étenduë, si auparavant nous ne connoissons clairement en quoi consiste la cohésion des parties de la matiere, il avoit apparemment oublié qu'il admet un espace pur & positif, dont l'étenduë ne resulte point de la cohésion de parties séparables l'une de l'autre.

„ ties ſolides, nous ne pouvons jamais bien concevoir l'éten- „ duë du corps, ſans voir en quoi conſiſte l'union de ſes „ parties, ce qui me paroit auſſi incompréhenſible que la „ penſée & la maniere dont elle ſe forme;

VII. Réponſe : l'argument de M. Locke prouveroit que les corps dont les parties ſont deſunies, ne ſont pas étendus.

Il paroit évidemment par tout ceci, que M. Locke confond la dureté avec l'étenduë, l'union & la cohéſion qui tient les particules des corps fortement attachées enſemble avec la ſimple juxtapoſition, d'où reſulte la continuité & l'étenduë. De ce que nous ne connoiſſons pas la force qui empêche les parties des corps de gliſſer les unes ſur les autres, M. Locke conclut que nous ne connoiſſons pas non plus comment ils ſont étendus, comme ſi l'étenduë dépendoit d'une telle ſorte de cohéſion, & que deux marbres polis poſés l'un ſur l'autre en fuſſent moins étendus, parcequ'ils peuvent aiſément gliſſer l'un ſur l'autre, que s'ils faiſoient une ſeule piece de marbre très-difficile à partager. Eſt-ce donc qu'il n'y auroit point d'étenduë, quand toutes les parties des corps gliſſeroient facilement les unes ſur les autres? Quelle juſteſſe y a-t-il donc dans un tel raiſonnement: nous ne connoiſſons pas ce qui empêche les parties des corps de gliſſer les unes ſur les autres, donc nous ne connoiſſons pas comment ils ſont étendus? Puiſque, que les parties gliſſent comme dans l'eau, ou qu'elles ne gliſſent pas, comme dans la glace, pourvû ſeulement qu'elles ſoient ſituées les unes auprès des autres, le corps eſt également étendu.

VIII. Suite de la même matiere.

„ Je ſais, continue M. Locke, que la plus part des gens „ s'étonnent de voir qu'on trouve de la difficulté en ce qu'ils „ croient obſerver chaque jour. Ne voyons-nous pas, di- „ ront-ils d'abord, les parties des corps fortement jointes „ enſemble? Y a-t-il rien de plus commun? quel doute peut „ on avoir là deſſus? & moi je dis de même à l'égard de „ la penſée & de la puiſſance de mouvoir; ne ſentons-nous „ pas ces choſes en nous-mêmes, par de continuelles expé- „ riences, & ainſi le moyen d'en douter? De part & d'au- „ tre le fait eſt évident, j'en tombe d'accord. Mais quand

„ nous venons à l'examiner d'un peu plus près, & à con-
„ sidérer comment se fait la chose, alors je crois que nous
„ sommes hors de route à l'un & à l'autre égard. Car je
„ comprends aussi peu comment les parties d'un corps sont
„ jointes ensemble, que de quelle maniere nous appercevons
„ le corps, & le mettons en mouvement : ce sont pour moi
„ deux énigmes également impénétrables. Et je voudrois
„ bien que quelqu'un m'expliquât d'une maniere intelligible
„ comment les parties de l'or & du cuivre, qui venant
„ d'être fonduës tout à l'heure, étoient aussi desunies les
„ unes des autres, que les particules de l'eau & du sable,
„ ont été quelques moments après si fortement jointes & at-
„ tachées l'une a l'autre, que toute la force des bras d'un
„ homme ne sauroit les séparer. Je crois que toute personne
„ qui est accoûtumée à faire des réfléxions, se verra ici
„ dans l'impossibilité de trouver quoique ce soit, qui puisse
„ la satisfaire.

Ce raisonnement de M. Locke, confirme pleinement ce que j'ai avancé dans mes remarques précédentes, que cet Auteur ne cesse de confondre en cette question la dureté avec l'étenduë. Cependant un peu de réfléxion sur ce qu'il dit de la difficulté qu'il y a à comprendre ce qui réünit avec tant de force les parties de l'or ou du cuivre, après qu'elles ont été desunies par le feu, auroit dû lui faire connoître qu'il étoit hors de route par rapport à son sujet, qui est de savoir en quoi consiste l'union des parties, qui fait un tout étendu. Il pourroit aisément réfléchir, que les parties de l'or & du cuivre, après avoir été desunies par le feu, ne laissent pas que de faire un tout aussi bien étendu, que lorsque quelques moments après, elles sont si fortement jointes & attachées l'une à l'autre, que toute la force des bras d'un homme ne sauroit les séparer. Par là il auroit compris, que pour savoir comment un corps est étendu, il est fort inutile d'aller chercher pourquoi ses parties sont plus ou moins fortement attachées l'une à l'autre, & qu'il suffit bien de savoir sim-

ſimplement, pourquoi ces parties demeurent ſituées les unes auprès des autres; ce qui nait, comme on l'a vu, de l'indifférence de la matiere au repos & au mouvement.

„ Les petits corpuſcules (ſuite de la preuve de M. Locke) qui compoſent l'eau, ſont d'une ſi extraordinaire „ petiteſſe, que je n'ai pas encore ouï dire, que perſonne ait „ prétendu appercevoir leur groſſeur, leur figure diſtincte, „ ou leur mouvement particulier, par le moyen d'aucun „ microſcope: d'ailleurs, les particules de l'eau ſont ſi fort „ détachées les unes des autres, que la moindre force les ſépare „ d'une maniere ſenſible. Bien plus, ſi nous conſidérons leur perpétuel mouvement, nous devons reconnoître qu'elles ne „ ſont point attachées l'une à l'autre. Cependant qu'il vienne un grand froid, elles s'uniſſent & deviennent ſolides: „ ces petits atômes s'attachent les uns aux autres, & ne „ ſauroient être ſéparés, que par une grande force. Qui „ pourra trouver les liens, qui attachent ſi fortement enſemble les amas de ces petits corpuſcules, qui étoient auparavant ſéparés? Quiconque, dis-je, nous fera connoître „ le ciment qui les joint ſi étroitement l'un à l'autre, nous „ découvrira un grand ſecret, juſqu'à cette heure entiérement inconnu. Mais, quand on en ſeroit venu là, l'on „ ſeroit encore aſſez éloigné d'expliquer d'une maniere intelligible l'étenduë du corps, c'eſt-à-dire la cohéſion de „ ſes parties ſolides, juſqu'à ce qu'on pût faire voir, en „ quoi conſiſte l'union, ou la cohéſion des parties de ces „ liens, ou de ciment, ou de la plus petite partie de matiere qui exiſte. D'où il paroit que cette premiére qualité du corps qu'on ſuppoſe ſi évidente, ſe trouvera, après „ y avoir bien penſé, tout auſſi incompréhenſible, qu'aucun „ attribut de l'Eſprit: on verra, dis-je, qu'une ſubſtance „ ſolide & étenduë eſt auſſi difficile à concevoir qu'une ſubſtance qui penſe.

M. Locke s'égare de plus en plus. Il aſſure qu'on doit reconnoître que les particules de l'eau ne ſont point du tout attachées l'une à l'autre : il faut donc, ou qu'il ſoutienne que toutes les particules de l'eau, qui compoſent l'ocean, ne forment pas un pouce d'étenduë, parcequ'il leur manque cette cohéſion, qui tient les parties des corps fortement attachées l'une à l'autre, & en laquelle cohéſion conſiſte, ſelon M. Locke, l'étenduë; ou qu'il tombe d'accord que pour faire de l'étenduë, il ſuffit préciſément que les parties ſoient ſituées les unes auprés des autres, ſans qu'il ſoit beſoin de tous ces liens, ni de tous ces ciments que la nature met en œuvre pour durcir les corps, & attacher fortement leurs parties l'une à l'autre, & qu'il avoue par conſéquent, qu'on peut fort bien concevoir ce que c'eſt que l'étenduë, ſans avoir pénétré ſi avant dans les ſecrets de la nature, pour y découvrir par quels liens, elle attache ſi fortement dans un grand froid les particules de l'eau, qu'elle en fait de la glace très-dure; puiſque, ſi l'étenduë dépendoit d'une telle ſorte d'union, l'eau ne commenceroit à être étenduë, que lorſqu'elle commenceroit à ſe glacer.

IX. Suite des arguments de M. Locke.

„ En effet (c'eſt la derniére objection de M. Locke contre l'idée de l'étenduë) pour pouſſer nos penſées un peu „ plus loin, cette preſſion qu'on propoſe pour expliquer la „ cohéſion des corps, eſt auſſi inintelligible, que la cohéſion „ elle-même. Car ſi la matiere eſt ſuppoſée finie, comme „ elle l'eſt ſans doute, que quelqu'un ſe tranſporte en eſprit „ juſqu'aux extremités de l'univers, & qu'il voie là, quels „ cerceaux, quels crampons il peut imaginer, qui retiennent „ cette maſſe de matiere dans cette étroite union, d'ou l'acier „ tire toute ſa ſolidité, & les parties du diamant leur du„ reté, & leur indiſſolubilité; ſi j'oſe me ſervir de ce terme: „ car ſi la matiere eſt finie, elle doit avoir ſes limites; & „ il faut que quelque choſe empêche, que ſes parties ne ſe „ diſſipent de tous côtés. Que ſi pour éviter cette difficulté „ quelqu'un s'aviſe de ſuppoſer la matiere infinie, qu'il voie „ à quoi lui ſervira de s'engager dans cet abyme, quel ſe„ cours il en pourra tirer, pour expliquer la cohéſion du

corps,

„ corps, & s'il ſera plus en état de la rendre intelligible, „ en l'établiſſant ſur la plus abſurde, & la plus incompréhen- „ ſible ſuppoſition qu'on puiſſe faire. Tant il eſt vrai, que „ ſi nous voulons rechercher la nature, la cauſe & la ma- „ niere de l'étenduë du corps, qui n'eſt autre que la cohé- „ ſion des parties ſolides, nous trouverons qu'il s'en faut de „ beaucoup que l'idée que nous avons de l'étenduë du corps, „ ſoit plus claire que l'idée que nous avons de la penſée.

X. Réponſe : qu'il eſt plus difficile de trouver la cauſe de la ſéparation des parties de la matiere, que la cauſe de leur continuité.

Je ne ſais, ſi ceux qui ſuppoſent la matiere infinie ſeront diſpoſés à en croire M. Locke ſur la ſimple parole & à reconnoître ſans preuves, que leur ſentiment eſt de toutes les ſuppoſitions qu'on puiſſe faire, la plus abſurde & la plus incompréhenſible; peut-être même pourront-ils lui demander avec quelque apparence de raiſon, s'il eſt plus abſurde & plus incompréhenſible de ſuppoſer une matiere infinie créée par Dieu, que de ſuppoſer un eſpace infini, éternel, & indépendant de Dieu. Mais, puiſque nous n'avons aucune difficulté à croire la matiere finie, tranſportons nous en eſprit avec M. Locke, juſqu'aux extremités de l'univers. Par la penſée, ce voyage eſt bien-tôt fait. M. Locke me demande quels cerceaux, quels crampons j'imagine qui retiennent cette maſſe de matiere dans une étroite union, & qui empêchent que ſes parties ne ſe diſſipent de tous côtés? Et moi au contraire, je demande à M. Locke, quelle force il imagine qui doive diſſiper cette matiere de tous côtés, & qui ait beſoin d'être reprimée par des cerceaux & des crampons. La matiere ne peut ſe donner le mouvement par elle-même; il faut qu'elle le reçoive d'un agent extérieur; elle ne peut donc ſe diſſiper de tous côtés, s'il n'y a un agent qui la pouſſe de tous côtés dans ce vuide infini, que M. Locke imagine au de là de l'univers. Si cet agent lui manque, il faut de toute néceſſité qu'elle demeure dans un parfait repos, & dans une entiere inaction. Si M. Locke s'étoit bien ſouvenu de ces principes, qu'il établit lui-même pour prouver l'exiſtence & l'immaterialité de Dieu, il ne ſe ſeroit pas aviſé de demander

quels

quels cerceaux & quels crampons on imagine, qui empêchent la dissipation de la matiere dans le vuide infini, avant que d'avoir lui-même bien clairement imaginé toutes les forces mouvantes, qui devroient l'y pousser & l'y disperser.

SECTION QUATRIEME.

Suite du parallele que fait M. Locke entre l'Esprit & le Corps.

I. La puissance de communiquer le mouvement, soit par l'impulsion, soit par la pensée également incompréhensible selon M. Locke.

ENfin, pour conclure le parallele qu'il fait entre l'idée de l'Esprit & celle du Corps, M. Locke compare la puissance de communiquer le mouvement par impulsion, qu'il attribue au corps avec la puissance de communiquer le mouvement par la pensée qu'il attribue à l'Ame; il trouve que la maniere dont se fait cette communication, soit par l'impulsion, soit par la pensée, est également incompréhensible, quoique l'expérience nous donne tous les jours des preuves évidentes du mouvement produit par l'impulsion, & par la pensée

II. Véritable raison de cette incompréhensibilité.

Que la puissance de communiquer le mouvement par impulsion dans le Corps, & celle de communiquer le mouvement par la pensée dans l'Ame, soient deux choses tout-à-fait inconcevables; c'est de quoi l'on ne sauroit douter pour peu qu'on y réflechisse. En effet, les Cartésiens prouvent aisément que le mouvement ne peut être en effet produit par aucun pouvoir vraiment actif, qui soit ou dans le Corps par le moyen de l'impulsion, ou dans l'Esprit par le moyen de la pensée. L'idée du mouvement emporte, comme il a été remarqué ci-dessus, l'idée de l'existence & de la conservation du Corps en différents lieux successivement, & par conséquent l'idée de la puissance de mouvoir, emporte l'idée de la puissance de conserver & de faire exister le Corps en différents lieux; puissance qui ne peut convenir qu'à l'Etre Supreme Créateur & Conservateur de toutes choses. De là il suit, qu'il est impossible que la communication du mouvement, soit par l'impulsion, soit par la pensée, consiste en autre chose,

chose, qu'en ce que l'impulsion & la pensée sont des causes occasionnelles, qui déterminent l'Auteur de la nature; ensuite de certaines loix générales qu'il a établies lui-même pour l'ordre, & la conservation de l'Univers, à produire en différents corps les degrés de mouvement, fixés par ces loix générales, & dont la distribution reglée par une sagesse infinie, présente à l'Esprit des rapports, & des proportions si admirables, qu'elle ne ravit pas moins l'Esprit de ceux qui l'étudient, & la contemplent, que la beauté-même de l'Univers qui en résulte.

I I. M. Locke ne reconnoit plus la puissance de communiquer le mouvement par impulsion comme une propriété du Corps.

Mais, non seulement M. Locke prétend que l'idée de mouvoir qui appartient à l'Esprit, est aussi claire que celle qui appartient au corps; il veut de plus encore, que l'on conçoive beaucoup plus clairement cette puissance de mouvoir dans l'Esprit, que dans le Corps; „ parceque, dit-il, deux Corps en „ repos, placés l'un auprès de l'autre, ne nous fourniront „ jamais l'idée d'une puissance, qui soit dans l'un de ces Corps „ pour remuer l'autre, autrement que par un moûvement „ emprunté, au lieu que l'Esprit nous présente chaque jour „ l'idée d'une puissance active de mouvoir les Corps. C'est „ pourquoi, ce n'est pas une chose indigne de nôtre recher- „ che, de voir si la puissance active est l'attribut propre des „ Esprits, & la puissance passive, celle des Corps.

IV. Contrarieté des sentimens de cet Auteur à ce sujet.

La puissance active de mouvoir, ne sera donc plus une idée, ou qualité originale du Corps, contre ce qu'a prétendu jusqu'ici M. Locke, dans son parallele entre l'Esprit & le Corps.

V. Les Esprits créés participent également de Dieu & de la Matiere selon M. Locke.

„ D'où l'on pourroit conjecturer, continue M. Locke, „ que les Esprits créés étant actifs & passifs (qu'on remarque la justesse, & la clarté de cette conséquence) ne sont „ pas totalement séparés de la matiere. Car l'Esprit pur, c'est- „ à-dire Dieu, étant seulement actif, & la pure matiere simplement passive, on peut croire que ces autres Etres, qui „ sont actifs, & passifs tout ensemble, participent de l'un & „ de l'autre.

VI. étrange bizarrerie d'un tel sentiment.

Je laisse aux Partisans de M. Locke à nous faire quelque peinture un peu plus distincte de ce mélange bizarre, & de cet Etre singulier qu'il vient d'imaginer, composé en égale dose d'une portion de matiere, & d'une portion de l'Etre divin. Mais, je laisse à penser aux lecteurs judicieux, si jamais les Poëtes ont inventé une chimere plus absurde, & un assemblage plus monstrueux. M. Locke prétend-il qu'il entre réellement de l'Etre divin dans la composition des Esprits, comme il y entre, selon lui, de la matiere? Mais, peut-on soutenir une telle prétention sans impieté, & n'est-ce pas retomber dans les extravagances de quelques Philosophes Payens que Ciceron rapporte L. 1. de Nat. Deor. & dont-il fait si bien sentir le ridicule par ces belles paroles : *Pythagoras qui censuit animum esse per naturam rerum omnem intentum & commeantem ex quo nostri animi caperentur non vidit detractione humanorum animorum discerpi & dilacerari Deum ; & cum miseri animi essent, quod plerisque contingeret, tum Dei partem esse miseram, quod fieri non potest &c.* En quel sens est-ce donc, que M. Locke prétend que les Esprits participent de l'Etre divin? Est-ce dans le sens qu'on l'entend communément, que les Esprits ayant reçu de Dieu leur Etre, & tout ce qu'ils ont, il n'y a en eux aucune perfection qui ne soit en Dieu en un plus haut degré? Mais en ce sens, on peut & on doit dire ainsi de la matiere qu'elle participe de l'Etre divin, quoiqu'en un degré inferieur, quelque simplement passive qu'on la suppose, & qu'elle soit réellement. D'un autre côté, je ne vois pas en quel sens M. Locke peut prétendre que l'Esprit participe de la matiere. Veut-il qu'il entre formellement de la matiere dans la composition des Esprits? Mais, si l'Esprit peut être actif, sans qu'il entre formellement de l'Etre divin dans sa composition, pourquoi ne pourra-t-il pas être passif, sans qu'il y entre formellement de la matiere? Dira-t-il, que l'Esprit participe de la matiere ; dans l'autre sens, c'est-à-dire, dans le sens qu'on peut dire que toutes les créatures participent de l'Etre divin? Mais pour cela, il faudroit

que

que la matiere pût contenir au moins équivalemment, l'Etre de l'Esprit, & qu'elle pût contribuer en quelque façon, à sa création, & à son existence. Après tout, & c'est ce qui doit d'un seul coup trancher toute la difficulté, & faire voir l'absurdité de la conjecture de M. Locke, la puissance passive de la matiere, & la puissance passive de l'Esprit sont tout-à-fait différentes, & n'ont aucun rapport entr'elles. La puissance passive de la matiere, consiste uniquement dans la puissance de recevoir le mouvement & le repos, d'où résultent toutes les différentes figures, & les différents états qu'elle peut avoir; toutes choses dont l'Esprit est absolument incapable, & qui n'ont rien de commun, comme le remarque fort-bien M. Locke dans sa démonstration de l'immaterialité de Dieu, avec le sentiment, la pensée, la raison, & la connoissance. La puissance passive de l'Ame, ne consiste qu'à recevoir des sensations & des idées, par le moyen desquelles, elle sent, apperçoit, connoit de toutes choses qui n'ont rien de semblable à l'état passif de la matiere, soit dans le repos, soit dans le mouvement. Rien n'est donc plus absurde que de vouloir que la puissance passive de l'Esprit dépende de la puissance passive de la matiere qui n'y a aucun rapport, & prétendre que pour être passif, l'Esprit doit participer de la matiere dont l'Etre passif est de tout autre genre, & ne peut rien servir à expliquer, comment l'Esprit reçoit ses sensalines, ses idées & ses connoissances.

VII. Qu'un tel sentiment métamorphose tous les Corps en Esprits.

J'ajoûte enfin, que M. Locke reconnoissant par tout ailleurs que les Corps sont doués de plusieurs facultés actives, que le feu par exemple, a une vraie puissance active d'agir sur nos organes, & sur les autres Corps; il s'ensuit de son sentiment, que ces Corps participants non seulement la puissance passive, mais aussi la puissance active; on doit les regarder comme participants également de Dieu & de la matiere, & les mettre par conséquent au rang des Esprits creés.

QUATRIEME PARTIE.

Que l'essence de la matiere consiste dans l'étenduë; que tous les hommes en ont réellement la même idée, quoiqu'ils différent dans les divers jugements qu'ils en portent.

UNe des preuves les plus convaincantes, que la Philosophie puisse fournir de l'immaterialité de l'Ame, & de tout Etre pensant; c'est sans doute celle que nous avons tâché de faire valoir jusqu'ici, & qui est toute fondée sur ce principe : que la matiere n'est autre chose que de l'étenduë solide, capable seulement de figure, & de mouvement. M. Locke n'a rien oublié pour bien établir ce principe, quand il a voulu démontrer l'immaterialité de Dieu; & il n'a non plus rien oublié pour le détruire, dès qu'il s'est engagé à soûtenir son doute sur la materialité de l'Ame. On en peut déja juger par tout ce qu'on vient de voir de ses sentiments, sur l'idée de la substance en général, sur la nature de la matiere, & sur l'étenduë en particulier; & on s'en convaincra encore mieux dans la suite en voyant avec quelle adresse, il sait présenter à l'Esprit des difficultés embarrassantes sur les verités les plus claires, pour l'obliger à se défier de tout ce qu'il croit connoître le plus évidemment.

Mais avant que d'entrer dans la discussion des raisonnements par lesquels cet Auteur a prétendu justifier son doute, sur la possibilité d'une matiere pensante; j'ai cru qu'il seroit à propos d'établir en premier lieu, une vérité générale, qui servira comme de base à toutes les réponses particulieres que je serai obligé de faire aux arguments particuliers de M. Locke; qui mettra dans un plus grand jour l'évidence

des

des principes par lesquels cet Auteur a démontré l'immaterialité de Dieu, & par lesquels on démontre, comme on vient de le voir, avec une égale facilité l'immaterialité de l'Ame; & qui enfin détruira ce prétexte spécieux & séduisant, qui engage le commun des Lecteurs à regarder, comme absolument incertaines, & incapables de démonstration, toutes les matieres sur lesquelles ils voient que les savants sont partagés en différentes opinions.

Cette verité est, que tous les hommes ont la même idée de l'étenduë, que cette idée présente à l'Esprit tous les caracteres de la véritable essence de la matiere, que ce n'est qu'en détournant leur attention des conséquences qui se déduisent naturellement de cette idée, pour s'arrêter à des difficultés de pure apparence, que quelques Philosophes ont jugé différemment de l'essence de la matiere; & qu'ainsi cette essence ne peut être que celle qui répond à une idée si claire & si universelle, & qui se fait sentir comme malgré eux, comme je vais le prouver à ceux-là-mêmes qui refusent de s'y rendre entiérement.

I. Selon M. Locke, tous les hommes n'ont pas la même idée de l'essence de la matiere.

M. Locke dans son examen, du sentiment du Pere Malebranche, qu'on voit toutes choses en Dieu, a prétendu prouver par la contrarieté des opinions des Philosophes sur la nature de la matiere, que non seulement on ne voit pas en Dieu l'essence de la matiere, puisque les hommes s'en font des idées si différentes; mais que de plus, il est absolument incertain quelle est la véritable essence de la matiere; comme s'il étoit absolument impossible de découvrir entre trois ou quatre opinions, quelle est la véritable.

,, Quoiqu'il en soit, dit M. Locke, comment le Pere ,, Malebranche pourra-t-il faire, que nous ayons une connois- ,, sance parfaite des corps, & de leurs propriétés, pendant ,, que bien des gens n'ont pas les mêmes idées du corps, ,, & pour ne pas aller plus loin, l'Auteur & moi, par ,, exemple. Le P. Malebranche croit que l'étenduë toute seule ,, fait le corps, & moi que l'étenduë seule ne suffit pas, mais

qu'à

„ qu'à l'étenduë,il faut encore ajoûter la solidité. Voila donc un
„ de nous,qui a une connoiſſance fauſſe, & imparfaite des corps,
„ & de leurs propriétés. Si les corps ne conſiſtent qu'en étenduë
„ toute ſeule,je ne conçois pas comment ils peuvent ſe mouvoir
„ & ſe froiſſer, ni ce qui peut conſtituer des ſurfaces différen-
„ tes, dans un eſpace ſimple & uniforme. Je puis bien con-
„ cevoir qu'une choſe étenduë & ſolide ſoit mobile &c.

Et plus bas il ajoûte : „ Le P. Malebranche voit donc en
„ Dieu une eſſence du corps, & moi j'en vois une autre ;
„ laquelle des deux eſt cette eſſence neceſſaire & immuable
„ du corps, qui eſt renfermée dans les perfections de Dieu?
„ Eſt-ce celle que le P. Malebranche voit, eſt-ce celle que
„ je vois moi-même?

On ſent bien que ce ſeroit m'écarter de mon ſujet, que d'entrer ici dans la diſpute du P. Malebranche, & de M. Locke, ſur la nature & l'origine des idées. Il ne s'agit pas ici de ſavoir d'où nous vient l'idée du corps, & qu'elle eſt la nature de cette idée, mais ſeulement de ſavoir ſi les hommes en ont tous la même idée, malgré la diverſité des jugements qu'ils en portent.

II. Que les hommes ne jugent pas toujours d'une maniere conforme à leurs idées.

Car il faut bien remarquer, que les jugements que nous portons des choſes ne ſont pas toujours conformes aux idées que nous en avons. Cela même n'arrive qu'aſſez rarement ; car, c'eſt alors préciſément que nous jugeons vrai : il ne ſeroit donc pas étrange, que tous les hommes euſſent la même idée de l'eſſence de la matiere, quoiqu'ils en jugent différemment. Et c'eſt ce que j'entreprends d'éclaircir & de prouver par les principes mêmes de M. Locke, faiſant voir premierement, que tous les hommes ont la même idée de l'étenduë, préciſément comme étenduë ; ſecondement, que l'impénétrabilité, ou ſolidité abſoluë eſt une ſuite néceſſaire de l'étenduë, auſſi-bien que la diviſibilité, la mobilité & les autres propriétés communes & intrinſéques des corps ; troiſiémement, que cette étenduë néceſſairement accompagnée de l'impénétrabilité, de la diviſibilité, mobilité &c. eſt une véri-

véritable fubftance ; c'eft-à-dire, la fubftance de la matiere commune à tous les corps ; & qu'enfin, l'étenduë étant ce que l'on conçoit de premier dans cette fubftance, & d'où découlent toutes fes autres propriétés, l'étenduë en doit être regardée comme l'effence.

III. Equivoque dans l'état de la queftion telle qu'elle eft propofée par M. Locke.

Et pour commencer par écarter les difputes de mots, qui naiffent ordinairement du peu de foin que prennent les Auteurs, de fe bien entendre les uns les autres avant que d'entreprendre de fe réfuter, il ne fera pas inutile de remarquer d'abord, que M. Locke, n'expofe pas affez nettement l'état de la queftion, qui partage les Philofophes fur l'effence de la matiere. „ Le P. Malebranche, dit-il, croit que l'étenduë „ toute feule fait le corps ; & moi, que l'étenduë feule ne „ fuffit pas ; mais qu'à l'étenduë, il faut ajoûter encore la „ folidité.

Or il eft bien conftant, que les Cartefiens, dont le P. Malebranche ne fait que fuivre ici le fentiment, n'ont jamais penfé que l'étenduë feule dénuée de la folidité, pût faire le corps : bien loin de-là, leur fentiment a toujours été, que la folidité eft abfolument inféparable de l'étenduë. Et c'eft précifément fur cet article, que M. Locke n'eft pas d'accord avec le P. Malebranche. M. Locke fuivant l'opinion d'Epicure, de Gaffendi, de Neuton, & de plufieurs autres grands Hommes, croit qu'il y a deux fortes d'étenduë ; une fans folidité, qui fait l'efpace vuide ; l'autre avec la folidité qui fait le corps. Defcartes au contraire, qui a nié la poffibilité du vuide, & qui en cela a déja été précedé par Ariftote, comme le prouve bien le Chevalier Digby. Defcartes, dis-je, Malebranche & leurs Sectateurs, penfent que la folidité eft une fuite, ou une propriété néceffaire de l'étenduë ; & c'eft pour cela, que parlant de l'effence du corps, ils la mettent dans l'étenduë, non qu'ils croient que l'étenduë feule fans folidité, faffe le corps ; mais, parceque felon eux, l'étenduë eft la prémiere chofe que nous concevons dans le corps, & de laquelle découlent néceffairement la folidité, la divifibilité, té, la mobilité & toutes les autres propriétés des corps.

IV. Que tous les hommes ont la même idée de l'étenduë, précifément comme étenduë.

Cette différence de fentiment entre les Philofophes, qui admettent le vuide, & ceux qui le rejettent, n'empêche pourtant pas qu'ils n'aient tous la même idée de l'étenduë, précifément comme étenduë. Car, outre que l'idée de l'étenduë eft une idée fimple, laquelle par conféquent, doit être la même pour tous; il eft évident, que la Géometrie qui n'a pour objet que l'étenduë confiderée fimplement felon fes trois dimenfions, eft la même pour les uns & pour les autres. N'y à-t-il pas eu des Philofophes, qui ont cru que la furface des corps pouvoit en être détachée, & exifter par elle-même, fans aucune profondeur? Cette opinion à la vérité, n'eft plus à la mode: cependant, l'idée de la furface, précifément comme furface, l'idée-même de la profondeur, n'étoit pas en eux différente de celle qu'en ont tous les autres Philofophes. D'où vient donc qu'ils fe trompoient? C'eft qu'ils détournoient leur attention du rapport néceffaire qu'il y a entre l'idée de la furface, & celle de la profondeur; & comme en confidérant précifément l'idée de la furface, ils ne trouvoient pas que celle de la profondeur y fût contenuë: ils fe font portés un peu trop legerement à croire, que l'une pouvoit être abfolument fans l'autre. Ne pourroit-on pas dire auffi, que l'opinion de ceux, qui admettent une étenduë fans folidité, vient de ce que confidérant l'idée de l'étenduë, précifément comme étenduë, & ne trouvant pas que cette idée renferme celle de la folidité, non-plus que l'idée de la furface ne renferme celle de la profondeur; ils négligent de confidérer avec affez d'attention, le rapport de ces idées, & jugent que l'étenduë peut être fans folidité, fur le même fondement que ces autres Philofophes jugeoient, que la furface pouvoit être fans profondeur? Il paroit du moins, que bien des raifonnements que ces Auteurs emploient pour prouver le vuide, ne font fondés que fur l'idée d'une pure, & fimple étenduë. Or cette idée n'eft certainement, qu'une idée abftraite ou incomplette, pour ainfi dire, puifqu'en la fuivant & en l'approfondiffant

elle

elle nous conduit naturellement à l'impénétrabilité, à la mobilité, à la divisibilité, & aux autres propriétés de la matiere. C'est ce que j'entreprends de démontrer évidemment, par les principes mêmes de M. Locke.

V. Que selon les principes de M. Locke, l'impénétrabilité est une propriété essentielle de l'étenduë.

M. Locke liv. 4. de son essai sur l'entendement humain chap. 7. intitulé des propositions qu'on nomme Maximes ou Axiomes §. 5. après avoir établi que „ pour ce qui est de la „ coéxistence ou connéxionentre deux idées tellement nécessaires, que dès que l'une est supposée dans un sujet, l'autre le doive être aussi d'une maniere inévitable; l'Esprit „ n'a une perception immédiate d'une telle convenance ou „ disconvenance, qu'à l'égard d'un très-petit nombre d'idées; „ il ajoute, qu'il en est pourtant quelques-unes, par exem„ ple, dit-il, l'idée de remplir un lieu égal au contenu de sa „ surface étant attachée à notre idée du corps, je crois que „ c'est une proposition évidente par elle-même, que deux „ corps ne sauroient être dans le même lieu.

C'est donc de l'idée de l'étenduë que M. Locke tire ici l'idée de la solidité. Un corps ne peut être dans le même lieu où est déja un autre corps; parcequ'il est de l'idée du corps, de remplir un lieu égal à sa surface; ou ce qui revient au même, d'être commensurable au lieu qu'il occupe. Or il est bien clair, que le corps n'occupe un lieu égal au contenu de sa surface, & ne lui est commensurable qu'en vertu de son étenduë; donc, c'est en vertu de l'étenduë, que le corps est solide ou impénétrable. Et assurément, si quelque Philosophe s'avisoit de faire ici une difficulté à M. Locke, & de lui dire, que quoiqu'il soit vrai, que tout corps doive naturellement occuper un lieu égal au contenu de sa surface; il n'y a pourtant pas contradiction qu'un autre corps occupe ce même lieu, & y soit placé avec l'autre: comment M. Locke pourroit-il démontrer la fausseté d'une telle prétention, si opposée à la maxime qu'il vient d'établir? Certainement, il ne pourroit dire autre chose, sinon, que si un corps d'un pied cubique d'étenduë par exemple, pouvoit être dans un lieu déja rempli par un autre corps auſſi d'un pied cubique d'étenduë, il s'enſuivroit que deux pieds cubiques d'étenduë, ne feroient qu'un ſeul pied cubique d'étenduë : ce qui eſt évidemment abſurde. Or cette même raiſon prouve auſſi qu'un corps ne peut être dans un lieu qui faſſe partie d'un eſpace qu'on ſuppoſe poſitivement étendu & pénétrable ; car alors, il y auroit auſſi deux pieds cubiques en un ſeul pied cubique d'étenduë; ſavoir, le pied cubique de l'étenduë du corps, & le pied cubique de l'étendue du lieu. Il feroit inutile de répondre que de ces deux étenduës, l'une eſt pénétrable, & l'autre impénétrable : ce feroit là une manifeſte pétition de principes : ce feroit dire que le corps eſt impénétrable, parcequ'il eſt impénétrable, & non parcequ'il eſt de ſon idée de remplir un lieu égal au contenu de ſa ſurface ; c'eſt-à-dire, parcequ'il eſt de ſon idée d'être étendu. A bien prendre donc le ſens de ces paroles, elles ne peuvent ſignifier autre choſe, ſinon que tout corps eſt ſon propre lieu interieur, qui exclut de lui-même toute autre étenduë : autrement comme il a été remarqué, deux étenduës ne feroient qu'une ſeule étenduë.

Confirmation de la même vérité.

Mais pour donner encore plus de force à cet argument, je veux accorder comme poſſible aux défenſeurs du vuide, que tout corps venant à être anéanti dans ma chambre, il n'y reſte que l'eſpace pur entre les quatre murailles : qu'on ſuppoſe maintenant, ce qui feroit réellement impoſſible ; mais, qu'on peut ſuppoſer pourtant, à l'exemple des Mathématiciens, pour en tirer l'éclairciſſement de la queſtion ; qu'on ſuppoſe, dis-je, qu'une autre partie de l'eſpace pur, égale à celle de ma chambre vint à y être tranſportée. Je demande ſi ces deux parties de l'eſpace pur pénétrées ainſi l'une dans l'autre, feroient encore deux étenduës pénétrables diſtinguées l'une de l'autre, ou bien ſi elles ne feroient plus qu'une ſeule & même étenduë : il eſt évident, ce me ſemble, pour peu qu'on y apporte de réfléxions, que ces deux étenduës ne pourroient plus faire qu'un ſeul & même eſpace ; l'eſpace, dis-je, dis-je, dont la longueur, la largeur & la profondeur sont essentiellement déterminées par la distance des murailles de la chambre l'une de l'autre; de sorte que comme cette distance ne peut être autre que ce qu'elle est, il ne peut non plus y avoir entre ces murailles qu'une longueur, une largeur, & une profondeur déterminées par la distance de ces murailles. Or l'étenduë n'est autre qu'une dimension en longueur, largeur, & profondeur. Donc, comme entre les murailles de la chambre, il ne peut y avoir qu'une dimension en longueur, largeur, & profondeur; il ne peut non plus y avoir qu'une seule étenduë, un seul & unique espace; donc de ces deux espaces qu'on supposeroit penetrés l'un dans l'autre, il ne s'en formeroit qu'un seul & même espace: ce qui détruit, comme l'on voit, la supposition de cette mutuelle pénétration. Si l'on suppose maintenant que de ces deux parties de l'espace pénétrables; (j'entends par la supposition faite ci-dessus,) l'une devienne impénétrable, & se change ainsi en étenduë materielle; il est encore évident, que la raison par laquelle on vient de prouver, qu'il est impossible qu'il y ait entre les quatre murailles d'une chambre, deux parties de l'espace, ou deux étenduës penetrables & commensurables, chacun a la capacité de la chambre; il est évident, dis-je, que cette même raison prouve aussi, qu'il est impossible que ces deux étenduës égales puissent rester dans une seule & même capacité distinguées l'une de l'autre, quoiqu'on en conçoive une impénétrable; puisque cette raison est toute fondée sur l'idée & la nature des dimensions qui conviennent également à l'étenduë impénétrable, & à celle qu'on suppose pénétrable.

VI. Objection de M. de Muschembrock, contre les preuves ci-dessus alleguées.

Ceci paroîtra encore mieux par la réfutation d'un raisonnement de M. de Muschembrock à ce sujet. Cet Auteur dans son essai de Physique, ouvrage d'ailleurs très-estimable par le grand nombre d'observations curieuses & exactes dont il est enrichi, prétend qu'entre l'idée de l'étenduë & celle de l'impénétrabilité, il n'y a pas le moindre rapport. „ Ces savants, „ dit-il, tom. 1. cap. 2. §. 31. qui supposent que l'impéné-

L 2 trabilité

„ trabilité eſt une ſuite de l'étenduë : raiſonnent ſans doute, ou „ ſuivant leur imagination, ou ſuivant l'expérience. S'ils ne „ raiſonnent que ſuivant leur imagination, nous leur oppo- „ ſons que les Mathématiciens ont coutume de concevoir „ l'étenduë comme pénétrable ; car dans un cube, ils conçoi- „ vent une Sphére, & dans cette Sphére, un cone ou un autre „ cube, ou quelque autre étenduë corporelle ; de forte qu'il „ ne répugne en aucune maniere de concevoir l'étenduë pé- „ nétrable, & deux pieds cubes dans eux-mêmes, ſans que „ pour cela on perde l'idée du premier pied cube. Si l'on „ raiſonne ſuivant l'expérience, je me ſervirai auſſi des mê- „ mes armes. Les images étenduës, qui paroiſſent devant le „ miroir ardent, ne ſont-elles pas pénétrables ? Elles ne re- „ préſentent certainement autre choſe, que les ſurfaces éten- „ duës des corps, comme celles d'une boëte ou d'un cabinet.

VII. Réponſe. Je réponds que les Philoſophes qui ſoutiennent qu'on ne peut concevoir que deux pieds cubes, l'un dans l'autre, faſſent autre choſe qu'un pied cube ; que ſi l'on ſuppoſe, par exemple trois étenduës A. B. C. chacune d'un pied cube en longueur, largeur & profondeur, que l'étenduë cubique A. ſoit éxactement placée dans l'étenduë cubique B. il eſt impoſſible que ces deux étenduës A. & B. placées l'une dans l'autre, faſſent plus qu'une ſimple étenduë cubique en longueur, largeur & profondeur, parfaitement égale à l'étenduë cubique, C. comme elles l'étoient déja ſéparément, avant que de ſe pénétrer, & qu'ainſi l'étenduë cubique A. placée dans l'étenduë B. ne lui ajoûte rien ; mais que plutôt elle ſe confond & s'identifie avec elle ; de ſorte qu'il n'y a rien de plus dans ces deux étenduës qu'on ſuppoſe penétrées l'une dans l'autre, que la même étenduë qui étoit déja en A. ou en B. ; les Philoſophes, dis-je, qui ſoutiennent un tel ſentiment raiſonnent éxactement, à mon avis, non ſelon leur imagination, puiſque les Philoſophes ne doivent jamais prendre l'imagination pour guide, mais ſelon les idées les plus claires de l'Eſprit pur, & ſelon l'expérience. Le premier argument que M. de Muſchembrock leur oppoſe oppofe ne prouve rien. Quand je confidére une Sphére dans un cube, je ne conçois pas que l'étenduë de la Sphére foit dans l'étenduë du cube, comme dans une autre étenduë où elle foit comme pénétrée ; je conçois au contraire, que l'étenduë de la Sphére fait partie de l'étenduë du cube, & que la même portion d'étenduë, qui prife à part, & détachée du refte de la figure fait une Sphére, étant jointe au contour qui l'environne forme un cube. Mais, je ferois fort embarraffé à concevoir qu'un cube entier donné, on pût introduire dans l'étenduë de ce cube une autre étenduë, qui fervît pour la Sphére. Je penfe qu'il fe trouvera peu de Mathématiciens, qui difent de concevoir la chofe autrement.

Quant à l'argument tiré de l'expérience, j'avoue que je n'en comprends pas bien la force. M. de Mufchembrock, prétend-il que ces images qui repréfentent la furface des objets, aient une étenduë réelle pénétrable à l'étenduë de l'endroit, où on les voit comme placées? Mais ne feroit-ce pas renouveller le fentiment de Lucrece fur la nature de ces images; lefquelles felon ce Philofophe, étoient autant de membranes très-deliées, détachées de la fuperficie des objets, & voltigeantes dans l'air? Mais il n'eft plus befoin aujourd'hui de réfuter une telle opinion. On convient affez généralement, que ces images ne font qu'une pure apparence des objets, & que cette apparence confifte dans un certain fentiment de couleurs, que l'Ame rapporte naturellement à l'endroit où les rayons commenceroient à diverger, s'ils entroient directement dans l'œil: ainfi, ces images ne font par elles-mêmes aucune étenduë ; & encore une fois, je ne comprends pas quelle expérience ces images peuvent fournir pour prouver qu'une étenduë eft actuellement pénétrable à une autre étenduë.

La raifon & l'autorité de M. Locke, s'accordent donc à prouver que l'impénétrabilité eft une fuite néceffaire de l'étenduë. Mais de là il fuit, que M. Locke fe contredit ouvertement, quand il prétend liv. 2. chap. 4. de fon effai fur l'entendement humain, que l'idée de l'impénétrabilité ne peut

s'acquérir

s'acquérir que par la voie de l'attouchement ; c'est-à-dire, par les efforts que l'on fait pour faire pénétrer deux corps sans pouvoir jamais y réussir.

VIII. Contradiction de M. Locke, sur l'origine de l'idée de l'impénétrabilité.

Car premierement, si l'Esprit a, comme il le dit ici expressément, une perception immédiate & intuitive de la connéxion nécessaire, qu'il y a entre l'idée de tout ce qui remplit un lieu égal au contenu de sa surface & l'idée de la solidité ; il s'ensuit que l'Esprit ne peut avoir l'idée d'une chose qui remplisse un lieu égal au contenu de sa surface, qu'il n'ait aussi l'idée de la solidité de cette chose. Or est-il que par la seule vuë des Corps, l'Esprit connoit, que tout Corps remplit un lieu égal au contenu de sa surface. Donc par la seule vuë, l'Esprit peut acquérir l'idée de leur solidité, sans qu'il soit besoin de l'attouchement.

IX. Qu'il est impossible d'acquérir par la voie de l'attouchement, l'idée d'une impénétrabilité absolue.

Mais il y a plus ; je soutiens encore qu'il est impossible, que l'Esprit par la voie de l'attouchement, puisse acquérir l'idée d'une solidité ou impénétrabilité absolue. En effet, quelques inutiles que soient les efforts que nous employons pour faire pénétrer deux Corps, cela prouve tout au plus qu'il y a dans ces Corps, une impénétrabilité relative aux forces que nous pouvons employer pour les faire pénétrer : mais pour conclure de là que les Corps sont absolument impénétrables, il faudroit que cette force fût absolument infinie. Ainsi, comme dans la supposition qu'il y eût dans la nature, un rocher si dur, qu'on n'eût jamais pu le diviser quelque moyen qu'on eût tenté pour cela ; on raisonneroit mal, si on en vouloit conclure, qu'un tel rocher est absolument indivisible ; de même de ce qu'on n'a jamais pu faire pénétrer deux corps, on ne peut pas en conclure raisonnablement, que les corps sont absolument impénétrables. Donc l'idée de l'impénétrabilité absolue, ne sauroit nous venir par la voie de l'attouchement.

X. La distinction des parties, autre suite de l'idée de l'étenduë.

La distinction des parties, est une autre idée qui suit nécessairement de l'idée de l'étenduë. En effet dans l'étenduë d'un Cube, par exemple, je puis nettement distinguer la Sphére qui

qui s'y trouve comprise, du contour qui l'environne. D'où je conclus, que cette Sphére est un être qui a son existence à part, aussi-bien que les autres parties du Cube qui l'environnent.

XI. La figure des parties, suite de leur distinction.

Cette distinction de parties dans l'étenduë, me fournit l'idée de leur figure, de leur mobilité, & de leur divisibilité. Je ne puis concevoir une partie dans l'étenduë, comme distinguée des autres qui l'environnent, que je ne la conçoive terminée de toutes parts, en quoi consiste l'idée de la figure.

XII La mobilité autre suite de la distinction des parties.

Je ne puis concevoir une Sphére dans un Cube, que je ne conçoive que cette Sphére peut tourner sur un quelconque de ses axes, & que le point extrême d'un de ses Diamétres perpendiculaire à un des plans du Cube, peut devenir perpendiculaire à l'autre plan lateral, & ainsi de suite. Ce point s'approchera donc, & s'éloignera successivement des différentes parties du Cube que l'on considére comme en repos, en quoi consiste l'idée du mouvement.

XIII. Possibilité du mouvement dans le plein.

Les Partisans du vuide, n'ont pas de peine à accorder que le mouvement d'une Sphére sur son axe est possible dans le plein; mais ils prétendent, qu'il n'en est pas de même d'un mouvement direct & progressif; qu'un Corps ne peut avancer en ligne droite, si un autre Corps ne lui fait place; qu'il en est de même de ces autres Corps, & qu'ainsi quelque circulation qu'on veuille imaginer, le mouvement ne pourra jamais commencer, si le Corps qui doit le premier céder la place, ne trouve un vuide où il puisse se jetter, pour ne plus faire d'obstacle au mouvement des autres Corps qui doivent se mouvoir. On a beaucoup disputé pour & contre cette objection. Cependant voici un raisonnement fondé sur l'expérience, qui est ce me semble, décisif sur ce sujet. L'eau, selon M. de Muschembrock, & plusieurs autres savants Physiciens, est composée de petites particules sphériques, extrêmement petites & si dures qu'elles paroissent absolument incapables de compression : c'est ce qui a été démontré pour la premiere fois par Messieurs de l'Academie de Florence, &

ensuite,

enſuite, par M. Boile. Ces Philoſophes ayant rempli d'eau une Sphére creuſe, formée d'une lame d'or très-mince, & l'ayant miſe ſous preſſe, ils ont éprouvé qu'il étoit impoſſible de faire changer de figure à cette Sphére, tandis qu'elle étoit éxactement pleine d'eau, & qu'ainſi, l'eau ne pouvoit être condenſée par quelque force qu'on pût employer à cet effet.

D'un autre côté, l'expérience fait voir, que ſi dans une bouteille remplie d'eau, on renferme quelque corps ſolide & peſant, comme une balle de plomb, & qu'on la bouche enſuite éxactement en renverſant la bouteille, la balle de plomb ne laiſſe pas que de deſcendre & traverſer l'eau auſſi librement qu'elle le feroit ſi la bouteille étoit ouverte. Or quand cette balle commence à ſe mouvoir, je demande où eſt l'eſpace vuide dans lequel les particules de l'eau puiſſent ſe jetter pour lui faire place? Ce vuide ne peut pas ſe faire par la compreſſion des particules de l'eau, puiſque ces particules ſont incompreſſibles, ſur tout par un poids de ſi petite force. On dira peut-être, que les particules de l'eau étant ſphériques, il faut qu'elles laiſſent entr'elles des interſtices vuides. Mais je réponds, que ces interſtices, quand on les ſuppoſeroit parfaitement vuides, doivent pourtant être toujours plus petits, que chacune de ces particules priſes en particulier : l'eau étant incompreſſible, il faut que ſes parties ſe touchent, de façon qu'elles laiſſent entr'elles le moins d'eſpace qu'il eſt poſſible. Or il eſt aiſé de démontrer géométriquement, que ſi trois cercles égaux ſe touchent, l'eſpace curviligne qu'ils renferment eſt égal à un triangle équilateral dont les côtés ſoient des rayons de ces cercles, moins trois ſegments ſouſtendus par des cordes qui ſoient auſſi rayons de ces cercles; pendant que ces cercles ſont égaux, chacun a ſix de ces triangles, plus ſix de ces ſegments. Il n'eſt pas moins certain, que l'eſpace curviligne compris entre trois Sphéres qui ſe touchent, devra être encore beaucoup moindre, par rapport à chacune de ſes Sphéres. Les particules de l'eau, ne peuvent donc ni entrer dans ces interſtices vuides, ni ſe ranger, de

façon

façon à occuper moins de place qu'elles n'en occupent naturellement. Lors donc que la balle de plomb commence à se mouvoir, il faut que les particules de l'eau qu'elle pousse, circulent autour de cette balle, sans qu'il soit besoin pour cela, qu'elles trouvent un espace vuide où elles aillent se loger pour lui faire place. Puis donc que les vuides renfermées entre les particules de l'eau, ne peuvent faciliter en aucune façon le mouvement de la balle; il est clair, que ce mouvement s'éxécute de la même façon que si tout étoit éxactement plein, & qu'ainsi le mouvement dans le plein, est possible en tout sens.

XIV. De la résistance que rencontrent les corps dans le plein.

Une difficulté plus considérable, est celle qui se tire de la résistance, que les corps devroient rencontrer dans le plein; résistance qui leur feroit perdre tout leur mouvement, dès l'instant même qu'ils commenceroient à se mouvoir. Pour éluder cette difficulté, on a dit que l'Ether, quoiqu'infiniment dense, ne laissoit pas que d'être infiniment fluide & sans aucune pesanteur; & comme tout fluide, résiste d'autant moins, qu'il est moins pesant, l'Ether qui ne pese point, ne doit par conséquent faire aucune résistance au mouvement des corps, j'avoue qu'on peut supposer avec raison l'Ether infiniment fluide. La matiere est même telle par sa nature: car s'il n'y a une cause extérieure de cohésion, qui tienne ses parties attachées les unes aux autres, elles ne peuvent qu'être parfaitement desunies, & céder à la plus legere impression; on peut aussi supposer l'Ether sans pesanteur: la pesanteur étant un phénomene dont on doit chercher la cause dans la pression de quelque cause extérieure, comme d'un fluide extrêmement élastique, plutôt que dans la nature même, ou dans une qualité occulte de la matiere. De telles suppositions, ôtent à la vérité toute la résistance qui peut naitre de la cohésion & de la pesanteur des parties d'un fluide. Mais la résistance qui vient de la simple communication du mouvement, & qui est fondée sur cette Loi générale, qu'un Corps ne peut communiquer de son mouvement qu'il n'en perde à proportion;

tion; cette résistance, dis-je, qui répond à l'inertie de la matiere, reste encore toute entiere dans l'Ether, malgré son extrême fluidité & son défaut de pesanteur. Un fluide, dit-on, résiste d'autant moins qu'il est moins pesant; mais c'est que la densité décroit en même raison que la pesanteur. Si le Mercure venoit à perdre sa pesanteur sans rien perdre de sa densité, feroit-il pour cela moins de résistance que l'air avec toute sa pesanteur ? C'est ce que je ne crois pas qu'on pût soutenir.

D'autres disent que les particules de l'Ether étant infiniment petites, une force finie qui les pousse, ne doit perdre qu'une partie infiniment petite de son mouvement : ils disent que l'Ether étant infiniment fluide, le corps qui s'y meut ne fait que donner à ses parties une impression laterale, par laquelle elles s'échapent de côté & d'autre, sans être poussées en avant, ce qui fait que le corps ne peut rien perdre du mouvement par lequel il avance. Mais si les particules de l'Ether sont infiniment petites, le nombre de celles qui répondent à la masse d'un mobile fini qui les déplace, doit être infiniment grand; d'où il suit qu'il en résulte une masse finie extrêmement dense, que ce mobile est toujours obligé de déplacer. Ainsi il ne paroit pas que la difficulté soit entiérement levée. Ne pourroit-on pas dire, qu'un corps qui pousse l'Ether devant lui, doit être immédiatement remplacé par la Colomne d'Ether qui le suit, & que cette Colomne doit être poussée contre ce corps par la force centrifuge des tourbillons qui compriment le nôtre de tous côtés, poussée, dis-je, avec une vitesse égale à celle que le corps communique à l'Ether qu'il a devant lui; de sorte qu'elle lui redonne à chaque instant le mouvement que la résistance de l'Ether lui fait aussi perdre à chaque instant. Je n'ai hazardé ici cette conjecture que pour faire voir que la solution de cette difficulté pourroit bien dépendre du méchanisme de l'Univers, & de la correspondance de ses parties; & qu'ainsi qu'on ne puisse y répondre d'une maniere nette & précise, qui ne laisse rien à souhaiter; parcequ'il s'en faut bien encore, que le méchanisme de l'Univers nous soit entiére-

entiérement connu, les défenſeurs du vuide n'en peuvent cependant tirer aucun avantage en faveur de leur ſentiment contre l'éxiſtence du plein.

XV. La diviſibilité des parties de la matiere, ſuite de leur diſtinction & de leur mobilité.

La diſtinction & la mobilité des parties de la matiere, nous conduiſent naturellement à leur diviſibilité. On ne peut concevoir du mouvement dans quelques parties de l'étenduë, ſans concevoir que ces parties ſe diviſent & ſe ſéparent de quelques autres parties de la même étenduë. Si la diviſibilité eſt une ſuite de l'idée de l'étenduë, toute étenduë doit être diviſible. Quelque petite qu'on veuille ſuppoſer une partie de matiere, elle ne ſauroit cependant être ſans étenduë, & par conſéquent ſans diviſibilité; puiſque la diviſibilité eſt une ſuite néceſſaire de l'étenduë; la matiere eſt donc diviſible à l'infini. Ceux qui admettent des Atômes abſolument indiviſibles, ne peuvent diſconvenir que ces Atômes n'aient une certaine figure. Qu'on ſuppoſe donc un de ces Atômes qui ſoit, par exemple, ſphérique; je puis dans cette petite Sphére, diſtinguer un cube, & dans ce cube une autre plus petite Sphére. Cela eſt eſſentiel à l'idée de ces figures. Donc l'étenduë de cette petite Sphére eſt diſtinguée de l'étenduë qui reſte au cube où elle ſe trouve inſcrite. Elle pourra donc y tourner ſur ſon Axe. Donc cet Atôme qu'on ſuppoſe indiviſible, contient néceſſairement des parties diſtinguées l'une de l'autre, mobiles, diviſibles & cela à l'infini.

Ceux qui admettent un eſpace vuide ne peuvent du moins que de reconnoître dans cet eſpace, des parties différentes quoiqu'inſéparables, qui répondent aux différentes parties des corps qui y ſont placés. Par exemple, la portion d'eſpace qui répond à l'étenduë d'un homme, comprend différentes parties dont l'une répond à la tête, l'autre aux bras, l'autre à la poitrine &c. Or eſt-il, que ſelon ces mêmes Philoſophes, l'idée de l'eſpace eſt parfaitement uniforme. Donc ſi une partie quelconque de l'eſpace renferme d'autres parties; c'eſt-à-dire, ſi on peut déſigner par la penſée, différentes parties d'eſpace dans une partie quelconque de l'eſpace, il n'y a point de partie concevable dans l'eſpace, laquelle ne renferme proportionellement d'autres plus petites parties. Autrement l'idée de l'eſpace ne ſeroit pas uniforme entre cette partie, où l'on n'en pourroit plus diſtinguer de plus petites, & les autres parties où l'on en peut diſtinguer de plus petites. Donc il n'y a point de partie d'eſpace, qui n'en contienne de plus petites à l'infini. Or eſt-il, que les corps ſont parfaitement commenſurables à l'eſpace qu'ils occupent. Donc tout corps doit être compoſé de parties qui en contiennent d'autres plus petites à l'infini; donc la matiere eſt réellement diviſible à l'infini. Cet argument n'eſt dans le fond que celui que les Cartéſiens déduiſent de l'idée de l'étenduë; car l'idée de l'eſpace pur, n'eſt, comme on le fait voir, que l'idée de l'étenduë abſtraite des autres qualités qui lui conviennent: mais j'ai cru devoir le propoſer auſſi ſous cette forme, pour faire voir qu'il y a contradiction dans le ſyſtême de ceux qui admettent le vuide & des Atômes indiviſibles.

XVI. Que la diviſibilité de la matiere à l'infini, prouve ſon impénétrabilité abſoluë.

La diviſibilité de la matiere à l'infini, prouve auſſi ſon impénétrabilité abſoluë. Car ſi l'on ſuppoſe, que les différentes parties d'un corps ſoient pénétrées l'une dans l'autre par quelque moyen que ce ſoit; je demande ſi ce corps, après la pénétration de ſes parties, ſe trouve réduit à un point indiviſible, ou non: s'il eſt réduit à un point indiviſible, il occupera donc un lieu indiviſible. Il y a donc dans la nature quelque lieu indiviſible répondant à un point indiviſible; ce qui détruit évidemment la diviſibilité de la matiere à l'infini; laquelle ne peut s'accorder avec l'indiviſibilité d'un lieu quel qu'il ſoit. Si le corps n'eſt pas réduit à un point indiviſible après la pénétration; il eſt donc encore diviſible à l'infini; & ſes parties pouvant être conçues, comme répondant à différentes parties de l'eſpace, elles ne ſauroient être conçues comme pénétrées réciproquement l'une dans l'autre. On ne peut donc ſans contradiction, défendre la diviſibilité de la matiere à l'infini, & ſoutenir en même tems, que la pénétration mutuelle des corps eſt poſſible.

XVI. Que l'étenduë eſt la

Après avoir montré que la diſtinction des parties, leur figure,

figure, leur impénétrabilité ou solidité, leur mobilité, leur divisibilité, sont des suites nécessaires de l'idée de l'étenduë; il n'en faut pas davantage pour faire voir que la substance des corps, ou de la matiere en général, ne peut être autre que l'étenduë, & que les différents corps ne différent essentiellement que par les divers arrangements dont les parties de l'étenduë sont susceptibles. La substance d'une chose, selon la définition de M. Locke, est le soutien des qualités de cette chose. Or est-il, que l'étenduë est le soutien de l'impénétrabilité, de la figure, de la mobilité & de la divisibilité, qui sont, au jugement de M. Locke, les qualités premieres & originales de la matiere; puisqu'on a fait voir que ces qualités sont toutes des propriétés qui se déduisent de l'idée de l'étenduë, donc &c. substance de la matiere.

XVIII. Que l'espace pur n'est pas l'immensité de Dieu.

Cela suffit aussi pour détruire l'étrange opinion de ceux qui regardent l'espace pur, c'est-à-dire, une étenduë formelle en longueur, largeur & profondeur, comme un attribut de la divinité & une suite nécessaire de son éxistence. S. Thomas rejette en termes exprès une telle opinion, 1. p. q. 3. art. 1. où ce S. Docteur enseigne, que quand l'Ecriture attribue à Dieu les dimensions de l'étenduë, de telles expressions ne doivent pas être prises dans le sens litteral, qu'elles présentent d'abord à l'Esprit, mais dans le sens spirituel & métaphorique qu'elles renferment sous l'écorce de la lettre. C'est ainsi qu'il explique ce passage de Job chap. 2. *excelsior Cælo est quid facies? Profundior inferno & unde cognosces? Longior terra mensura ejus & latior mari.* Voici donc les paroles du S. Docteur sur ce passage en l'endroit cité. *Dicendum quod Sacra Scriptura tradit nobis spiritualia & divina sub similitudinibus corporalium; unde cum trinam dimensionem Deo attribuit sub similitudine quantitatis corporeæ, quantitatem virtualem ipsius designat, utpote per profunditatem virtutis ad cognoscendum occulta: per altitudinem excellentiam virtutis super omnia: per longitudinem, durationem sui esse: per latitudinem affectum dilectionis ad omnia.* Et quest. 8. art. 2. parlant de l'immensité de Dieu, il dit nettement: *incorporalia non sunt in loco per contactum quantitatis dimen-*

dimensive sicut corpora, sed per contactum virtutis. Par où l'on voit que S. Thomas n'attribue à Dieu les dimensions de l'espace, que dans le sens purement métaphorique, & qu'il étoit par conséquent bien éloigné de concevoir l'immensité de Dieu sous l'idée de cet espace pur, infini & immobile, que nous concevons s'étendre au delà des bornes de l'Univers, espace que S. Thomas appelle toujours imaginaire, parcequ'en effet, il ne subsiste que dans nos idées.

XIX. Dispute de M. Clarke & de M. Leibniz sur ce sujet.

Telle a été pourtant la pensée du Docteur Clarke, & l'on sait que ç'a été un des principaux sujets de sa fameuse dispute avec M. Leibniz. Ses raisonnements, dont ce Philosophe se servit pour combattre son adversaire, pourront peut-être ne pas paroître tous également convainquants; mais il ne paroît pas que le Dr. Clarke ait rien répondu de solide à l'argument tiré de la distinction des parties qu il faudroit reconnoître en Dieu, si l'espace étoit son immensité.

„ Quoique l'imagination, disoit le Dr. Clarke, dans sa qua-
„ triéme replique à M. de Leibniz, puisse en quelque ma-
„ niere concevoir des parties dans l'espace infini; cependant
„ comme ces parties improprement ainsi dites, sont essen-
„ tiellement immobiles & inséparables les unes des autres,
„ il s'ensuit que cet espace est essentiellement simple & in-
„ divisible.

On accorde sans peine au Docteur Clarke, que l'espace supposé infini, ne peut être partagé en deux ou plusieurs parties, dont l'une aille à droite & l'autre à gauche. Mais cette indivisibilité de l'espace qui nait de son infinité, n'empêche pas la distinction réelle de ses parties. Deux choses sont réellement distinctes, quand réellement l'une n'est pas l'autre.

Or il est clair, que la partie de l'espace où est placé le Soleil, n'est pas la même que celle où la Terre est placée. Donc ces parties sont réellement distinguées. Par-là on voit, que la simplicité, que le Docteur Clarke attribue à l'espace, n'est pas une simplicité proprement dite, telle qu'elle devroit convenir à un attribut de la Divinité; mais que c'est plutôt une homo-

homogenéité des parties, telle qu'on la conçoit dans les élements. Ainsi en supposant un corps élementaire qui remplit l'infinité de l'espace, ce corps seroit simple & indivisible dans le même sens que l'espace infini du Docteur Clarke.

XX. Autre raisonnement contre le sentiment du Docteur Clarke.

Les attributs de Dieu sont Dieu même; car tout ce qui est en Dieu est Dieu. Et le Docteur Clarke se trompe assurément quand il avance dans sa troisiéme replique, que l'immensité qu'il reconnoit être une propriété de Dieu, n'est pas Dieu. Donc si l'immensité de Dieu est l'espace formellement étendu, la substance de Dieu est elle-même formellement étenduë. Donc il y aura plus de la substance de Dieu dans le Soleil que dans la Terre; ce qui est manifestement absurde.

XXI. Le vuide selon M. de Muschembrock, est une substance créée. Que cette prétention favorise le systême du plein.

M. de Muschembrock quoique fauteur du vuide, rejette l'opinion du Dr. Clarke chap. 3. §. 88. & pour expliquer de son côté ce que c'est que le vuide, il décide nettement que c'est une substance créée. Une telle prétention est assurément plus favorable au sentiment du plein qu'à celui du vuide. Elle fait voir, premierement, qu'on ne sauroit concevoir l'étenduë que sous l'idée d'une substance; puisque le vuide n'est qu'une pure étenduë; secondement, qu'avant la création, il n'y avoit point d'espace; d'où l'on peut conclure, que comme Dieu a pu créer la substance étenduë du vuide, sans qu'il ait fallu un autre espace antérieur pour la contenir; par la même raison, Dieu a pu créer la substance étenduë des corps, sans qu'il ait été besoin de créer un espace ou une étenduë vuide pour la contenir. Le vuide n'étoit donc pas nécessaire pour contenir les corps; ainsi que le prétend cet Auteur au même chap. §. 86.

XXII. Autre prétention de M. de Muschembrock, qu'on peut avec autant de raison faire consister l'essence du corps dans la pesanteur que, dans l'étenduë.

Les principes sur lesquels nous venons d'établir, que l'étenduë est la substance du corps, sont assez clairs pour fournir des réponses nettes & précises à tout ce qu'on pourroit objecter contre cette maxime fondamentale du systême Cartesien; mais pour la mettre encore dans un plus grand jour, suivons pas à pas M. de Muschembrock: cet Auteur est un de ceux qui ont fait le plus d'efforts pour la combattre. Mais cet examen fera voir que les grands hommes eux-mêmes

sont

ſont foibles, & ne peuvent rien contre la vérité. „ Premie-
„ rement", dit-il, chap. 2. §. 16. quoiqu'en penſant abſtracti-
„ vement à un corps, nous allions juſqu'à ne nous repréſen-
„ ter qu'une ſeule de ſes propriétés ſans faire aucune atten-
„ tion aux autres; il ne s'enſuit pas de là, que cette propriété
„ ſubſiſte par elle-même, où qu'elle peut ſubſiſter comme un
„ Etre ou une ſubſtance ſans les autres propriétés. Car pen-
„ ſer par abſtraction, n'eſt autre choſe que s'arrêter à une
„ ſeule propriété d'une choſe dont l'Eſprit fait choix, en
„ mettant à l'écart toutes les autres propriétés de cette même
„ choſe; mais il ne ſuit pas de là que tout le reſte n'appar-
„ tient pas à cette choſe, ou qu'il ne doit pas lui apparte-
„ nir, parceque nous n'y penſons pas. Cela paroîtra en arran-
„ geant mes penſées dans un autre ordre, ſuivant lequel je
„ ne conſerverai plus d'autre idée, que celle d'une propriété
„ différente de l'étenduë. Si par conſéquent la nature des
„ corps conſiſte dans cette propriété, de laquelle ſeule j'ai
„ conſervé l'idée à l'excluſion des autres, je puis auſſi éta-
„ blir avec autant de raiſon que les Cartéſiens, que l'eſſence
„ du corps conſiſte dans cette propriété; ce qu'on ne man-
„ queroit pas de trouver abſurde. Si après avoir fermé mes
„ yeux, quelqu'un me met dans la main une peſante boule,
„ je ſentirai d'abord par cette peſanteur, que j'ai un corps
„ dans la main, & je dirai toujours que ce corps éxiſte ac-
„ tuellement, tandis que je ſentirai cette même peſanteur.
„ Suppoſons à préſent que je conçoive avec les méchaniſtes,
„ que toute la peſanteur de cette boule eſt réünie dans ſon
„ centre, & que j'aille enſuite me repréſenter que ce corps
„ eſt ſans mouvement, qu'il a perdu ſa force d'inertie, ſon
„ attraction, & enfin ſon étenduë. On ne peut certainement
„ pas me conteſter, que je ne puiſſe me repréſenter la choſe
„ de cette maniere; je conçois cependant juſqu'à préſent que
„ ce corps éxiſte, puiſque je continue toujours à ſentir ſa
„ peſanteur au même point; mais dès que je viens à exclure
„ auſſi de ma penſée ce point de peſanteur, je ceſſe d'avoir

la

„ la moindre idée de ce corps; c'eſt pourquoi, mon eſprit „ ſe borne à ne ſe repréſenter que la peſanteur. Ne pourrois-je „ donc pas conclure, que l'eſſence du corps conſiſte dans la „ peſanteur? Oui certainement. Cependant cette concluſion „ ſeroit fauſſe; puiſqu'elle n'eſt abſolument qu'une ſuite de „ l'ordre de mes penſées: or il eſt clair, qu'il eſt du tout „ impoſſible, que la nature des corps puiſſe jamais dépen- „ dre de l'arrangement de mes penſées.

XXIII. Réponſe fondée ſur une autre objection de M. de Muſchembrock.

Pour répondre ſolidement à cet argument de M. de Muſchembrock, il eſt à propos de le confronter avec un autre raiſonnement du même Auteur ſur le même ſujet. „ Mais on „ peut encore démontrer, dit-il, par d'autres raiſons, que „ l'étenduë ne fait nullement l'eſſence du corps; car comme „ toutes les propriétés d'un triangle & d'un cercle, qui nous „ ſont connues, découlent de leur nature, & qu'elles en ſont „ déduites & démontrées par les Mathématiciens: & comme „ d'ailleurs nous ne connoiſſons point d'autres propriétés de ces „ figures que celles que nous avons déduites de leur nature; „ il faudroit auſſi, que nous puſſions tirer de la nature du „ corps, s'il nous étoit une fois bien connu, toutes ſes pro- „ priétés, & démontrer qu'elles découlent de cette nature, „ & qu'elles en tirent leur origine. Suppoſez donc que la „ nature du corps conſiſte dans l'étenduë: je vous demande, „ comment vous concevez, que l'impénétrabilité, la force „ d'inertie, la mobilité, la peſanteur, & la force d'attrac- „ tion dépendent de cette étenduë, & ſont jointes avec elle. „ Peſez & examinez cela auſſi long-tems qu'il vous plaira, „ & vous ne trouverez pas le moindre rapport entre ces pro- „ priétés & l'étenduë.

Premierement, il n'eſt pas vrai, parlant à la rigueur, que ſi la nature des corps nous étoit une fois bien connue, nous en pourrions déduire toutes ſes propriétés; nous connoiſſons la nature du triangle & du cercle; & cependant, quel eſt le Mathématicien qui puiſſe ſe vanter, d'en avoir déduit toutes les propriétés? Le juſte rapport d'un cercle & d'un triangle, n'a-t-il pas échapé jusqu'ici aux recherches les plus subtiles & les plus assidues des plus habiles Géometres? Pour nous assurer donc que nous connoissons la nature du corps, il suffit que nous en puissions déduire toutes les propriétés du corps que nous connoissons, & que nous n'en puissions connoître aucune qui ne s'en déduise. Or il a été montré ci-dessus, que toutes les propriétés des corps que nous connoissons; savoir, l'impénétrabilité, la figure, la divisibilité, la mobilité, se déduisent naturellement de l'idée de l'étenduë. Et quant aux qualités particulieres des différents corps, quoique nous n'en connoissions distinctement qu'un très-petit nombre, nous savons pourtant qu'elles dépendent toutes de ces qualités premieres, essentielles & générales que nous venons de nommer; c'est-à-dire, que les corps sensibles ne différent entr'eux que par la différente grosseur, figure, mouvement, & situation de leurs parties. Ainsi notre ignorance dans la Physique, ne vient pas de ce que la substance de la matiere ou du corps en général, nous soit entiérement inconnue, mais de ce que nous manquons de moyens pour découvrir la contexture particuliere des différents corps. Mais je soutiens qu'on ne viendra jamais à découvrir une qualité dans les corps, laquelle ne puisse être déduite, ou pour mieux dire, ne doive être déduite de la même idée, d'où découlent l'impénétrabilité, la figure, la mobilité, & la divisibilité, qui sont incontestablement les propriétés les plus essentielles des corps. Autrement il y auroit dans un même sujet, deux essences ou deux substances indépendantes l'une de l'autre. Il est vrai, que l'inertie & l'attraction, telles qu'elles sont conçues par quelques Physiciens, ne peuvent être déduites de l'idée de l'étenduë: mais aussi, peut-on les concevoir avec d'autres Physiciens, aussi-bien que le mouvement actuel, comme des effets de l'action d'une cause extérieure sur la matiere; ainsi que je le prouverai bientôt. Par-là tout s'accorde, & on voit un peu plus clair dans la nature.

Secondement, de ce qu'on vient de dire, il s'ensuit que

lorsque

lorſque les Cartéſiens diſent pour prouver que l'étenduë eſt l'eſſence du corps, qu'en écartant par abſtraction toutes les autres propriétés du corps, on ne laiſſe pas que de retenir l'idée du corps, pourvu qu'on retienne l'idée de l'étenduë; & qu'au contraire, on n'a plus aucune idée du corps, dès qu'on perd de vuë l'idée de l'étenduë, cet ordre de leurs penſées n'eſt pas purement arbitraire, mais qu'il eſt fondé ſur la nature des choſes. De ſorte qu'ils ne font pas dépendre la nature des corps, de l'arrangement de leurs penſées; mais que plutôt ils arrangent leurs penſées ſur la nature des corps.

Mais, troiſiémement, quoique les Cartéſiens ſoutiennent qu'on peut penſer à l'étenduë, ſans penſer diſtinctement aux propriétés qui en découlent, comme on peut penſer à un triangle, ſans penſer que ſes trois angles ſont égaux à deux droits, ils ne prétendent pas pour cela, que l'étenduë puiſſe éxiſter ſans les propriétés qui en dépendent eſſentiellement, non-plus qu'un triangle ne peut éxiſter ſans les propriétés qui lui ſont eſſentielles; mais les Cartéſiens faiſant voir qu'on peut penſer à l'étenduë ſans penſer à ſes propriétés, & qu'au contraire, on ne peut penſer à l'impénétrabilité & aux autres propriétés des corps, ſans penſer à l'étenduë, ils prétendent prouver par cette oppoſition, que l'idée de l'étenduë préſente à l'eſprit le caractere d'une véritable ſubſtance, & que les propriétés des corps dépendent de cette ſubſtance & ſont jointes avec elles.

De là il ſuit, en quatriéme lieu, qu'il eſt faux qu'on puiſſe en arrangeant ſes penſées dans un autre ordre, & écartant l'idée de l'étenduë, conſerver néanmoins encore l'idée de quelque autre propriété du corps que ce ſoit. Cela paroît clairement dans la figure, qui n'eſt qu'une étenduë terminée de toutes parts; dans l'impénétrabilité qui ſuppoſe l'idée d'une étenduë, dans laquelle on ne ſauroit placer une autre étenduë; dans la diviſibilité qui ſuppoſe l'idée des parties de l'étenduë; & enfin, dans la mobilité qui ſuppoſe l'idée d'une choſe qui peut changer de place, & qui par conſéquent doit en occuper une par ſon étenduë.

XXIV. M. de Muſchembrock, confond dans les qualités ſenſibles ce qui appartient à l'Ame avec ce qui appartient au corps.

L'exemple que M. de Muſchembrock tire de l'idée de la peſanteur, eſt hors de propos. Cette peſanteur à laquelle ſon Eſprit ſe borne, après avoir exclu de ſa penſée juſqu'au centre de gravité de la boule qu'il tient en ſa main ; cette peſanteur dis-je, n'eſt plus une propriété du corps ; elle n'eſt que l'effort ou le ſentiment pénible qu'on éprouve en ſoutenant le poids d'un corps ; lequel ſentiment eſt une affection de l'Ame & non une propriété du Corps peſant. Il en eſt de cette peſanteur comme de la chaleur qu'on ſent auprès du feu, comme de la douleur qu'on éprouve, quand on nous enfonce une épingle dans le doigt. Si on écarte l'idée des particules du feu & de leur mouvement, pour ne s'arrêter qu'au ſentiment de chaleur qu'on éprouve, cette chaleur eſt un ſentiment de l'Ame & non une qualité du feu. Si on écarte de ſa penſée l'idée de l'épingle enfoncée dans le doigt & de l'effet qu'elle produit dans les fibres qu'elle déchire pour ſe borner uniquement à la douleur qu'on ſent, on ne retient plus l'idée du corps qui pique. Et il ne ſerviroit de rien de dire, que pendant qu'on ſent la peſanteur de la boule, on eſt averti par cela même de ſon éxiſtence, comme on eſt averti par la chaleur de l'éxiſtence du feu qui nous échaufe, par la douleur de l'éxiſtence de l'épingle qui nous pique : car dès-lors on ne ſe borne plus à penſer préciſément aux ſentiments de peſanteur, de chaleur & de douleur dont on eſt affecté à l'occaſion de ces choſes ; mais de plus, on penſe à la boule qui cauſe la peſanteur, au feu qui cauſe la chaleur, à l'épingle qui cauſe la douleur. Aſſurément on ne peut être *averti* actuellement de l'éxiſtence d'une boule ſans penſer à cette boule ; ni de l'éxiſtence du feu, ſans penſer au feu ; ni de l'éxiſtence d'une épingle, ſans penſer à une épingle. Le ſentiment de peſanteur ſert à réveiller l'idée de l'éxiſtence de la boule qui peſe, mais il n'eſt pas formellement l'idée de cette éxiſtence ; & ainſi des autres choſes. On voit par là que M. de Muſchembrock a confondu dans les qualités ſenſibles des Corps, ce qui eſt une affection de l'Ame, avec ce qui eſt véritablement une propriété du Corps.

„ Tout ce que nous connoiſſons des corps, reprend cet „ Auteur, nous devons l'apprendre par le ſecours de nos ſens „ éxterieurs : or nos ſens ne nous font connoître que la ſurface „ des corps; car à l'aide des yeux, nous découvrons ſeulement „ la ſurface, nous ne faiſons que la toucher par le moyen du „ tact. Mais qu'eſt-ce qui ſe trouve renfermé au dedans de „ cette ſurface? Certainement ce doit être cela même qui „ conſtitue proprement le corps. Or qu'eſt-ce que cela? C'eſt „ ce que nous ignorons tous.

XXV. Selon M. de Muſchembrock, nous ne connoiſſons pas la ſubſtance des corps; parceque nous ne pouvons pas l'appercevoir par nos ſens extérieurs.

XXVI. Réponſe.

Je réponds, que ce qui eſt au dedans de la ſurface des corps, eſt préciſément de même nature que cette ſurface qui en eſt l'écorce extérieure. En voyant une ſurface, nous ne voyons qu'une étenduë en longueur & largeur; car la couleur, on en convient aujourd'hui, n'appartient pas au corps; en touchant une ſurface nous touchons une étenduë impénétrable, ce qui eſt au dedans eſt de même nature, c'eſt le reſte de cette étenduë impénétrable, qui s'étend non ſeulement en longueur & en largeur, mais auſſi en profondeur. Si on prend une lame de plomb extrêmement mince & deliée, & qu'on la réduiſe enſuite en une maſſe cubique, une grande partie de ce qu'on découvroit auparavant dans la ſurface, par les yeux & par le tact, ſe trouvera caché au dedans de la ſurface : en devient-il pour cela moins connoiſſable? Si M. de Muſchembrock prétend que nous ne connoiſſons pas la contexture particuliere des parties qui conſtituent l'or ou le plomb; je lui réponds que nous ne découvrons pas non plus cette contexture dans la ſurface, ni par les yeux, ni par le tact; & que d'ailleurs, il ne s'agit pas ici de ce qui fait la différence eſſentielle de l'or & du plomb; mais de ce qui fait comme la ſubſtance fonciere de l'un & de l'autre.

Enfin, dira-t-on, l'expérience ne nous force-t-elle pas de reconnoître dans la matiere une force d'inertie, & une force d'attraction? Ces forces ne peuvent pourtant ſe déduire de l'idée de l'étenduë, donc l'étenduë n'eſt pas la ſubſtance intime de la matiere, ou du corps en général.

XXVII. Ce que c'est que la force d'inertie dans la matiere.

L'expérience nous apprend qu'un corps perd toujours de son mouvement, quand il en communique quelque partie à un autre corps. Mais qu'il y ait dans le corps une force proprement dite, par laquelle il résiste au mouvement d'un autre corps, c'est ce que l'expérience n'apprend pas : bien loin de là, on peut prouver, qu'on ne sauroit admettre dans les corps une force proprement dite de communiquer le mouvement, ou d'y résister sans contredire ouvertement, ou les notions les plus claires, ou les expériences les plus constatées. Des corps doués de telles forces qui agiroient les uns contre les autres, étant des causes nécessaires, c'est une notion évidente par elle-même, que leur action devroit toujours être proportionnelle à la force avec laquelle ils agiroient. D'un autre côté, l'expérience fait voir, que dans la composition des mouvements, deux corps perdent plus de mouvement, qu'ils n'en communiquent, & qu'au contraire, dans la décomposition des mouvements, un corps en communique plus qu'il n'en perd. Donc si la communication des mouvements dependoit d'une force proprement dite qui fut dans les corps, soit pour le communiquer, soit pour y résister, l'effet ne répondroit pas toujours à la force avec laquelle les corps agiroient les uns contre les autres; mais il arriveroit au contraire, que l'effet seroit tantôt moindre & tantôt plus grand que sa cause. La communication du mouvement dans les corps, ne dépend donc que des Loix pleines de sagesse, selon lesquelles, l'Auteur de la Nature pour éxécuter ses propres Decrets, l'entretient & le régle dans les corps par une action immédiate, libre & toute-puissante.

XXVIII. De l'attraction. Doctrine de M. de Muschembrock.

Quant à l'attraction, l'expérience apprend aussi, que quand deux corps sont placés à une certaine distance l'un de l'autre, ils s'approchent réciproquement, & s'attachent ensuite fortement l'un à l'autre; mais qu'un tel effet soit produit par une force d'attraction proprement dite, c'est ce que l'expérience n'apprend pas. Les Partisans de l'attraction, qui prétendent que „ tout ce que nous connoissons des corps, nous devons l'appren-

„ l'apprendre par le fecours de nos fens extérieurs. Ont-ils jamais apperçu une telle force d'attraction dans les corps par aucun de leurs fens? Je montrerai plus bas dans mes réponfes à M. Locke, que fi l'on devoit admettre dans la nature une attraction diftinguée de l'impulfion, cette attraction ne pourroit être non plus que l'impulfion, qu'un effet de l'action immédiate de Dieu ; avec cette feule différence, que la rencontre des corps n'en feroit pas l'occafion. Cependant qu'il me foit permis, avant que de quitter ce fujet, de faire une courte réflexion fur la maniere de raifonner de quelques fameux Philofophes, qui défendent l'attraction proprement dite. M. de Mufchembrock tom. 1. chap. 1. §. 5. établit comme une Loi générale de la nature, „ que tout changement que „ nous voyons furvenir aux corps, n'arrive que par le moyen „ du mouvement. Soit, comme il l'explique enfuite, qu'un tel mouvement foit fenfible, foit qu'il provienne d'une matiere invifible, telle que l'air, ou le feu qui environnent les corps, les pénétrent & en agitent infenfiblement les parties. D'un autre côté, le même Auteur parlant chap. 18. de la vertu attractive des corps, & en particulier de l'Aimant, auquel il ne manque pas d'attribuer une telle vertu, rapporte cette obfervation déja ancienne & commune, que „ le fer fe change „ en Aimant, après être refté dans la même place fans fe „ mouvoir pendant un grand nombre d'années, & fans avoir „ été rongé par la rouille. Il rapporte même d'après M. du Fay, une obfervation tout-à-fait finguliére fur ce même fujet, elle ne fera peut-être pas ici hors de place, quand ce ne feroit que pour égayer la matiere. „ On voit, dit-il, fur une Tour de „ Marfeille une groffe Cloche, laquelle fe meut fur une groffe „ barre de fer, qui tourne des deux côtés dans une pierre „ molaffe : cette barre eft pofée de niveau, & s'étend d'Orient „ en Occident, & autant qu'on peut s'en affurer par certaines „ remarques, tout cela doit avoir éxifté de cette maniere, il „ y a 420 ans (le livre de l'Auteur eft imprimé en l'an 1739.) „ il s'eft amaffé aux deux extrêmités de cette barre & de cette pierre,

„ pierre, une eſpece de rouille épaiſſe, compoſée des particu-
„ les qui ſe ſont détachées de la pierre & du fer, & de l'huile
„ avec laquelle on a graiſſé la barre, à quoi ſe ſera auſſi atta-
„ ché le ſel volatile répandu dans l'air: il s'eſt formé de tout
„ cela une maſſe, qui étant tombée de la pierre, poſſede
„ une grande vertu magnétique diſtribuée dans toutes ſes
„ parties.

XXIX. Conſéquence de cette Doctrine contre l'attraction.

Le principe & les obſervations de M. de Muſchembrock ſuppoſées, je raiſonne ainſi. Le Fer qui ſe change en Aimant après être reſté dans la même place, ſubit un changement, puiſqu'il acquiert la vertu attractive qu'il n'avoit pas auparavant; & cette nouvelle vertu eſt un effet de ce changement intérieur arrivé dans le Fer. Or un tel changement, ſelon la Loi générale établie ci-deſſus par M. de Muſchembrock, ne peut être cauſée que par le mouvement d'une matiere ſubtile qui environne le Fer, le pénétre, & donne à ſes parties un nouvel arrangement par le mouvement qu'il leur imprime. C'eſt donc du changement de contexture dans le Fer, & d'une cauſe purement méchanique, que dépend la vertu magnétique que le Fer acquiert: Ce n'eſt donc pas une vertu d'attraction proprement dite; laquelle doit être indépendante de la figure & du mouvement des parties du corps; puiſque ſelon ſes fauteurs, c'eſt une propriété auſſi eſſentielle à la matiere, que l'étenduë ou la diviſibilité.

XXX. Doctrine de M. Neuton. Conſéquences de cette Doctrine contre l'attraction proprement dite.

Tous les Philoſophes conviennent, que c'eſt l'ignorance, où nous ſommes de la véritable cauſe de certains effets naturels, qui les fait attribuer, par ceux qui font profeſſion de vouloir tout expliquer, à des qualités occultes qu'ils ſuppoſent réſulter de la forme ſpécifique des choſes. Cette méthode eſt hautement deſapprouvée par M. Neuton ſur la fin de ſon traité d'Optique. Il y propoſe la force d'inertie & la force d'attraction, non comme des qualités occultes qui réſultent de la forme ſpécifique, ou ce qui revient au même de l'eſſence des corps, mais comme des Loix générales, ou des principes généraux de mouvement. On voit par là, que les Neutoniens qui font

de

de l'attraction une propriété intrinseque & essentielle de la matiere s'eloignent du sentiment de leur maître, & tombent dans les absurdités qu'il reproche lui-même aux Aristoteliciens. S'ils disent que l'inertie, la gravité & l'attraction ne sont pas des qualités occultes dans les corps, mais des qualités manifestes; je leur demande s'ils entendent que ces qualités sont manifestes quant à leurs effets, ou s'ils veulent de plus qu'elles soient manifestes quant à la force qui produit ces effets. On ne doute pas que les effets de l'inertie, de l'attraction, de la gravité ne soient manifestes; on les expérimente à tout moment: mais prétendre qu'il y ait dans les corps une force proprement dite, d'inertie, une force de gravité & d'attraction, qui fasse que les corps s'attirent réciproquement, & qui produise les effets manifestes que nous voyons; c'est admettre dans les corps, des qualités qu'on suppose causes des effets manifestes, & qui ne sont pas elles-mêmes certainement manifestes; & c'est ce que M. Neuton condamne: prétendre que de telles qualités sont manifestes aussi bien que les effets qu'on leur attribue, c'est heurter visiblement le bon sens, & c'est de plus contredire ouvertement l'autorité de M. Neuton, qui dit en termes exprès, ,, que ce ,, qu'il appelle attraction, peut être produit par impulsion ,, ou par d'autres moyens inconnus; qu'il n'emploie ce mot ,, que pour signifier en général une force quelconque, par ,, laquelle les corps tendent les uns vers les autres, quelle ,, qu'en soit la cause; & c'est pour cela que M. Neuton se réduit enfin à ne proposer cette attraction, que comme une loi générale, ou un principe général de mouvement. Enfin s'ils disent que ce principe de mouvement est dans la matiere, ou soit dans les corps, il faudra qu'ils reconnoissent que la gravité résulte de la forme spécifique de la matiere ou du corps en général; & que les différentes attractions qu'on remarque dans les différents corps, comme dans l'Aimant, dans les corps huileux &c., qui agissent selon des loix si différentes, résultent de la forme spécifique de ces différents corps;

& c'eſt encore ce que M. Neuton condamne ; c'eſt reprendre ces qualités occultes, qui ſelon lui arrêtent le progrés de la Philoſophie naturelle, & qui pour cela ont été rejettées dans ces derniers tems: c'eſt reprendre en un mot le principe fondamental du ſyſtême Ariſtotelicien, que l'eſſence des corps naturels, eſt le principe de leur mouvement & de leur repos : *Natura eſt principium motus, & quietis &c.*

D'où vient donc que les Philoſophes ſont ſi portés à introduire de ſemblables qualités dans la Phyſique: c'eſt, comme on vient de le remarquer, l'envie & l'impoſſibilité de tout expliquer qui les y entraine; & c'eſt ce qui fait voir, que ceux qui reprochent au Cartéſianiſme l'orgueilleuſe préſomption de prétendre de tout connoître, ne ſont pas exemts de ce défaut, avec cette différence que les Cartéſiens ne ſuivent que les idées toujours claires du Méchaniſme, au lieu que leurs adverſaires ſe font un plaiſir de s'enfoncer dans l'obſcurité des qualités, qu'ils veulent défendre à quelque prix que ce ſoit, quoiqu'ils avouent quelquefois qu'elles ſont inintelligibles.

XXXI. Regle générale pour écarter de la Phyſique les qualités occultes.

Mais pour déraciner de la Phyſique ces ſortes de qualités, qui l'ont ſi étrangement défigurée, & empêcher qu'elles n'y repullulent, ne pourroit-on pas propoſer cette regle générale pour l'explication des effets naturels: ſavoir: que tout effet que l'on remarque dans les corps, & que l'on conçoit pouvoir être produit par une cauſe extérieure, quoiqu'on ne connoiſſe pas diſtinctement qu'elle eſt cette cauſe, ne doit jamais être attribué à une qualité intrinſeque des corps, dans leſquels on obſerve cet effet. Cette regle eſt fondée ſur les notions claires de la ſubſtance & des facultés d'un ſujet, telles qu'on les a expliquées cideſſus. Mais on peut encore mieux l'éclaircir par des exemples. On remarque viſiblement que la flamme s'élance continuellement du centre à la circonférence. Il n'y a pas longtems que la véritable cauſe de cet effet a été inconteſtablement démontrée. On ſait que les anciens Philoſophes

l'ont

l'ont attribuée à une tendance naturelle qu'ils ſuppoſoient dans le feu de bas en haut ; cependant ils concevoient qu'un tel mouvement pouvoit être produit par une cauſe extérieure, qui pouſſât la flamme de bas en haut. Voici comme Ciceron s'en explique dans ſon premier livre des Tuſculanes. Après avoir dit que des quatre Elements, deux tendent au centre, & deux à la circonférence, il ajoute ces mots: *Sive ipſa natura ſuperiora appetente, ſive quod a gravioribus leviora natura repellantur*. Ciceron concevoit donc que le mouvement de la flamme pouvoit naître ou d'une tendance naturelle qui fût en elle, ou de l'action d'une cauſe extérieure qui la pouſſât du centre à la circonférence. Cela poſé, il devoit ſelon la regle propoſée, rejetter conſtamment la tendance naturelle, & poſer pour certain que ce mouvement étoit produit par cette cauſe extérieure; quoiqu'il ignorât quelle elle étoit préciſément, & comment elle agiſſoit ſur la flamme. Ainſi en attendant que l'expérience eût découvert cette cauſe, comme elle a été depuis découverte, il auroit écarté de la Phyſique une de ces qualités occultes, que la vérité fait toujours diſparoître, dès qu'elle vient à être connue.

XXXII. De la cauſe de la peſanteur.

Comme on ignoroit autrefois, pourquoi la flamme ſe meut du centre à la circonférence, on ignore peut-être encore aujourd'hui pourquoi au contraire une pierre tend de la circonférence au centre. On conçoit que cet effet pourroit être produit par une tendance naturelle de la pierre, ou bien par une cauſe extérieure qui pouſſât la pierre de la circonférence au centre. M. Neuton lui-même reconnoit, liv. 3. de ſon traité d'Optique queſt. 21. qu'un milieu ètheré extrêmement élaſtique ſuffit pour pouſſer les corps avec toute cette puiſſance, que nous appellons gravité. Il reconnoit, queſt. 18. 19. 20. que ce milieu ètheré peut auſſi produire les réfractions & les réflexions de la lumiere; ce qu'il confirme à la fin de la queſtion 29. Cela poſé, je dis ſelon la même regle, qu'on ne doit pas balancer à rejetter la tendance naturelle, ou l'attraction proprement dite, & à reconnoître que ces effets sont produits par l'action d'un milieu; quoiqu'on ignore peut-être encore la nature de ce milieu élastique, & la maniere dont il agit sur les corps, comme on ignoroit du tems de Ciceron, la nature du milieu qui agit sur la flamme, & la pousse du centre à la circonférence.

XXXIII. De la cause de l'élasticité.

Il en est de même de l'élasticité; on peut l'attribuer, si l'on veut, à une force naturelle & intrinseque de répulsion. Mais pourtant l'on conçoit qu'elle peut provenir de l'action ou de la pression d'un fluide extrêmement subtil & agité. On ne doit donc pas non plus balancer. La regle proposée nous conduit à la pression du fluide; & l'expérience confirme ce sentiment. L'eau en se raréfiant devient élastique. La cause qui produit la raréfaction, est certainement une matiere subtile & extrêmement agitée qu'on appelle *feu*. Ce même fluide est donc aussi la cause de l'élasticité, que l'eau acquiert en se raréfiant. On conçoit nettement qu'en comprimant l'eau que le feu raréfie, on met un obstacle à l'action du feu, qui par son mouvement écarte les particules de l'eau en les poussant de toutes parts; l'action du feu tend donc à surmonter & à repousser cet obstacle. En faut-il davantage pour l'élasticité?

Je n'apporte pas d'autres exemples, pour n'être pas trop diffus. Mais, si l'on veut prendre la peine de faire une application de cette regle à toutes les qualités occultes de la Physique ancienne, reconnues aujourd'hui pour fausses & inutiles; on reconnoitra aisément qu'elles sont toutes détruites par la regle que je viens de proposer. Cette même régle nous oblige à chercher ailleurs que dans la matiere, le principe de son mouvement actuel, & nous fait ainsi remonter jusqu'à l'auteur de la nature, qui, comme le dit fort bien le Docteur Clarke, 2. replique à M. Leibniz, met continuellement en éxécution par sa puissance le dessein qu'il a formé dès le commencement par sa sagesse.

Après

Après avoir montré que l'idée de l'étenduë est l'idée d'une véritable substance, & que c'est de cette idée que découlent toutes les propriétés que nous connoissons dans les corps, il est aisé de déterminer ce que c'est précisément que l'idée de l'espace pur, que quelques gens font valoir comme une preuve incontestable de son éxistence; & ensuite quelle idée on doit attacher à ce mot de matiere premiere, ou de matiere en général, pour ne pas s'éloigner des principes de la saine Philosophie.

XXXIV. Idée de l'espace pur.

L'idée de l'espace pur, n'est autre que l'idée de l'étenduë, considérée simplement selon sa longueur, sa largeur & sa profondeur, sans aucun égard à l'impénétrabilité, & aux autres propriétés qui en découlent. Cette idée ainsi abstraite, nous représente l'étenduë de l'Univers, comme denuée de toute qualité, & nous la fait concevoir comme un espace pur, qui s'étend d'une maniere uniforme au de là de toutes les bornes, que notre imagination peut lui prescrire; & cela par les raisons que j'ai alleguées dans ma défense du sentiment du P. Malebranche, sur la nature des idées. De là venant à considérer les corps sensibles qui composent l'Univers, ils nous paroissent fort différents de cette étenduë abstraite; & nous jugeons qu'ils sont placés dans cette étenduë, parceque nous la concevons comme fixe & immobile; au lieu que nous voyons les corps sensibles changer continuellement de place; or ce jugement vient de ce que nous ne songeons pas, que l'idée de ce prétendu espace, n'est autre qu'une idée abstraite de l'étenduë, en tant qu'elle est une propriété commune à tous les corps qui composent cet Univers; & qu'ainsi elle nous doit paroître dépouillée de toute qualité sensible, & de plus, uniforme, fixe, & immobile. Mais réellement chaque corps en particulier fait partie de cette étenduë considérée *in concreto*, & ainsi chaque corps est à lui-même son propre lieu intérieur: mais cela n'empêche pas qu'on ne puisse considérer l'étenduë abstraite comme un espace pur, uniforme, & immobile, qui renferme tous les

corps

corps sensibles, & par rapport au point fixe, duquel nous concevions que les corps se meuvent & changent de place. Ce n'est qu'en ce sens qu'on doit entendre ce que je répéte souvent en cet ouvrage; qu'il est essentiel à tout corps d'occuper une place dans l'espace: que le mouvement n'est que l'éxistence du corps en différentes parties de l'espace successivement &c,; je me suis accommodé ainsi aux suppositions ou aux expressions de ceux, dont je combats les sentiments pour le faire avec plus de force, & tirer de ces suppositions mêmes, de quoi démontrer la fausseté de leurs principes.

XXXV. Idée de la matiere premiere.

L'idée de la matiere premiere, c'est l'idée de cette même étenduë en longueur, largeur & profondeur, considérée de plus, comme impénétrable & divisible en parties parfaitement homogenes: dans cette vaste étenduë qui constitue la matiere premiere, on peut donc concevoir comme une infinité de très petites particules, toutes distinctes les unes des autres, & de toutes sortes de figures. On conçoit que ces particules peuvent devenir extrêmement dures ou cohérentes; quelque soit la cause de leur dureté; qui sera, selon les différents systêmes, ou la compression du reste de la matiere, considérée dans un état de parfaite fluidité, ou les mouvements conspirants, selon la pensée de M. Jean Bernouilli dans sa nouvelle Physique celeste; ou enfin, si l'on veut, une loi d'attraction; quoiqu'il ne paroisse pas que celle-ci puisse avoir lieu dans le systême du plein. Ces particules de différente figure, étant ainsi devenues extrêmement dures, pourront s'attacher & s'unir les unes aux autres, & former, par leurs divers arrangements, des corpuscules essentiellement différents les uns des autres. Ces corpuscules qui peuvent être aussi d'une dureté à ne pouvoir être divisés par aucune force naturelle que ce soit, seront donc autant de petits corps élementaires, dont l'assemblage formera les élements sensibles, tels que l'eau, le sable, le limon, l'huile & tous les corps qu'il plaira aux Physiciens de regarder comme simples & élementaires. Enfin des différentes combinaisons de ces

ces corps élementaires entr'eux, on conçoit que naiſſent tous les corps mixtes, tels que les animaux, les végétaux &c. Ainſi tous les corps ſont compoſés d'une même ſubſtance, c'eſt-à-dire, de l'étenduë impénétrable en longueur, largeur & profondeur : malgré l'homogenéité de cette ſubſtance, ils différent eſſentiellement entr'eux, par les divers arrangements & la différente contexture des particules de cette ſubſtance homogene. L'or & l'argent ne différent que par la groſſeur, la figure, la liaiſon, la denſité des particules dont ils ſont compoſés. Mais ces particules ſont ſubſtantiellement de même nature.

Tel eſt le fondement de la Phyſique moderne, on ne peut reconnoître dans les corps une différence véritablement ſubſtantielle & indépendante des affections qu'on appelle méchaniques, ſans en revenir aux formes ſubſtantielles, ou à quelque choſe de ſemblable. C'eſt là pourtant où quelques nouveaux Philoſophes, dont les écrits ſont d'ailleurs ſi eſtimables par la politeſſe & le bon gout, voudroient encore nous ramener aujourd'hui.

M. de Voltaire dans ſon traité de Métaphyſique, qui a paru à la tête de ſes élements de la Philoſophie Neutonienne de l'édition de Londres 1741., eſt obligé de reconnoître que Neuton penſoit à peu près comme Deſcartes ſur la matiere premiere ; mais en même tems il a ſoin de faire remarquer que ce n'eſt pas le raiſonnement comme Deſcartes, mais une fauſſe expérience de Boyle, qui l'avoit conduit à ce ſentiment ; & que s'il n'eût pas été trompé, en croyant après Boyle, que l'eau ſe change en terre, il eſt à croire qu'il auroit penſé tout autrement ; „ puiſqu'il ne formoit jamais de „ jugement qui ne fût fondé ou ſur l'évidence des Mathé- „ matiques, ou ſur l'expérience. Pour moi, je trouve dans M. Neuton, le ſyſtême de la matiere premiere établi de telle ſorte, qu'il ne paroit pas que ce ſoit la ſeule expérience de Boyle qui l'y ait conduit, & qu'il eût dû par conſéquent rejetter ce ſyſtême, s'il étoit venu à découvrir la fauſſeté

de

de cette expérience. Mais quoiqu'il en soit, est-il bien décidé qu'on ne puisse former de jugement certain, qui ne soit fondé sur l'évidence des Mathématiques ou sur l'expérience? N'y a-t-il donc point d'autre principe qui puisse éclairer l'Esprit, & le conduire de raisonnement en raisonnement dans la recherche des vérités, qui sont hors de la sphére des Mathématiques & de l'expérience? Si cela est, il ne faudra plus compter parmi les sciences, ni la Métaphysique, ni la Morale. Et cependant on a cru jusqu'ici que c'étoit à la Métaphysique à répandre la lumiere jusques sur les principes mêmes de la Géometrie. Mais voyons un peu s'il y a toujours bien de la justesse dans les raisonnements de ceux, qui ne veulent former de jugement qui ne soit fondé ou sur l'évidence des Mathématiques, ou sur l'expérience.

XXXVI. Premiere objection contre la matiere premiere, qu'on ne peut s'en former aucune idée.

„ Qu'est ce qu'une matiere premiere, dit M. de Voltaire; „ qui n'est rien des choses de ce monde, & qui les produit „ toutes? C'est une chose dont je ne puis avoir aucune idée, „ & que par conséquent je ne dois point admettre. Il est „ bien vrai que je puis me former en général, l'idée d'une „ substance étenduë, impénétrable & figurable, sans déter„ miner ma pensée où à du sable, où à du limon, où à de „ l'or &c.; mais cependant ou cette matiere est réellement „ quelqu'une de ces choses, ou elle n'est rien du tout. De „ même je puis penser à un triangle en général, sans m'ar„ rêter au triangle équilateral, au scalene, à l'isoscele. „ Mais il faut pourtant qu'un triangle qui éxiste, soit l'un „ de ceux-là. Cette idée seule bien pesée, suffit peut-être pour „ détruire l'opinion d'une matiere premiere.

XXXVII. Réponse.

On ne doit pas dire que la matiere premiere ne soit rien des choses de ce monde, elle est au contraire toutes les choses de ce monde; j'entends du monde corporel, puisque tous les corps sont composés de cette matiere premiere; qu'ils ne sont que des masses de cette matiere, qui ne différent entr'elles que par les divers arrangements de leurs parties. Cette matiere premiere pourroit même éxister actuellement

sans

ſans être ni ſable, ni or, ni limon &c. : alors ce ſeroit, comme le dit fort bien M. de Gamaches, ce que les Philoſophes entendent communément par le nom d'eſpace, mais un eſpace doué de toutes les propriétés qui lui conviennent eſſentiellement, comme à une choſe poſitivement étenduë, c'eſt-à-dire un eſpace impénétrable, & diviſible en parties parfaitement homogenes. La comparaiſon que fait M. de Voltaire entre une telle étenduë en général, & un triangle en général n'eſt pas juſte. L'équivoque de ce terme, *en général* lui a impoſé. L'idée du triangle en général eſt une idée abſtraite : l'idée de la matiere en général, ou de la matiere premiere n'eſt pas une idée abſtraite, mais l'idée d'une matiere homogene & réelle, dont tous les corps ſont compoſés. Il en eſt de la matiere premiere par rapport à l'or, au ſable, au limon &c., comme de l'idée du fer par rapport à une horloge, à une ſerrure, à une ſcie, à un coffre &c. le fer eſt comme la matiere premiere de ces ouvrages de l'art. Le fer en un ſens n'eſt ni une horloge, ni une ſerrure, ni une ſcie &c., & en un autre ſens, il eſt toutes ces choſes; car ces différentes choſes ne ſont que le fer même arrangé d'une telle ou telle façon. Tous les corps naturels ne ſont que les ouvrages de l'art, ou de la ſageſſe du Créateur agiſſant ſur la matiere. C'eſt en ce ſens que Platon a défini la nature: *Ars Dei in materia*. C'eſt en façonnant les différentes parties de la matiere homogene ſelon les deſſeins de ſa ſageſſe, que le Divin Ouvrier en a tiré toutes les productions de la nature. Et cela ſoit qu'il ait créé premierement la matiere dans cet état de parfaite homogenéité, & qu'enſuite il en ait arrangé les différentes parties, ſelon qu'il a jugé à propos, ſoit qu'il l'ait créée toute partagée en différents amas, & avec ces divers arrangements qui conſtituent les différents corps. Car l'un & l'autre lui étoit égal. Tout ainſi qu'on conçoit qu'en voulant créer une horloge, il auroit pu commencer par créer la matiere, dont il auroit voulu qu'elle fût compoſée, & lui donner enſuite l'arrangement convenable pour en faire une horloge; ou bien créer tout d'un coup cette matiere dans l'arrangement qu'elle doit avoir pour constituer une horloge.

L'Illustre Auteur du spectacle de la nature dans son histoire de la Physique expérimentale, Entretien VIII. trouve *admirables* les Philosophes, qui admettent une matiere premiere (ce sont pourtant de son aveu tous les Philosophes qui ont jamais été) *de chercher l'analyse de l'or, & de le réduire en ses principes pour les pousser jusqu'à la matiere premiere. Autant vaudroit, ajoute-t-il, analyser des fleurs au fourneau des Chymistes dans, l'espérance de trouver en derniere décomposition une fleur en général au fond du récipient.* Quelque brillante que soit cette comparaison d'une fleur en général avec la matiere premiere, on sent bien qu'elle n'est pas plus juste que celle que M. de Voltaire a tirée du triangle en général: & la même réponse peut bien suffire pour détruire l'impression, que ces sortes de traits font ordinairement dans l'esprit des Lecteurs, qui pour la plupart sont plus frapés de ce qui éblouit l'imagination, que de ce qui éclaire l'entendement.

XXXVIII. Seconde objection; qu'en remuant au hazard la matiere on en pourroit former des corps organisés.

„ 2. Dit M. de Voltaire, si la matiere quelconque mise en „ mouvement suffisoit pour produire ce que nous voyons sur „ la terre, il n'y auroit aucune raison pour laquelle de la „ poussiere bien remuée dans un tonneau, ne pourroit pro„ duire des hommes & des arbres, ni pourquoi un champ „ semé de bled, ne pourroit pas produire des Baleines & des „ Ecrevisses au lieu de froment.

XXXIX. Réponse.

Tous les ouvrages de l'art, quelques merveilleux qu'ils soient, ne s'éxécutent pourtant qu'avec de la matiere & du mouvement. C'est par le mouvement qu'un ouvrier coupe & retranche les parties superflues d'une masse de matiere, pour en faire les piéces qui doivent composer sa machine; & c'est par le mouvement qu'il les assemble dans la juste disposition, où elles doivent être pour former un seul tout, qui réponde à l'unité du dessein qui a reglé son action. Cette vérité supposée, si un homme qui n'auroit d'autre idée de de la conſtruction de ces machines ingénieuſes, qui malgré leur ſimplicité, ne laiſſent pas que de renfermer un nombre prodigieux de parties, dont la liaiſon réciproque plus admirable encore que la ſtructure de chacune en particulier, ne pourroit être devinées que très difficilement par un habile Méchanicien, qui les verroit deſaſſemblées & diſperſées confuſément ſur une table: tels que ſont, par exemple, les Tableaux mouvants du fameux Pere Sebaſtien, qui a ſu imiter, ſelon la judicieuſe remarque de M. Fontenelle, d'aſſez près le Méchaniſme des Animaux par l'art merveilleux de réduire en un petit eſpace un grand nombre d'organes, qui produiſent de grands effets; ſi, dis-je, un homme qui n'auroit d'autre idée de la conſtruction, ſinon qu'elle eſt compoſée d'une certaine matiere arrangée par le moyen du mouvement, s'aviſât ſérieuſement de prendre une certaine quantité de cette matiere, de la couper, de la remuer & d'en aſſembler au hazard les différentes parties, dans l'eſpérance de rencontrer enfin une conſtruction parfaitement ſemblable à celle d'un tableau mouvant du P. Sebaſtien, que devroit-on penſer de la conduite de cet homme? Or peut-on s'imaginer qu'il fût plus aiſé de rencontrer la conſtruction d'un arbre ou d'un cheval, en remuant de la pouſſiere dans un tonneau? M. de Voltaire avoue dans ce même chapitre que les mêmes ſels, les mêmes ſoufres, en un mot les mêmes Elements qui forment le bled par un certain arrangement, forment auſſi, mais par un autre arrangement, notre ſang, nos chairs, & tout ce que nous ſommes quant au corps. Qu'il diſe donc pourquoi une certaine quantité de ces ſels, de ces ſoufres &c. en un mot une certaine quantité de farine bien remuée dans un tonneau, ne produiroit pas le ſang & les chairs d'un animal? Mais qui ne voit que ſi pour éxécuter les ouvrages de l'art, le mouvement qu'on imprime à la matiere ne doit pas être un mouvement quelconque, un mouvement aveugle, mais qu'il doit être reglé & meſuré ſelon certaines loix, qui portent toujours le caractere d'une intelligence plus

P 2 ou

ou moins étenduë; les ouvrages de la nature infiniment supérieurs aux ouvrages de l'art par le nombre, la varieté, la délicateſſe, & la préciſion de leurs parties, par cette infinité de combinaiſons & de rapports des unes avec les autres, qui ſe réduiſent enfin à l'unité la plus juſte & la plus reguliére, ne peuvent donc être formés que par le moyen d'un mouvement reglé ſur des loix qui portent le caractére d'une ſageſſe abſolument infinie.

XL. Que la détermination des eſpeces s'accorde parfaitement avec l'idée d'une matiere premiere & homogene.

,, Quand donc M. de Voltaire ajoute que puiſqu' aucun ,, mouvement, aucun art n'a jamais pu faire venir des poiſ- ,, ſons au lieu de bled dans un champ, ni des nefles au ,, lieu d'un agneau dans le ventre d'une brebis, ni des ro- ,, ſes au haut d'un chêne, ni des ſoles dans une ruche ,, d'abeilles &c.; on en doit conclure que toutes les eſpeces ,, ont été déterminées par le Maître du monde, qu'il y a ,, autant de deſſeins différents qu'il y a d'eſpeces différentes, ,, & que de la matiere & du mouvement il ne naîtroit ,, qu'un cahos éternel ſans ces deſſeins; tout ce qu'il dit là eſt vrai, mais tout auſſi s'accorde parfaitement avec nos principes ſur la matiere premiere & le mouvement. Quand nous diſons que tous les corps ſont compoſés d'une même matiere, & qu'ils ne différent entr' eux que par les divers arrangements des parties de cette matiere, nous ne prétendons pas qu'un mouvement aveugle ſoit la cauſe efficiente de ces divers arrangements. Bien loin de-là, nous ne reconnoiſſons aucune efficience proprement dite dans le mouvement: nous ne le regardons que comme une paſſion dans la matiere; & comme nous penſons qu'il n'y a que celui qui donne & conſerve l'Etre à la matiere, qui puiſſe lui imprimer le mouvement: nous croyons auſſi que cet Etre infiniment puiſſant & infiniment ſage regle tous les mouvements, & tous les arrangements qu'il donne à la matiere ſur les deſſeins éternels de ſa ſageſſe. J'avoue que dès le commencement du monde, Dieu a déterminé ſur autant de deſſeins & de plans particuliers, ſelon notre maniere de concevoir, l'orgal'organiſation particuliere de toutes les eſpeces d'animaux & de plantes, dont il a voulu enrichir & parer la nature ; mais puiſque M. de Voltaire convient que les mêmes Elements différemment arrangés dans le bled & dans notre corps forment l'un & l'autre, il faut auſſi qu'il convienne que les germes de tous les animaux & de tous les végétaux, qui contiennent leurs corps déja tous formés & organiſés, ſont composés de ces mêmes Elements ſeulement arrangés d'une maniere un peu différente dans les uns & dans les autres. De-là il ſuit que quoique tous ces germes ſoient formés d'une même matiere, cependant leur contexture particuliere, la conformation & la diſpoſition déterminées de leurs fibres & de leurs vaiſſeaux, eſt une cauſe très-ſuffiſante pour faire qu'ils ne puiſſent croitre, & ſe déveloper que d'une maniere déterminée, & qu'ainſi la ſeule difference de l'arrangement, que le Créateur a miſe entre les différentes parties de la matiere, fera toujours qu'on ne verra jamais croitre des poiſſons au lieu de bled dans un champ, ni des roſes au haut d'un chêne, ni des nefles au lieu d'un agneau dans le ventre d'une brebis &c.

XLI. Troiſiéme objection contre la matiere premiere : que les Elements ont chacun leur nature propre & invariable.

Mais au moins, repliquera-t-on, ces Elements dont les végétaux & les Animaux ſont composés, ces Etres primitifs qui ne ſe décompoſent jamais, dont on ne peut tirer que leurs propres parties plus attenuées, de tels Elements ne peuvent être formés d'une ſeule matiere homogene : il faut que chacun ait ſa nature propre & invariable. L'expérience même confirme ce ſentiment, puiſque le ſel n'a jamais pu être changé en ſoufre, l'eau en terre, l'air en feu, l'or en ſable &c., donc ces natures ſont chacune à elles-mêmes leur matiere premiere. Tel eſt le dernier argument de M. de Voltaire, & telle eſt auſſi la preuve, ſur laquelle l'Auteur du ſpectacle de la nature inſiſte davantage pour appuyer le même ſentiment.

XLII. Réponſe.

Sans entrer ici dans des détails de Phyſique & de Chymie, par leſquels on pourroit peut-être fort bien prouver que

tous

tous ces prétendus Elements ne ſont ni ſi ſimples, ni ſi invariables qu'on les ſuppoſe; pour répondre ſolidement à l'objection propoſée, il n'eſt beſoin que d'écarter toute équivoque de l'état de la queſtion. Si l'on prétend que les Elements, quels qu'ils ſoient, ſont ſortis tous formés de la main de Dieu, & que de la maniere, dont il les a formés, il n'y a dans la nature aucune force capable de les décompoſer, & de les réduire en d'autres principes; c'eſt ce que nous n'aurons pas difficulté d'accorder; mais auſſi ce n'eſt pas de quoi il s'agit. La queſtion eſt de ſavoir, ſi ces Elements ſont tous réellement formés d'une même matiere homogene; de ſorte qu'une maſſule élementaire d'or, par exemple, ne différe d'une maſſule élementaire d'eau, que par les divers arrangements des plus petites particules, dont ces maſſules ſont compoſées. Je dis ceci dans la ſuppoſition de la diviſibilité de la matiere à l'infini, que je regarde comme une vérité démontrée. Mais quand même on voudroit ſuppoſer, que les particules élementaires ſont autant d'atômes indiviſibles, on en pourroit conclure tout au plus, que ces atômes différent eſſentiellement par leur figure, mais non jamais par leur ſubſtance. Revenant donc à la ſuppoſition de la diviſibilité de la matiere à l'infini, il eſt évident, que quand on dit que les particules élementaires, les globules de l'eau, par exemple, ſont parfaitement ſolides; on ne doit pas entendre par cette ſolidité, ou plutôt par cette dureté parfaite une indiviſibilité abſolue, mais ſeulement une très-grande force de cohéſion, qui empêche que les parties, dont ces globules ſont compoſés, ne puiſſent être diviſées par l'action des corps qui les environnent. De là il ſuit évidemment qu'il n'y a pas contradiction que ces globules ne puſſent changer de figure, ſi Dieu le vouloit. D'un autre côté il eſt clair, que ſi par la volonté de Dieu les globules de l'eau de ſphériques qu'ils ſont, devenoient cubiques, ils ne pourroient plus former par leur aſſemblage un corps ſenſible, tel que l'eau, mais un autre corps doué de qualités ſenſibles

tout-

tout-à-fait différentes: ce feroit un corps confiftant, opaque, d'une denfité, & par conféquent d'une gravité fpécifique différente de celle de l'eau : il en eft de même des maffules élementaires de l'or. Si Dieu leur faifoit changer de figure, il eft évident que le corps qui en réfulteroit ne pourroit conferver les mêmes qualités fenfibles que nous remarquons dans l'or; il y auroit du changement dans fa denfité, dans fa couleur, dans fa fléxibilité, dans fa fixité; puifque de telles qualités dépendent effentiellement de la groffeur, de la configuration, & de la liaifon des particules, dont l'or eft actuellement compofé. Ce feroit donc un corps d'une nature tout-à-fait différente de celle de l'or. Par là on voit que les Elements pourroient abfolument changer de nature; & que quand on dit qu'ils font naturellement invariables & indéftructibles, on ne doit pas entendre qu'ils foient tels effentiellement, mais feulement par l'inftitution de l'Auteur de la nature.

C'eft donc pouffer la chofe un peu loin, que de dire avec M. de Voltaire „ que pour que les parties primitives de fel „ fe changent en parties primitives d'or, il faut deux cho„ fes, anéantir ces élements de fel, & créer des élements „ de l'or. Puifque l'on conçoit aifément qu'en changeant la configuration intérieure des particules compofantes les parties primitives de l'or & du fel, Dieu changeroit auffi la nature de ces parties primitives; & qu'ainfi, puifque la nature de ces parties primitives dépend de la configuration des petites particules, dont elles font compofées, Dieu pourroit fans doute changer un élement de fel en un élement de l'or, en donnant aux particules de celui-là, le même arrangement, qui conftitue la nature de celui-ci.

XLIII. Contradiction de M. de Voltaire.

Une marque certaine qu'il y a de l'excés à prétendre, que la tranfmutation d'un élement en un autre élement foit abfolument impoffible; c'eft qu'une telle prétention a conduit M. Voltaire jufqu'à foutenir encore que „ puifque dans la „ conftitution préfente de cet Univers, l'élement qui fert à faire

„ faire un homme, ſoit changé en l'élement d'un arbre ou „ d'une pierre, il faudroit pour faire un élement de pierre „ à la place d'un élement d'homme, anéantir un de ces „ élements, & en créer un autre à ſa place; & cela ſans ſonger qu'un peu auparavant il avoit dit, que les mêmes élements qui forment le bled, forment auſſi par un différent aſſemblage le corps de l'homme. On auroit beau dire, pour juſtifier ſa propoſition, qu'il ne parle que de la conſtitution préſente de cet Univers, une telle limitation ne peut faire ici aucun ſens raiſonnable. Car où il entend par cette conſtitution les loix établies dans la nature; & en ce ſens quoiqu'il ſoit vrai que la tranſmutation d'un élement en un autre élement ſoit naturellement impoſſible, il ne s'enſuit pas de là, que pour changer un élement en un autre élement, il falût anéantir l'un, & créer l'autre en ſa place; puiſqu'une telle voie ſeroit auſſi extraordinaire, & auſſi contraire à la conſtitution préſente de cet Univers, que celle de changer la configuration intérieure de ces élements: ou bien il entend par la conſtitution préſente de cet Univers, la nature & l'eſſence de la matiere, telle qu'elle a été créée; & en ce ſens la propoſition eſt abſolument fauſſe, puiſqu'à ne conſidérer que l'eſſence de la matiere indépendamment des loix établies, la tranſmutation de l'or en ſel n'eſt pas plus impoſſible, que la tranſmutation du bled en la chair d'un animal.

XLIV. Concluſion de ce diſcours: que tous les hommes ont la même idée de la ſubſtance des corps.

Nous avons donc prouvé juſqu'ici, que toutes les propriétés de la matiere ſe déduiſent de l'idée de l'étenduë; & on a vu que les principes mêmes de M. Locke, nous ont fourni des preuves convaincantes de cette déduction, & des réponſes aux difficultés, qui en détournant l'attention de l'Eſprit auroient pu la rendre douteuſe. Or cela ne fait-il pas voir clairement, que M. Locke n'a pas une autre idée que le P. Malebranche de la ſubſtance de la matiere, quoiqu'il en juge différemment. Car premierement M. Locke, & tous les hommes doivent avoir la même idée de l'étenduë; puiſque ſelon lui, l'idée de l'étenduë eſt une idée ſimple, par rapport

à laà laquelle l'Esprit est passif, & qui doit être par conséquent la même dans tous les Esprits.

2. On a montré par les principes mêmes de M. Locke, qu'entre l'idée de l'étenduë, & celle de l'impénétrabilité, il y a une connéxion nécessaire & si évidente, que l'Esprit en a une perception immédiate & intuitive. Or M. Locke avoue que la solidité ajoutée à l'étenduë, fait la substance du corps.

3. On a fait voir, que la distinction des parties, leur figure, leur mobilité, & leur divisibilité découlent nécessairement de l'idée d'une étenduë impénétrable, & M. Locke en tombe d'accord.

4. On a fait voir aussi, & M. Locke le dit expressément, que les qualités secondes des corps dépendent entiérement des différentes déterminations des qualités premieres, c'est-à-dire, de la grosseur, de la figure, de la liaison du mouvement des parties étenduës & solides, dont ils sont composés.

M. Locke voit donc, aussi-bien que le P. Malebranche, que l'étenduë est le soutien de toutes les qualités premieres & secondes, que nous observons dans les corps; & tout homme qui voudra y apporter quelque attention, ne pourra manquer d'en voir autant. Or qu'est-ce que la substance des corps, sinon le sujet des qualités que nous y remarquons, lesquelles qualités n'éxistent que par l'éxistence de ce sujet, puisqu'elles ne sont que des manieres d'Etre, ou des modes de son éxistence. Or il est clair que l'impénétrabilité, la figure, la divisibilité &c. ne peuvent éxister que dans l'étenduë. L'étenduë donc, en tant qu'elle éxiste avec ces modes ou manieres d'Etre, qui en sont inséparables, est la substance du corps; & considérée abstractivement en elle-même, elle en est l'essence; parceque c'est cette premiere chose que nous concevons dans les corps, & qui est la source de toutes leurs propriétés.

Voici enfin une preuve que l'étenduë ne peut être la propriété d'une autre substance plus occulte, à laquelle on voudroit

XLV. Démonstration, que l'étenduë ne peut

Q

être une propriété de quelque substance occulte.

droit bien savoir ce qui manque pour être une véritable démonstration. Toute propriété est un mode de sa substance, c'est-à-dire, qu'elle est la substance même, en tant que modifiée, ou éxistante d'une certaine maniere. Donc on ne peut avoir une idée claire d'une propriété, qu'on n'ait une idée claire de sa substance; puisque l'idée de la propriété renferme nécessairement l'idée de la substance dont elle est un mode, & que même elle n'est que l'idée de la substance, en tant qu'éxistante d'une certaine façon. Or nous avons une idée claire de l'étenduë; puisque c'est une idée simple, qui représente clairement à tous les hommes le même objet; je veux dire, une dimension en longueur, largeur & profondeur; & qu'une telle idée est l'objet de la Géometrie, qui est la plus claire de toutes les sciences. Donc si l'étenduë étoit la propriété d'une autre substance, cette substance ne pourroit être occulte, comme on le suppose; mais elle devroit être connue aussi évidemment que l'étenduë; puisque l'étenduë ne seroit que cette substance même. Ceux-là donc font une supposition visiblement absurde, qui prétendent que la substance de la matiere est un certain sujet incompréhensible, dont l'étenduë n'est qu'une propriété.

XLVI. Que ceux, qui défendent cette substance occulte, ne jugent pas selon leurs idées.

En un mot M. Locke, & tous les Philosophes, qui refusent de reconnoître l'étenduë comme une véritable substance, raisonnent sur l'essence du corps à peu près, comme quelques Aristoteliciens sur l'essence des modes, de la rondeur, par exemple; un Aristotelicien voit aussi-bien qu'un autre homme, qu'en disposant les parties d'un corps de telle façon, que les parties de la circonférence soient toutes également éloignées de celle qui est au milieu, il en résulte essentiellement la rondeur dans ce corps: il voit donc évidemment que la rondeur n'est qu'une disposition de parties, & que cette disposition n'est pas différente des parties ainsi disposées. Il apperçoit donc évidemment ce que c'est que la rondeur, il en voit l'essence de la maniere la plus claire & la plus distincte. Cependant malgré cette évidence, il lui plait de juger

que

que la rondeur eſt toute autre choſe; que c'eſt une entité réellement diſtinguée & ſéparable du corps rond. Mais ce jugement fait-il qu'il n'ait les mêmes idées que les autres Philoſophes. Non ſans doute: il prouve ſeulement qu'un tel Philoſophe ne juge pas ſelon ce qu'il voit. C'eſt ce que font ceux, qui ne peuvent s'empêcher de voir que l'étenduë eſt ce que l'on conçoit de premier dans le corps, cette choſe d'où découlent toutes ſes propriétés; cette choſe en un mot, par laquelle on conçoit qu'un corps, comme une pierre, a ſon éxiſtence propre, & qui malgré cela veulent recourir à des ſujets occultes & incompréhenſibles pour en faire la ſubſtance des corps.

Il eſt donc démontré, que c'eſt dans l'étenduë impénétrable que conſiſte la ſubſtance de la matiere, & que par conſéquent les corps ne peuvent avoir d'autres facultés ou qualités, que celles qui réſultent de la figure & du mouvement des parties de cette étenduë impénétrable, dont ils ſont compoſés. Il a de plus été démontré, que la faculté de penſer ne peut conſiſter dans aucun arrangement, ou mouvement des parties de la matiere; puiſque ce ne ſont que des rapports de diſtance, qui n'ajoutent aucune perfection intrinſeque à la matiere. Il paroit donc qu'on ne ſauroit ſolidement établir les principes, ſur leſquels M. Locke a fondé ſa demonſtration de l'immaterialité de Dieu, qu'il n'en réſulte une démonſtration invincible de l'immaterialité de toute ſubſtance penſante.

CINQUIEME PARTIE.

Examen des raisons, sur lesquelles M. Locke appuie son doute touchant l'immaterialité de l'Ame.

SECTION PREMIERE.

I. Exposition du célébre doute de M. Locke sur la materialité de l'Ame.

C'Est au Chap. 3. du Liv. 4., où il traite de l'étenduë de la connoissance humaine, que M. Locke propose son fameux doute sur l'immaterialité de l'Ame.

Après avoir établi que l'étenduë de notre connoissance, est non seulement au dessous de la réalité des choses, mais qu'elle ne répond pas même à l'étenduë de nos propres idées; parceque n'en connoissant pas tous les rapports, il nous est impossible de résoudre toutes les questions, qu'on peut faire sur chacune de ces idées, il en apporte deux exemples, l'un tiré de la Géometrie, l'autre de la Métaphysique. „ Nous avons, dit-il, des idées d'un quarré, d'un cercle, „ & de ce qu'emporte égalité; cependant nous ne serons „ peut-être jamais capables de trouver un cercle égal à un „ quarré, & de savoir certainement s'il y en a. Nous avons „ des idées de la matiere & de la pensée; mais peut-être „ ne serons-nous jamais capables de connoitre, *si un Etre* „ *purement materiel pense ou non*, par la raison qu'il nous „ est impossible de découvrir par la contemplation de nos „ propres idées, sans révelation, si Dieu n'a point donné „ à quelques amas de matiere disposés, comme il le trouve „ à propos, la puissance d'appercevoir & de penser; ou s'il „ a joint & uni à la matiere ainsi disposée, une substance „ immaterielle qui pense. *Car par rapport à nos notions, il* „ *ne nous est pas plus mal-aisé de concevoir, que Dieu peut*, „ *s'il lui plait, ajouter à notre idée de la matiere la faculté* „ *de penser, que de comprendre qu'il y joigne une autre sub-* „ *stance avec la faculté de penser*; puisque nous ignorons

„ en

„ en quoi consiste la pensée, & à quelle espece de sub-
„ stance cet Etre Tout-puissant a trouvé à propos d'accor-
„ der cette puissance, qui ne sauroit être dans aucun Etre
„ créé, qu'en vertu du bon plaisir & de la bonté du Créa-
„ teur. Je ne vois pas quelle contradiction il y a, que Dieu
„ cet Etre Pensant, Eternel, & Tout-Puissant donne, s'il
„ veut, quelques degrés de sentiment, de perception & de
„ pensée à certains amas de matiere créée & insensible, qu'il
„ joint ensemble, comme il le trouve à propos; quoique j'aie
„ prouvé, si je ne me trompe, l. 4. c. 10. que c'est une parfaite
„ contradiction de supposer que la matiere, qui de sa nature
„ est évidemment destituée de sentiment & de pensée, puisse
„ être ce premier Etre pensant qui éxiste de toute éternité.

II. Qu'un tel doute renverse les principes de sa démonstration de l'immaterialité de Dieu.

On a déja vu que la démonstration de M. Locke, que la matiere ne sauroit être le premier Etre pensant, est toute fondée sur ce principe, que la simple ou pure matiere n'est que de l'étenduë solide, incapable de se donner le mouvement, quand elle est une fois en repos, & dont les parties ayant reçû le mouvement ne peuvent que se heurter, se diviser, & rien de plus; de sorte qu'il est autant impossible, que la matiere avec le mouvement puisse produire la pensée, qu'il l'est, que le néant produise la matiere; parcequ'il faudroit pour cela que l'arrangement, c'est-à-dire, la juxtaposition ou relation locale des parties solides de la matiere devînt une pensée, *ce qui est la chose du monde la plus absurde*. Voila ce que M. Locke admet, & suppose comme évident par la contemplation de nos propres idées.

Puis donc que l'Etre, ou la réalité du sentiment de la perception & de la pensée, n'est point contenu dans la simple & pure matiere; pour donner à la matiere quelques degrés de sentiment, de perception & de pensée, il faut absolument que Dieu lui ajoute quelques degrés d'Etre & de réalité de plus que ce qu'elle en a par sa propre nature, d'où il suit évidemment qu'un Etre *purement materiel* ne peut penser; puisque de l'aveu de M. Locke, il ne peut acquérir la penſée par le ſimple arrangement des parties ſolides de la matiere, mais ſeulement par l'addition de quelques nouveaux degrés d'Etre, leſquels n'étant point contenus dans la pure matiere, font qu'un Etre materiel auquel ils ſont ajoutés, ne peut, ni ne doit plus être conſidéré comme un Etre purement materiel.

III. La réalité de la penſée ajoutée à la matiere, devroit être une ſubſtance.

En ſecond lieu, il eſt évident par la contemplation de nos propres idées, que tout Etre qui a ſon éxiſtence & ſa réalité propre diſtinguée de l'éxiſtence, & de la réalité d'un autre Etre, eſt une ſubſtance qui ne peut appartenir à un autre Etre, comme faculté ou mode de cet Etre : c'eſt par là que nous connoiſſons qu'un caillou poſé ſur une planche eſt une ſubſtance diſtinguée de cette planche, & qu'il ſeroit de la derniere abſurdité de penſer que le caillou fût une faculté ou propriété de la planche, ou la planche, une faculté ou propriété du caillou.

Puis donc que la faculté de penſer, de l'aveu de M. Locke ne peut être tirée du ſein de la matiere, ni produite par l'arrangement de ſes parties; il faudroit pour l'ajouter à la matiere, que Dieu la créât de rien, comme il a créé la matiere même au commencement du Monde; & comme l'éxiſtence eſt l'effet de la création, il faut que tout Etre que Dieu crée ſéparément d'un autre Etre, ait auſſi ſon éxiſtence propre diſtinguée de celle de cet autre Etre. Ainſi la faculté de penſer produite dans la matiere, comme on le ſuppoſe, par une création diſtinguée de la création de la matiere, aura ſon éxiſtence propre diſtinguée de celle de la matiere; elle ſera par conſéquent une ſubſtance diſtinguée de la matiere, & ne pourra plus en être une faculté ou propriété.

IV. La faculté de penſer ajoutée à la matiere, ſi elle n'eſt pas une ſubſtance; doit être un accident péripatéticien.

En troiſiéme lieu, ou que M. Locke convient que les facultés d'un ſujet, ne ſont que des modifications de ce ſujet, qui n'ont aucune réalité diſtinguée de celle du ſujet, comme nous le connoiſſons évidemment par la contemplation de nos propres idées; & alors il doit auſſi convenir que la matiere ne ne peut avoir d'autres facultés que celles qui dépendent de la grosseur, de la figure, du mouvement, & de la contexture de ses parties solides, qui sont, selon M. Locke, les qualités premieres de la matiere, d'où dérivent toutes ses autres qualités ou facultés: & comme de son aveu la faculté de penser ne dépend aucunement de ces qualités premieres de la matiere, il s'ensuivra évidemment contre lui, que la faculté de penser ne peut jamais devenir une faculté de la matiere: ou que M. Locke reconnoit que les facultés d'un sujet sont des Etres distingués réellement de ce sujet, & pour lors il revient aux formes substantielles & aux accidents de l'école, qu'il rejette ailleurs avec tant de mépris comme de pures chimeres; & il devra par conséquent reconnoître contre ses propres décisions, que les deux facultés de l'Ame, qu'on appelle entendement & volonté, sont des Etres distingués réellement de l'Ame; & que Dieu pourroit détacher ces deux facultés de sa propre Ame, pour ajouter p. e. la faculté, ou l'Etre de son entendement à son chapeau, & la faculté ou l'Etre de sa volonté, à son épée.

V. Qu'on ne sauroit comprendre pourquoi M. Locke éxige une certaine disposition dans l'amas de matiere auquel Dieu pourroit ajouter la faculté de penser.

En quatriéme lieu, on ne peut comprendre pourquoi M. Locke, parlant de la faculté de penser que Dieu peut ajouter à la matiere, ne dit pas absolument que Dieu peut l'ajouter à tout amas de matiere, mais seulement à certains amas de matiere disposés, comme il le trouve à propos; car puisque l'arrangement des parties de la matiere ne peut aucunement contribuer à la pensée, & qu'il faut que cette faculté lui soit ajoutée d'ailleurs; tout amas de matiere, quelque disposition de parties qu'on lui attribue, est également capable, ou pour mieux dire, également incapable de recevoir une telle faculté.

VI. Cōtradiction & paradoxe insoutenable de M. Locke dans son doute sur la materialité de l'Ame.

De tout cela, il suit évidemment qu'il y a non seulement une contradiction manifeste, mais encore un paradoxe insoutenable en cette proposition de M. Locke: *Qu'il ne nous est pas plus mal-aisé de concevoir que Dieu peut ajouter à notre idée de la matiere la faculté de penser, que de comprendre*

qu'il

qu'il y joigne une autre substance qui pense. Car, ou l'on entend par le mot de faculte un mode ou un rapport qui nait de la constitution intérieure de la substance, ainsi que M. Locke le dit quelque part; & alors il est clair que la matiere ne peut avoir de facultés, que celles qui naissent de la grosseur, de la figure, du mouvement, & de la liaison de ses parties, & que comme il est impossible que la faculté de penser soit un effet, & une détermination de ces sortes de qualités de la matiere, il est aussi impossible que la matiere puisse jamais avoir la faculté de penser: ou l'on entend par faculté, un Etre distingué de son sujet, & alors outre que l'on confond l'idée de la substance avec l'idée de ses facultés, on retombe dans les formes & les accidents de l'école, que selon M. Locke, il est non seulement mal-aisé, mais absolument impossible de concevoir. Au lieu que rien n'est plus facile que de concevoir, que Dieu joigne à la matiere une substance qui pense; en ce sens qu'il établisse par un rapport réciproque les mouvements de la matiere, causes occasionnelles des pensées dont il affecte l'Ame, & les pensées & volontés de l'Ame, causes occasionnelles des mouvements qu'il produit dans le corps. On auroit beau se récrier qu'il n'est pas démontré que l'union de l'Ame & du corps dans l'homme ne consiste que dans un tel rapport réciproque. Sans entrer dans cet examen, il nous suffit ici qu'on ne puisse nous contester ces deux choses, l'une qu'on peut aisément concevoir une telle union du moins comme possible, l'autre qu'une telle union supposée, il y auroit entre l'Ame & le corps cette même communication de pensées & de mouvements, que nous y observons; cela, dis-je, suffit pour faire sentir l'extravagance de cette proposition de M. Locke: qu'il ne nous est pas plus mal-aisé de concevoir que Dieu ajoute à la matiere la faculté de penser, qu'il n'est aisé de concevoir qu'il y joigne une substance douée de la faculté de penser.

SECTION SECONDE

Des Causes occasionnelles.

CEtte même maniere d'entendre & d'expliquer l'union de l'Ame avec le corps ruine aussi entiérement la preuve, que M. Locke apporte pour justifier la proposition que nous venons de réfuter, puisqu'elle n'est appuiée que sur cette fausse supposition, dont nous avons déja démontré l'absurdité par ses propres principes, v. ci-dessus p. 1. que le corps produit des sensations dans l'Ame, non comme cause purement occasionnelle, mais comme cause vraiment efficiente par une action immédiate sur l'Ame, qui soit l'effet & la suite d'un vrai pouvoir actif, & d'une vraie vertu qui soit en lui. Voici ses paroles: „ Le corps, autant que nous pouvons le concevoir, n'est capable que de fraper & d'affecter un corps, „ & le mouvement ne peut produire autre chose que du mouvement, si nous nous en rapportons à tout ce que nos „ idées nous peuvent fournir sur ce sujet; de sorte que lorsque nous convenons que le corps produit le plaisir ou la, „ douleur, ou bien l'idée d'une couleur ou d'un son, nous „ sommes obligés d'abandonner notre raison, d'aller au de là „ de nos propres idées, & d'attribuer cette production au „ seul bon plaisir de notre Créateur. Or puisque nous sommes contraints de reconnoître que Dieu a communiqué au „ mouvement des effets, que nous ne pouvons jamais comprendre que le mouvement soit capable de produire, quelle „ raison avons nous de conclure qu'il ne pourroit pas ordonner que ces effets soient produits dans un sujet, que „ nous ne saurions concevoir capable de les produire, aussi-bien que dans un sujet, sur lequel nous ne saurions comprendre que le mouvement de la matiere puisse opérer en „ aucune maniere.

I. Pour justifier son doute sur la materialité de l'Ame, M. Locke suppose dans le corps une véritable puissance d'agir sur l'Esprit.

Je connois qu'on est obligé d'abandonner sa raison & d'aller non seulement au delà de ses propres idées, mais encore

II. Fausseté d'une telle prétention.

contre les connoiſſances les plus claires, dès qu'on veut de toute force que le corps produiſe le plaiſir, la douleur, & toutes les idées de l'Ame par une action immédiate, & par une vertu qui ſoit en lui. Mais quelle néceſſité d'attribuer au corps une telle faculté? Et puiſque nous devons recourir *au ſeul bon plaiſir de notre Créateur*, que ne le faiſons-nous d'une maniere conforme à nos notions les plus claires, & qui ne nous oblige pas d'abandonner notre raiſon, ni d'aller au delà de nos idées? Nous n'avons qu'à penſer que Dieu ayant voulu comme Auteur de la nature, unir l'Ame au corps par une communication réciproque de penſées & de mouvements, telle que nous l'éprouvons en nous-mêmes, il a établi que les mouvements du corps, qui ſe communiquent juſqu'à la partie principale du cerveau, ou à l'aboutiſſant de tous les nerfs, fuſſent occaſions des mouvements qu'il produit dans le corps. Lorſqu'enſuite des loix générales de la communication du mouvement le corps eſt affecté de certaines impreſſions, qui peuvent en entretenir, ou en déranger l'économie & la machine; Dieu donne auſſi-tôt à l'Ame par ſon action immédiate ſur elle des ſentiments de plaiſir ou de douleur, qui la portent à s'intereſſer pour la conſervation du corps; & l'Ame enſuite de ces ſentiments, ſe déterminant à mouvoir ſon corps d'une maniere ou de l'autre; cette volonté de l'Ame eſt l'occaſion de ce mouvement que Dieu produit lui-même dans le corps. Par exemple les différentes réfléxions des rayons, ſelon la différence des ſurfaces dont ils ſont réflechis, cauſent dans l'organe de la vue différentes impreſſions, qui ſont occaſions que Dieu affecte l'Ame de divers ſentiments de couleurs, par le moyen deſquelles elle diſtingue les objets, & ſe porte enſuite à s'en approcher ou à s'en éloigner. On ne peut entrer dans le détail de ce rapport réciproque de penſées & de mouvements, qu'on ne ſe convainque pleinement qu'il eſt fondé ſur des loix pleines de ſageſſe, de bonté & de puiſſance, puiſque nous le voyons ſi bien proportionné à tous les beſoins de l'homme, & ſi

propre

propre, non seulement à procurer la conservation de chaque homme en particulier, mais aussi à entretenir la societé entre tous. C'est ce qu'on verra détaillé dans les œuvres du P. Malebranche avec une précision & une netteté, qui ne laissent rien à souhaiter: on y verra les loix de l'union de l'Ame & du corps éclaircies, par des recherches si curieuses & si savantes, & par des remarques si fines & si judicieuses, que pour peu d'ouverture d'esprit que l'on ait, on ne pourra assez admirer la vaste étenduë du génie, & des connoissances de ce grand homme.

III. Passage de M. Locke sur les loix de l'union de l'Ame & du corps.

Mais, comme nous ne pouvons mieux faire ici que de confuter M. Locke par M. Locke-même, nous nous contenterons de rapporter ce qu'il dit à ce sujet, quoi qu'il soit bien éloigné de s'expliquer avec la netteté & la précision du P. Malebranche l. 2. chap. 7. §. 4. „ Il dit que la douleur „ est souvent produite par les mêmes objets, & par les mê„ mes idées qui nous causent du plaisir. L'étroite liaison, „ ajoute-t-il, qu'il y a entre l'un & l'autre, & qui nous „ cause souvent de la douleur par les mêmes sensations dont „ nous attendons du plaisir, nous fournit un nouveau sujet „ d'admirer la sagesse, & la bonté de notre Créateur, qui „ pour la conservation de notre Etre, a établi que certaines „ choses venant à agir sur nos corps nous causassent de la „ douleur, pour nous avertir par là du mal qu'elles peuvent „ nous faire, afinque nous songions à nous en éloigner.

Preuves en faveur du systême des causes occasionnelles, contre les prétendues facultés actives attribuées par quelques Philosophes à la matiere.

IV. Premiere preuve tirée de ce passage en faveur des causes occasionnelles.

1. PUisque c'est en vertu d'un établissement de notre Créateur digne de sa sagesse & de sa bonté, que certaines impressions qui se font sur notre corps, selon qu'elles sont capables d'en entretenir ou d'en déranger la structure, sont suivies d'un sentiment de plaisir ou de douleur, qui avertit

l'Ame de ce qu'elle a à faire pour la conservation de son corps ; n'est-il pas plus naturel & plus simple, plus conforme à la raison & au bon sens de penser que Dieu, qui ne cesse d'exécuter par sa puissance ce qu'il a établi par sa sagesse, *semel jussit, semper paret*, suivant les loix qu'il a lui-même établies pour la conservation & l'utilité de l'homme, produit dans son Ame les sentiments de plaisir & de douleur, par lesquels il a voulu qu'elle fut avertie des impressions qui se font dans son corps ; en sorte que ces impressions ne soient que la condition ou l'occasion qu'il a établie pour affecter l'Ame de tels sentiments, que de s'imaginer que les corps produisent eux-mêmes ces sentiments de plaisir & de douleur par une efficace qui soit en eux, & en supposant contre toutes les lumieres de la raison qu'ils puissent agir immédiatement sur l'Ame.

V. Observation de M. Locke sur le même sujet qu'un corps agissant avec plus ou moins de force sur nos organes, nous cause des sentiments tout-à-fait opposés.

„ Mais, continue M. Locke, comme il n'a pas eu seulement en vue la conservation de nos personnes en général, mais la conservation entiere de toutes les parties, & de tous les organes de notre corps en particulier, il a attaché en plusieurs occasions un sentiment de douleur aux mêmes idées, qui nous font du plaisir en d'autres rencontres. Ainsi la chaleur, qui dans un certain degré nous est fort agréable, venant à s'augmenter un peu plus, nous cause une extrème douleur. La lumiere elle-même, qui est le plus charmant de tous les objets sensibles, nous incommode beaucoup, si elle frappe nos yeux avec trop de force, & au de là d'une certaine proportion.

SECONDE PREUVE.

VI. Seconde preuve fondée sur cette observation.

CEtte observation que vient de faire M. Locke, que l'action d'un objet, l'action du feu, par exemple, & de la lumiere, & l'impression qu'elle fait sur nos sens, qui jusqu'à un certain degré nous cause un sentiment de plaisir si touchant & si agréable, venant à être augmentée un peu

plus

plus, non seulement ne nous cause pas un plaisir un peu plus grand, mais plutôt une douleur insupportable; cette observation, dis-je, a fourni au P. Malebranche un argument bien convaincant que l'action des corps n'est qu'une occasion, & non pas une vraie cause efficiente, & immédiate des sensations de l'Ame. En effet, toute cause devant produire son effet d'une maniere proportionnée à la force avec laquelle elle agit, il est évident qu'une cause, dont la force s'augmente du double, du triple &c., doit produire un effet double, triple &c. Ainsi l'action du feu & de la lumiere, qui dans un degré déterminé de force, produit un certain degré déterminé de plaisir, venant à s'augmenter du double, du triple &c., elle devroit produire un plaisir double, triple &c., & non pas un effet tout contraire, telle qu'est une douleur cuisante & insupportable. Cela fait voir évidemment que les sensations de l'Ame ne répondant aucunement à la force, avec laquelle les corps agissent, elles ne sauroient être des effets immédiats de leur action. L'impression des corps ne peut donc en être que la cause occasionnelle, parceque, comme poursuit fort bien M. Locke.

VII. Autre observation de M. Locke, que le défaut de l'action du corps produit quelquefois en nous des idées positives.

„ C'est une chose sagement & utilement établie par la nature, que lorsque quelque objet met en desordre par la force de ses impressions, les organes du sentiment dont la structure ne peut qu'être fort délicate, nous puissions être avertis par la douleur que ces fortes d'impressions produisent en nous, de nous éloigner de cet objet, avant que l'organe soit entiérement dérangée, & par ce moyen mis hors d'état de faire ses fonctions à l'avenir. Il ne faut que réflechir sur les objets qui causent de tels sentiments, pour être convaincu que c'est-là effectivement la fin ou l'usage de la douleur. Car quoiqu'une trop grande lumiere soit insupportable à nos yeux, cependant les ténébres les plus obscures ne leur causent aucune incommodité, parceque la plus grande obscurité ne produisant aucun mouvement déreglé dans les yeux, laisse cet excellent

organe

„ organe de la vue dans son état naturel, sans le blesser en „ aucune maniere. D'autre part un trop grand froid nous „ cause de la douleur, aussi bien que le chaud, parceque le „ froid est également propre à détruire le tempérament, qui „ est nécessaire à la conservation de notre vie & à l'exer„ cice des fonctions différentes de notre corps : tempéra„ ment qui consiste dans un degré moderé de chaleur, ou „ si vous voulez, dans le mouvement des parties insensibles „ de notre corps réduit à certaines bornes.

TROISIEME PREUVE.

VIII. Démonstration des causes occasionnelles fondée sur cette observation.

L'Idée ou la sensation des ténébres & du noir est aussi positive, selon M. Locke l. 2. chap. 8. que l'idée ou la sensation de la lumiere & du blanc ; & il assure §. 2. qu'on peut dire avec vérité qu'on voit les ténébres. Cependant il est bien clair que la cause extérieure de la sensation des ténébres & du noir, n'est qu'une simple privation, c'est-à-dire, le défaut d'action des rayons sur la rétine ; & c'est ce qui fait conclure à M. Locke §. 4. qu'on pourroit prouver par là, qu'une cause privative peut du moins en certaines rencontres, produire une idée positive. Il ajoute pourtant §. 6. qu'il sera mal-aisé de déterminer s'il y a effectivement quelque idée, qui vienne d'une cause privative, jusqu'à ce qu'on ait déterminé, si le repos est plutôt une privation que le mouvement. Ces choses supposées on peut raisonner ainsi : Que le repos soit ou ne soit pas plutôt une privation que le mouvement, il est certain que la cause extérieure qui excite en nous la sensation des ténébres & du noir, n'est que la privation d'une cause positive, je veux dire, de l'impression que les rayons font sur la rétine. Or il est évident d'un côté qu'une telle privation ne sauroit être une cause vraiment efficiente, capable de produire quelque effet par un pouvoir actif qui soit en elle, puisque la privation d'une chose n'est que le néant de cette chose ; & que le néant ne sauroit avoir de de propriété positive: d'un autre côté il n'est pas moins évident que Dieu peut se servir d'une privation, comme d'occasion pour produire lui-même comme cause efficiente, un effet positif. Donc, si l'idée ou la sensation des ténébres & du noir n'est pas moins positive, comme le prétend M. Locke, que celle de la lumiere & du blanc; sa cause extérieure qui n'est autre que la cessation de l'action des rayons sur la rétine ne sauroit être regardée comme une cause vraiment efficiente, mais seulement occasionnelle, que le Créateur, ensuite des loix générales de l'union de l'Ame & du corps emploie, comme une condition nécessaire, pour produire dans l'Ame par son action immédiate, les sensations positives des ténébres & du noir. Et s'il est démontré qu'il est la seule cause efficiente des idées positives des ténébres & du noir, & qu'il est déterminé à les produire en nous en vertu d'une cause occasionnelle, la régularité & l'uniformité de sa conduite, jointe à l'impossibilité où l'on est, de concevoir qu'un corps puisse produire par une impression corporelle des idées purement spirituelles, & qui n'ont aucune ressemblance avec tout ce qu'on remarque dans les corps, comme l'avoue M. Locke, ne doit-elle pas nous convaincre absolument qu'il est aussi la seule cause efficiente & immédiate des sensations de la lumiere, du blanc, du plaisir, de la douleur, & généralement de tous les sentiments, dont l'Ame est affectée à l'occasion des différents corps qui nous environnent, & que leurs impressions sur nos organes ne sont que les causes occasionnelles, qui le déterminent en vertu de son décret à nous en affecter.

IX. Que le repos & le mouvement sont deux états du corps également passifs, & également positifs.

Quant à la question de savoir, si le repos est plutôt une privation que le mouvement, il est bien aisé de la décider, après avoir déterminé l'idée du mouvement, & reconnu l'absurdité qu'il y a à penser que ce soit un petit Etre distingué réellement du corps mu; on convient que le mouvement n'est qu'un changement de place, & pour déterminer ce changement par l'idée la plus simple & la plus distincte, on peut dire

dire que le mouvement n'eſt que l'éxiſtence d'un corps en différentes places ſucceſſivement. Pour bien entendre cette définition il eſt important de remarquer que par rapport au corps ce n'eſt pas une choſe différente d'éxiſter ſimplement, & d'éxiſter dans une place : en effet tout corps eſt eſſentiellement étendu, & tout ce qui eſt étendu, eſt par cela-même eſſentiellement commenſurable à l'eſpace, & doit par conſéquent y occuper néceſſairement une place. L'idée de l'éxiſtence dans une place eſt donc inſéparable par rapport au corps, de l'idée de ſon exiſtence en général. Et S. Auguſtin confirme pleinement ce ſentiment par ces deux fameux paſſages, dont les Cartéſiens ont tiré tant d'avantage contre leurs adverſaires. Ep. 57. *Spatia locorum tolle corporibus, nuſquam erunt, & quia nuſquam erunt, nec erunt*, l'autre de quant. anim. c.4. *Prius abs te quæro, utrum corpus ullum putes eſſe, quod non pro modo ſuo habeat aliquam longitudinem, & latitudinem, & altitudinem? Si hoc demas corporibus, quantum mea opinio eſt, neque ſentiri poſſunt, neque omnino corpora eſſe recte exiſtimari*. De là il ſuit que l'effet formel de la création du corps eſt non ſeulement de le faire éxiſter en général, mais auſſi de le faire éxiſter dans une place. L'éxiſtence du corps dans la place eſt donc un effet formel de la création; & comme la conſervation n'eſt qu'une création continuée, de même que nous concevons que dans le premier inſtant de ſa création le corps doit néceſſairement éxiſter dans ſa place, où Dieu commence à le faire éxiſter; nous concevons auſſi que dans les inſtants ſuivants, pendant leſquels Dieu le conſerve, il ne peut exiſter que dans la place où Dieu continue à le faire éxiſter, en continuant l'action toute-puiſſante par laquelle il l'a tiré du néant. Si Dieu en le conſervant le fait éxiſter dans la même place pendant pluſieurs inſtants ſucceſſifs, nous concevons ce corps en repos; s'il le fait éxiſter en différentes places ſucceſſives pendant pluſieurs inſtants ſucceſſifs, nous le concevons en mouvement. Le repos n'eſt donc que l'éxiſtence du corps affectée à une même place pendant quelque

tems,

tems, le mouvement, l'éxiſtence du corps affectée à différentes places ſucceſſivement, & l'un & l'autre eſt l'effet immédiat de l'action toute-puiſſante qui le fait éxiſter; puiſque, comme nous l'avons déja remarqué, éxiſter ſimplement, & éxiſter dans une place eſt la même choſe par rapport au corps. Le repos & le mouvement ne peuvent donc avoir d'autre cauſe que celle qui peut faire éxiſter le corps ou dans la même place, ou en différentes places ſucceſſivement, c'eſt-à-dire, que le repos & le mouvement dépendent immédiatement de la cauſe qui donne & qui conſerve l'exiſtence au corps. Cela fait voir que le repos & le mouvement ſont deux états également poſitifs, mais également paſſifs du corps; & c'eſt ce qui prouve évidemment que la communication du mouvement n'eſt point l'effet d'un pouvoir qui ſoit dans les corps, ou dans les Eſprits créés, & que la rencontre des corps & la volonté des Eſprits ne ſont que des cauſes occaſionnelles, qui déterminent l'Auteur de la nature à éxécuter cette communication, ſelon certaines loix qui ne portent pas moins le caractére d'une puiſſance infinie que d'une providence infiniment ſage.

X. Que la méthode de M. Locke conduit au Pyrroniſme. Caracteres de la vérité & de l'erreur.

Lors donc que, pour faire ceſſer notre étonnement à la vue d'un amas de matiere doué de la faculté de penſer, M. Locke vient nous dire que nous ſommes également éloignés de comprendre comment les corps peuvent produire des idées dans une Ame ſpirituelle, que prétend-il autre choſe que de rendre plauſible une abſurdité par une autre abſurdité, & faire paſſer une ſuppoſition extravagante à la faveur d'une autre qui ne l'eſt pas moins. N'eſt-il pas en effet bien étrange de vouloir abſolument que les corps produiſent des idées dans l'Ame par un pouvoir actif qui ſoit en eux, choſe qu'on ne peut admettre, ſans abandonner la raiſon, comme M. Locke eſt contraint de l'avouer, pendant qu'il y a une autre hypothéſe, dans laquelle on explique d'une maniere ſimple, naturelle, conforme à la raiſon, & ſans aucune difficulté comment les impreſſions qui ſe font ſur le corps ſont fuivies d'idées & de fenfations dans l'Ame. Pourquoi abandonner fa raifon, aller au delà de fes idées, & courir après des facultés inintelligibles pour expliquer des effets, qu'on explique beaucoup mieux fans ces puiffances chimériques? Ce n'eft que parceque nous voulons confondre la caufe occafionnelle avec la caufe immédiate & vraiment efficiente, que certains effets nous paroiffent enfoncés dans un abyme de difficultés infurmontables: les difficultés s'applaniffent, l'obfcurité s'évanouit, les ténébres fe diffipent, dès que nous fuivons dans les chofes la diftinction que nous voyons dans nos idées. Eft-ce là un caractére de l'erreur? Un des principaux caractéres de la vérité dans les fentiments des Philofophes, c'eft fans doute, lorfque nous voyons que ces fentiments fe foutiennent l'un l'autre, que l'un fert à éclaircir les difficultés qu'on peut faire contre l'autre, qu'ils fe réuniffent, pour ainfi dire, en un feul point de vue, qui en fait voir la connéxité fans aucune oppofition entr'eux, ni avec les idées claires & diltinctes que nous pouvons avoir des chofes. Or c'eft ce qui fe trouve parfaitement dans notre fyftême de l'immaterialité de l'Ame foutenu par celui des caufes occafionnelles; au lieu que M. Locke ne peut foutenir fa théfe qu'en adoptant un fentiment, qu'il reconnoit être formellement oppofé à toutes nos idées, & qu'on ne peut par conféquent admettre *fans abandonner* fa raifon. Or n'eft-ce pas là un caractére de l'erreur, que de fe mettre ainfi dans la néceffité d'adopter les plus étranges abfurdités pour la foutenir, ou pour mieux dire, de fe mettre dans l'impuiffance de rejetter comme fauffe aucune propofition, quelque oppofition qu'elle puiffe avoir avec nos idées les plus claires & les plus diftinctes. Un homme qui abandonne fa raifon, pour fe perfuader que la matiere peut penfer, & que le corps produit effectivement les idées dans l'Ame, malgré les preuves qu'on apporte du contraire, quelle difficulté peut-il trouver *dans les formes fubftantielles, les ames végétatives, les efpeces intentionnelles des Péripatéticiens, l'ame du monde des Pla-*

Platoniciens, *la tendance des atômes vers le mouvement des Epicuriens*? Quelle difficulté aura-t-il à se persuader qu'une mouche peut produire un monde entier, & qu'un caillou peut avoir plus d'intelligence qu'un Cherubin? Mais ce qui est le comble de l'illusion, & qu'on ne sauroit trop répéter, c'est que ces Messieurs, qui veulent bien par un excès d'humilité abandonner leur raison dans les matieres, où cette raison pourroit les éclairer, ne laissent pas que de vouloir absolument juger par la raison même de certaines vérités de Religion, par lesquelles Dieu veut éxercer la Foi, & non l'intelligence des Fideles, & qu'il leur propose par conséquent sous le sceau de l'autorité infaillible dont il a revêtu son Eglise; au lieu qu'ils emploiroient plus utilement leurs études à rechercher les marques de cette autorité infaillible, que la raison ne manqueroit pas de leur faire connoître évidemment, s'ils apportoient à une étude si importante un peu plus d'application, & un peu moins de préjugés. Alors ils seroient vraiment sages, en croyant à la parole de Dieu dont le sens leur seroit expliqué par une autorité infaillible, & vraiment humbles en captivant leur entendement, & ne cherchant pas à soumettre à leur foible raison la vérité des Oracles, que la Majesté d'un Dieu propose à la Foi & à la véneration des hommes.

SECTION TROISIEME.

I. Autre prétention de M. Locke pour justifier son doute sur la materialité de l'Ame: qu'une démonstration philosophique de son immaterialité importe peu à la Religion.

MAis, pour reprendre le fil du discours que fait M. Locke l. 4. chap. 3. §. 6. pour soutenir la prétendue impossibilité, où nous sommes, selon lui, de jamais découvrir par la contemplation de nos idées, si ce n'est pas quelque amas de matiere qui pense en nous, cet Auteur ajoute que tout ce qu'il vient de dire n'est aucunement pour diminuer la croyance de l'immaterialité de l'Ame, qu'il ne parle pas de probabilité, mais d'une connoissance évidente, qu'il est digne de la modestie d'un Philosophe de ne pas prononcer en maître, où l'évidence requise nous manque, qu'il nous est utile de distinguer jusqu'où peut s'étendre notre connoissance, que dans ce monde nous ne sommes pas en un état de vision, comme parlent les Théologiens, & que les grandes fins de la Religion & de la Morale sont établies sur d'assez bons fondements, sans le secours des preuves de l'immaterialité de l'Ame tirées de la Philosophie.

II. Réponse. A tout cela il est aisé de répondre qu'une démonstration philosophique de l'immaterialité de l'Ame, & une bonne philosophie en général peut être d'un grand secours à la Religion, pour dompter l'orgueil des Esprits forts qui ne s'écartent ordinairement du respect qu'ils doivent à la Religion, que parcequ'ils se laissent séduire par de faux principes; que quoique l'état, ou nous sommes dans ce monde, ne soit pas un état de vision, il ne s'ensuit pas qu'il n'y ait plusieurs vérités que l'Esprit est capable de connoître évidemment; que s'il est utile de distinguer jusqu'où peut s'étendre notre connoissance, pour ne pas nous flatter de connoître ce qui surpasse réellement notre capacité, il n'est pas moins utile de pousser notre connoissance jusqu'où elle peut s'étendre, pour ne rien perdre des connoissances que Dieu a proportionnées à notre état, & augmenter la capacité & la perfection de notre Esprit par la connoissance de la vérité qui est sa nourriture naturelle; & qu'enfin, puisque nous avons des démonstrations de l'immaterialité de l'Ame, & non pas seulement de simples probabilités, quand même de telles démonstrations ne seroient pas de la conséquence dont elles sont, ce seroit toujours s'ôter la satisfaction de connoître une vérité, & dérober à l'Esprit une partie des richesses auxquelles il a droit de prétendre, que de ne vouloir pas apporter toute l'attention à les comprendre. On pourra juger par là s'il y a beaucoup de justesse dans le raisonnement qui va suivre, par lequel M. Locke conclut ici son discours sur la materialité de l'Ame.

III. Troisiéme prétention de „ C'est pourquoi, ce sont ces paroles, la nécessité de se déter-

„ déterminer pour, ou contre l'immaterialité de l'Ame n'eſt „ pas ſi grande, que certaines gens trop paſſionnés pour leur „ propre ſentiment ont voulu le perſuader : dont les uns „ ayant l'Eſprit trop enfoncé, pour ainſi dire, dans la ma- „ tiere, ne ſauroient accorder aucune éxiſtence à ce qui „ n'eſt pas materiel ; & les autres ne trouvant point que la „ penſée ſoit renfermée dans les facultés naturelles de la ma- „ tiere, après l'avoir examinée en tout ſens avec toute l'ap- „ plication dont ils ſont capables, ont l'aſſurance de conclure „ de là que Dieu ne ſauroit lui-même donner la vie & la „ perception à une ſubſtance ſolide.

M. Locke : que c'eſt parler avec une aſſurance blamable, que de nier que Dieu puiſſe accorder à la matiere la faculté de penſer.

IV. Réponſe : qu'il y a contradiction à ſuppoſer dans la matiere la faculté de penſer.

Les Théologiens & les Philoſophes conviennent ſans peine qu'on ne limite aucunement la toute-puiſſance de Dieu, quand on dit que Dieu ne peut faire ce qui implique une contradiction dans les termes, comme qu'une choſe ſoit, & ne ſoit pas en même tems ; quoiqu'il ſemble par l'impropriété de cette expreſſion, qui ne ſignifie pourtant autre choſe ſinon que ce que Dieu fait, il le fait, il ſemble qu'on mette des bornes à ſa puiſſance infinie. De ce principe inconteſtable les Théologiens & les Philoſophes concluent qu' on peut, ſans bleſſer le reſpect dû à la toute-puiſſance de l'Etre ſouverain, aſſurer ſans crainte que les eſſences des choſes ſont abſolument invariables, puiſqu'elles ne ſont que les degrés d'Etre, ſelon leſquels l'eſſence de Dieu eſt participable par les créatures, & dont Dieu par conſéquent contient les idées invariables & archetypes dans ſa Divine Eſſence. Or les facultés des choſes n'étant pas des Etres réels diſtingués de leur ſujet, & n'étant eſſentiellement que des manieres d'Etre, ou des déterminations de la ſubſtance, ainſi qu'il a déja été prouvé par M. Locke même, il s'enſuit que toute faculté, qui ne peut réſulter de l'eſſence d'une choſe, & qui ne peut être une détermination de ſa ſubſtance, ne ſauroit être une faculté de cette choſe. Or M. Locke tombe d'accord qu'il eſt autant impoſſible que la penſée ſoit une détermination des qualités premieres originaires, & eſſentielles de la ma-

tiere,

tiere, lesquelles sont la grosseur, la figure, le mouvement, la liaison de ses parties, qu'il est impossible que le néant produise la pensée; donc autant qu'il est impossible que le néant produise la pensée, il l'est aussi que la faculté de penser soit une faculté de la matiere. La contradiction qu'il y a donc à supposer que la matiere puisse recevoir la faculté de penser, ne sauroit être plus manifeste qu' elle l'est dans les principes de M. Locke: en effet que répondre à cet argument: toute faculté de la matiere est essentiellement une détermination de ses qualités premieres: la faculté de penser ne peut être une détermination des qualités premieres de la matiere; donc elle ne peut être une faculté de la matiere. M. Locke devroit donc reconnoître que ce n'est pas sans raison, qu'on a l'assurance de conclure d'un tel raisonnement, que Dieu ne sauroit accorder à la matiere la faculté de penser, puisque cette prétendue faculté seroit, & ne seroit pas en méme tems une faculté de la matiere. Elle le seroit, comme on veut bien le supposer gratuitement, elle ne le seroit pas, puisqu'elle ne résulteroit pas des qualités premieres de la matiere.

V. Quatriéme prétention de M. Locke: qu'il n'est pas plus difficile d'allier la sensation avec l'étenduë, que l'éxistence avec une chose non étenduë.

„ Mais quiconque, poursuit M. Locke, considérera combien il nous est difficile d'allier la sensation avec une matiere étenduë, & l'éxistence avec une chose qui n'ait absolument point d'étenduë, confessera qu'il est fort éloigné de connoître certainement ce que c'est que son Ame. C'est-là, dis-je, un point qui me semble tout-à-fait au dessus de notre connoissance. Et qui voudra se donner la peine de considérer & d'examiner librement les embarras, & les obscurités impénétrables de ces deux hypothéses, n'y trouvera gueres de raisons capables de le déterminer entiérement pour, ou contre la materialité de l'Ame, puisque de quelque maniere qu'il regarde l'Ame, ou comme une substance non étenduë, ou comme de la matiere étenduë qui pense, la difficulté qu'il aura à comprendre l'une ou l'autre de ces choses l'entrainera toujours vers le sen-

timent

„ timent opposé, lorsqu'il n'aura l'Esprit appliqué qu'à l'un „ des deux . . . . . . on ne peut nier que nous n'ayons en „ nous quelque chose qui pense ; le doute même que nous „ avons sur sa nature, nous est une preuve indubitable de „ la certitude de son éxistence ; mais il faut se résoudre à „ ignorer de quelle espece d'Etre elle est. Du reste c'est en „ vain qu'on voudroit à cause de cela douter de son éxi- „ stence, comme il est déraisonnable en plusieurs autres ren- „ contres de nier positivement l'éxistence d'une chose, par- „ ceque nous ne saurions comprendre sa nature.

VI. Absurdité d'une telle prétention.

Je reconnois sans peine avec le P. Malebranche, que nous ne connoissons notre Ame que par sentiment intérieur, & nullement par idée claire. Mais aussi je suis convaincu, & je crois l'avoir déja suffisamment prouvé, que nous avons une idée claire & distincte de l'étenduë solide, ou de la matiere en général, & que cette idée fournit une démonstration invincible, que la matiere est absolument incapable de penser. Le sentiment même intérieur que nous avons de notre pensée, pour peu d'attention qu'on veuille y apporter, suffit pour nous convaincre pleinement, que la pensée est une chose absolument indivisible, & par conséquent immaterielle. S'il nous est donc difficile d'allier l'éxistence avec une chose qui n'ait point d'étenduë, ce n'est, peut-être, „ que parceque nous sommes de ces gens, qui ayant l'Es- „ prit enfoncé dans la matiere ne sauroient accorder aucu- „ ne éxistence à ce qui n'est pas materiel. Mais peut-on dire avec la moindre apparence de vérité, que de quelque maniere qu'on regarde l'Ame, ou comme une substance non étenduë, ou comme de la matiere étenduë qui pense, la difficulté qu'il y a à comprendre l'une ou l'autre de ces choses doive entrainer un Esprit pénétrant & judicieux vers le sentiment opposé, lorsqu'il ne s'appliquera qu'à l'un des deux ? Que nous ne connoissions pas clairement qu'elle est cette chose non étenduë qui pense en nous, que nous ne puissions nous représenter nettement comment elle est faite, je veux l'avouer ; mais avec cela peut-on dire qu'il y ait quelque démonſtration, ou même quelque raiſonnement tant ſoit peu plauſible, qui prouve qu'il y ait contradiction à ſuppoſer l'éxiſtence d'une telle ſubſtance ? Bien loin de-là, le raiſonnement nous y conduit naturellement, & M. Locke a été obligé d'avouer ci-deſſus qu'il y a au moins aſſez de probabilités en faveur de l'immaterialité de l'Ame, pour en autoriſer juſtement la croyance. Mais quand il s'agit d'allier la ſenſation & la penſée avec la matiere, peut-on dire ſimplement, qu'il nous eſt ſeulement difficile de concevoir un tel alliage, après tant de preuves convaincantes, que nous croyons avoir données de la contradiction manifeſte qu'il y a à le ſuppoſer ? C'eſt donc bien à tort que M. Locke voudroit perſuader par un raiſonnement très-faux à la vérité, mais auſſi très-ſéduiſant pour les Eſprit ſuperficiels que „ qui voudra ſe donner la peine d'examiner librement les embarras, & les obſcurités impénétrables des „ deux hypothéſes, n'y pourra gueres trouver des raiſons „ capables de le déterminer pour, ou contre la materialité „ de l'Ame.

SIXIÈME PARTIE

Examen des raiſons de M. Locke en faveur de ſon doute ſur la materialité de l'Ame contre le Docteur Stillingfléet.

SECTION PREMIERE.

I. Extrait de la diſpute du Docteur Stillingfléet avec M. Locke fait par M. Coſte.

LE Docteur Stillingfléet ayant entrepris d'attaquer M. Locke ſur ſa fameuſe propoſition ; que nous ne ſaurions découvrir par la contemplation de nos propres idées, ſi Dieu n'a point donné à certains amas de matiere la faculté de penſer, les partiſans de ce Philoſophe ne manquerent pas de publier „ que le Docteur ſût

„ fut battu par le Philosophe, qui employoit des armes „ dont il connoissoit la trempe, & qui raisonnoit en homme „ instruit du fort & du foible de l'Esprit humain. M. Coste qui nous promet ici un extrait éxact de tout ce que M. Locke a dit sur ce sujet, pour repousser les attaques du Docteur Stillingfléet, nous fait savoir en même tems que ce Philosophe n'a pas manqué dans le dernier ouvrage qu'il écrivit contre ce Docteur, d'éclaircir sa pensée, & de la prouver par toutes les raisons dont il put s'aviser. J'ai donc lieu de croire que l'extrait de M. Coste contient tout ce que l'Esprit humain a su inventer de plus fort, de plus subtil, & de plus spécieux pour défendre, pour insinuer, pour donner au moins quelque couleur de vraisemblance à la pensée de M. Locke sur la materialité de l'Ame. Mais comme, selon la sentence d'un ancien Sage, rien n'est plus fort que la vérité, j'ose entreprendre d'y répondre, esperant de montrer clairement qu'il ne faut rien de plus qu'une courte application des principes, que j'ai posés jusqu'ici pour satisfaire pleinement à toutes les nouvelles prétendues difficultés de M. Locke, quelques subtiles qu'on veuille bien les supposer. Voici donc l'extrait qui commence.

II. Premier argument du Docteur Stillingfléet: qu'attribuer la pensée à la matiere c'est confondre l'idée de la matiere avec celle de l'Esprit.

„ La connoissance que nous avons, dit d'abord le Do„ cteur Stillingfléet, étant fondée, selon M. Locke, sur nos „ idées, & l'idée que nous avons de la matiere en géné„ ral, étant une substance solide (on doit remarquer que si l'idée de la matiere en général est une substance solide, l'étenduë doit aussi être nécessairement comprise en cette idée, puisque la solidité ne peut convenir qu'à l'étenduë) „ & celle du corps une substance étenduë, solide, & figu„ rée, dire que la matiere est capable de penser c'est con„ fondre l'idée de la matiere avec l'idée d'un Esprit.

III. Réponse de M. Locke.

„ Pas plus, répond M. Locke, que je confonds l'idée de „ la matiere avec l'idée d'un cheval, quand je dis que la „ matiere en général est une substance solide & étenduë, „ & qu'un cheval est un animal, ou une substance solide,

„ étenduë, avec ſentiment & motion ſpontanée.

IV. Preuve en faveur de l'argument du Docteur Stillingfléet.

Les facultés d'un ſujet ou d'une ſubſtance ne ſont que des modes de cette ſubſtance, & le mode n'eſt que la ſubſtance même, en tant que modifiée ou éxiſtante d'une certaine façon. Donc attribuer à la ſubſtance du corps les facultés qui ſont naturelles à la ſubſtance de l'Eſprit, c'eſt attribuer au corps les modes de l'Eſprit, & en mettant la définition à la place du défini, c'eſt attribuer à la ſubſtance du corps en qualité de faculté la ſubſtance de l'Eſprit, en tant que modifiée d'une certaine façon; c'eſt confondre par conſéquent l'idée de l'une avec l'idée de l'autre; c'eſt vouloir identifier par une contradiction manifeſte deux choſes eſſentiellement différentes, telles que le ſont deux ſubſtances. L'exemple du cheval ne prouve rien; car, ou M. Locke ne reconnoit dans le cheval que de la matiere & du méchaniſme; & en ce cas il ne peut y avoir dans le cheval ni ſentiment, ni motion, laquelle ne dépende des loix générales de la communication du mouvement; ou bien il reconnoit dans le cheval une ſubſtance diſtinguée de la matiere, qui ſoit le principe du ſentiment, & de la motion ſpontanée qu'il ſuppoſe dans le cheval, & en ce cas il eſt clair que ſon exemple eſt tout-à-fait hors de propos.

V. Prétention de M. Locke, qu'en ajoutant à la matiere des qualités non contenues dans ſon eſſence, on ne la détruit pas pour cela.

„ L'idée de la matiere, pourſuit M. Locke, eſt une ſubſtance étenduë & ſolide: par tout où ſe trouve une telle „ ſubſtance, là ſe trouve la matiere & l'eſſence de la matiere; „ *quelques autres qualités non contenues dans cette eſſence qu'il* „ *plaiſe à Dieu d'y joindre par deſſus*. P. e. Dieu crée une „ ſubſtance étenduë & ſolide, ſans y joindre par deſſus au- „ cune autre choſe; & ainſi nous pouvons la conſidérer en „ repos. Il joint le mouvement à quelques unes de ſes par- „ ties, qui conſervent toujours l'eſſence de la matiere. Il en „ façonne d'autres en plantes, & leur donne toutes les pro- „ priétés de la végétation, la vie, & la beauté qui ſe trouve „ dans un roſier, & un pommier; & à d'autres parties il „ ajoute le ſentiment & le mouvement ſpontané, & les au-

tres

„ tres propriétés qui se trouvent dans un Elephant.

On voudroit bien savoir ce que M. Locke entend ici par ces qualités non contenues dans l'essence de la matiere, & qu'il suppose que Dieu peut ajouter à la matiere. M. Locke liv. 2. c. 8. distingue deux sortes de qualités de la matiere, les qualités premieres qui lui sont essentielles, sçavoir la grosseur, la figure, la mobilité, la liaison de ses parties; & les qualités secondes qui ne sont autres que les différentes puissances, par lesquelles les corps agissent les uns sur les autres, & qui selon lui résultent toutes des différentes déterminations des qualités premieres. Cela posé, je demande ici, où par le nom des qualités, dont M. Locke croit la matiere capable, il entend ces différentes déterminations de ses propriétés essentielles, qui combinées d'une infinité de différentes façons peuvent aussi fournir une infinité de différentes qualités; & alors il est clair que la matiere ne peut avoir d'autres qualités, que celles qui sont contenues originairement dans son essence; où il entend des réalités, des Etres totalement distingués de la matiere, & alors il faut qu'il retombe dans les accidents péripatéticiens, qu'il traite ailleurs de chimeres & d'absurdités. Au reste il n'est aucunement nécessaire de recourir à ces qualités chimériques non contenues dans l'essence de la matiere, pour expliquer les propriétés de la végétation des plantes, & du méchanisme des animaux. „ Dieu, par exemple, dit M. Locke, crée „ une substance étenduë & solide en repos, il joint le mou„ vement à quelques unes de ses parties, qui conservent „ toujours l'essence de la matiere. Mais aussi le mouvement, ou la capacité de recevoir le mouvement se déduit parfaitement de l'étenduë, qui est l'essence de la matiere, ou du moins la premiere de ses qualités essentielles. En effet la divisibilité est une suite de l'étenduë, & la mobilité une suite de la divisibilité. La mobilité est si essentielle à la matiere, que quand même on supposeroit un plein infini, on pourroit pourtant toujours concevoir le mouvement dans quelques

VI. Fausseté d'un tel sentiment. L'idée du mouvement se déduit de l'essence de la matiere.

 unes

unes de ses parties, par la même raison qu'on conçoit qu'un globe peut se mouvoir sur son centre dans une surface concave, pourvu qu'on suppose les deux surfaces, la convexe, & la concave parfaitement polies, quoiqu'elles se touchent exactement de toutes parts, & qu'elles ne laissent lieu à aucun vuide.

VII. La végétation des plantes est aussi une suite des qualités essentielles de la matiere.

„ Dieu, ajoute M. Locke, façonne d'autres parties de la „ matiere en plantes, & leur donne toutes les propriétés „ de la végétation, la vie, & la beauté qui se trouve dans „ un rosier, & un pommier par dessus l'essence de la ma- „ tiere. Mais pour façonner en plante un amas de matiere, il ne faut que lui donner un certain arrangement & un certain mouvement: toutes les propriétés de la végétation ne dépendent en effet que de cet arrangement, & de ce mouvement: la vie d'une plante consiste dans la circulation de la seve; ainsi il n'y a rien dans les plantes, qui ne soit une suite, & une dépendance des qualités premieres de la matiere, rien qui ne puisse être déduit de son essence.

VIII. Ce que c'est que la beauté dans les corps.

Quant à la beauté qui se trouve dans un rosier & un pommier, on ne peut pas dire, à proprement parler que ce soit une perfection ajoutée à la matiere, non plus qu'à proprement parler, on ne peut pas dire que la beauté d'une statue soit une perfection ajoutée au bloc de marbre dont elle a été faite; car bien loin qu'on doive ajouter quelque chose de positif à un bloc de marbre, pour en faire une statue, qu'au contraire ce n'est qu'en retranchant de ce bloc des parties réelles & positives qu'on vient à la former. Et généralement parlant, il est évident que la beauté des corps considérée dans les corps mêmes, ne peut consister que dans un certain arrangement de parties disposées selon certaines proportions. Or je dis que cet arrangement ne peut donner aux parties qui composent le tout ainsi arrangé, aucune perfection réelle & intrinseque qu'elles n'eussent pas auparavant, ni par conséquent au tout qui en résulte, & qui n'est pas distingué des parties qui le composent. En effet les parties

de

de la matiere par leurs divers arrangements n'acquiérent précisément que des diverses juxtapositions ou relations locales; & une simple relation locale n'ajoute aucun degré d'Etre ou de perfection intrinseque à aucune partie de la matiere, qui demeure constamment la même, soit qu'une autre partie s'en approche ou s'en éloigne, qu'elle se place à sa droite ou à sa gauche &c. Il n'y a donc de beauté dans les corps, qu'en tant qu'ils portent le caractére de l'art de la sagesse, & de l'intelligence qui les a façonnés : ainsi la beauté n'est proprement que dans l'idée, selon laquelle le corps a été arrangé. C'est dans cette idée que se trouve le charme & la perfection de la beauté. La beauté n'est dans le corps, que le rapport qu'il a par l'arrangement de ses parties à cette idée, selon laquelle il a dû être arrangé pour être appellé beau. C'est ce qui paroîtra encore plus évidemment, si on considére que les couleurs, dont la varieté & la juste distribution releve avec tant d'éclat la beauté des objets, & nous la rend si touchante, ces couleurs, dis-je, ne sont que dans l'Ame, & qu'il n'y a dans les corps qu'une certaine configuration de parties propre à réfléchir les rayons de la lumiere, qui selon leur différent degré de réfrangibilité doivent exciter en nous le sentiment de ces couleurs. Ainsi à proprement parler, il n'y a dans les corps que la puissance d'exciter en nous l'idée, & le sentiment de beau par l'impression qu'ils peuvent faire sur nos organes; mais la forme de la beauté ne s'y trouve point : la forme de la beauté, selon S. Augustin, c'est l'unité : *Forma omnis pulchritudinis unitas est*. S. Aug. ep. 18. * Et il n'y a point de vraie unité dans les corps, puisque les parties qui s'unissent pour composer un tout ne laissent pas que d'être toutes distinguées l'une de l'autre, sans que par leur nouvelle situation, & leur nouvel arrangement

* *D. Anselm. in Prosolog.* Nam quidquid est partibus junctum, non est omnino unum, sed quodammodo plura, & diversum a se ipso, & vel actu, vel intellectu dissolvi potest.

gement elles puiſſent acquérir aucune réalité, aucune perfection qu'elles n'euſſent pas auparavant. Un tout donc qui n'eſt un que par l'union de pluſieurs parties diſtinguées l'une de l'autre, ne peut avoir plus de perfection qu'il n'y en a dans ſes parties conſidérées en elles-mêmes. Car, comme je l'ai déja dit, d'un côté il eſt évident que le tout n'eſt pas quelque choſe de diſtinct de ſes parties priſes enſemble, & il ne l'eſt pas moins de l'autre que des parties aſſemblées ne peuvent ſe donner par cet aſſemblage, qui n'eſt en elles qu'une relation locale, aucune perfection par deſſus celle qu'elles avoient déja par elles-mêmes. Pour qu'un tout fût plus parfait que ſes parties, il faudroit que ſes parties s'identifiaſſent, & que toute la réalité & la perfection, qui eſt diſperſée dans toutes, ſe trovât réunie dans un ſeul tout ſimple & indiviſible. Mais c'eſt ce qui ne peut être dans les corps, & ce qui fait que cette forme de la beauté, qui n'eſt point dans chaque partie du corps en tant que deſunie, & qui eſt pourtant en elle-même une perfection très-réelle, ne ſauroit être produite réellement & intrinſequement dans le corps, lors même que toutes ſes parties ſont diſpoſées ſelon les regles du beau. Mais cette unité parfaite qui conſtitue la forme du beau, & qui ne ſauroit ſe trouver dans aucun tout materiel, ſe trouve dans l'idée ſpirituelle qui le repréſente. En effet nous ne connoiſſons pas les corps immédiatement, & par eux-mêmes, comme l'avoue M. Locke, mais par l'intervention de leurs idées. Les idées ſont donc des choſes réelles, diſtinguées des corps, & qui pourtant les repréſentent. Lors donc que je regarde une ſtatue faite ſelon toutes les regles de l'art, ce n'eſt pas la ſtatue materielle, qui eſt l'objet immédiat de mon eſprit qui la voit, c'eſt l'idée qui la repréſente, & que j'apperçois immédiatement. Or cette idée ſpirituelle qui la repréſente, & qui eſt en elle-même une & indiviſible, ne peut la repréſenter qu'en tant qu'elle réunit dans ſa ſimplicité toute la réalité des différentes parties de la ſtatue avec tous leurs rapports, & toutes

leurs

leurs proportions, & qu'elle les présente ainsi comme un seul tout à l'esprit. Cette idée qui contient donc d'une maniere simple & indivisible toute la réalité des différentes parties qu'elle représente; car elles ne pourroit les représenter; si elle n'en contenoit la réalité; cette idée, dis-je, a en elle-même toute la perfection qu'auroit un tout materiel, si ses parties pouvoient se communiquer leur propre perfection, & s'identifier en un seul tout simple & indivisible. C'est donc dans cette idée que je trouve la forme de la beauté, la parfaite unité: *Forma omnis pulchritudinis unitas est*. Admirable propriété des idées qui représentent la matiere, sans contenir formellement les propriétés de la matiere, & qui doivent par conséquent les contenir éminemment, c'est-à-dire, en avoir toute la réalité, sans en avoir les défauts.

IX. La vie des brutes ne favorise point la prétention de M. Locke.

„ Enfin, poursuit M. Locke; Dieu ajoute à d'autres par-
„ ties le sentiment & le mouvement spontané, & les autres
„ propriétés qui se trouvent dans un Elephant. Comme je ne reconnois pas de différence entre un Elephant, & un Cheval par rapport au sentiment & au mouvement spontané, je ne répéterai pas au sujet de l'Elephant ce que j'ai dit un peu plus haut du Cheval. Je fais remarquer seulement que le Traducteur de M. Locke ajoute ici à la fin de son extrait quelques réflexions assez importantes sur ce passage, & releve quelques bevuës de son Auteur au sujet de l'ame des bêtes.

SECTION SECONDE.

I. Fausse prétention de M. Locke, qu'en niant que Dieu puisse accorder à la matiere la faculté de penser, on borne sa toute-puissance.

APrès tous ces exemples qu'il croit absolument incontestables, M. Locke trouve fort extraordinaire, que si on veut faire un pas en avant, & soutenir que „ Dieu
„ peut joindre à la matiere, la pensée, la raison, la voli-
„ tion, aussi-bien que le sentiment & le mouvement spon-
„ tané, il se trouve aussi-tôt des gens prets à limiter la
„ puissance du Créateur, & à dire que c'est une chose que
„ Dieu ne peut point faire, parceque cela détruit l'essence

de

„ de la matiere, ou en change les propriétés essentielles,
„ sans apporter d'autres preuves d'une telle assertion, si non
„ que la pensée & la raison ne sont pas renfermées dans
„ l'essence de la matiere. Elles n'y sont pas renfermées, j'en
„ conviens, dit M. Locke; mais une propriété qui n'étant
„ pas contenue dans la matiere vient à être ajoutée à la ma-
„ tiere, n'en détruit point pour cela l'essence, si elle la
„ laisse être une substance étenduë & solide. *Autrement* que
„ deviendra l'essence de la matiere dans une plante, & dans
„ un animal, dont les propriétés sont si fort au dessus d'une
„ substance purement solide & étenduë.

On a déja fait voir que les propriétés, qualités, & facultés d'une chose n'étant que des modes ou des déterminations de son essence, il est impossible que cette chose puisse avoir d'autres propriétés que celles, qui peuvent être déduites de son essence, & qui y sont par conséquent renfermées. On a fait voir qu'une propriété qui ne seroit point contenue dans l'essence d'une chose, & qui lui seroit ajoutée, devroit être ou un accident péripatéticien, ou pour mieux dire, une autre substance, puisque cette prétendue propriété auroit elle-même son propre Etre, sa propre réalité distinguée de celle du sujet, auquel on voudroit la supposer ajoutée. Si donc une propriété n'est pas une substance, comme il est absurde de le supposer, si ce n'est pas un accident péripatéticien, comme en convient M. Locke, il s'ensuit que toute propriété ne peut être qu'une modification de sa substance ou de son sujet, & par conséquent attribuer à la matiere une propriété qui ne soit pas une modification de l'étenduë solide, c'est en détruire l'essence; puisqu'il faut supposer pour cela que la matiere ne soit plus de l'étenduë solide, mais une autre chose dont cette propriété soit une modification. L'essence de la matiere n'est pas détruite dans une plante, parceque, comme les Physiciens en conviennent, il n'y a rien dans une plante qui ne dépende des qualités premieres de la matiere. Pour ce qui est des animaux, où l'on admet en eux du ſentiment, & alors on ne peut diſconvenir qu'il n'y ait en eux plus que de la pure matiere; ou l'on n'y reconnoît que de la pure matiere ſans autre ſubſtance ajoutée, & alors on ne peut plus y reconnoître du ſentiment.

II. Suite de la même matiere.

Voyons maintenant ce qui ſuit dans l'extrait. „ Mais ajou„ te-t-on, il n'y a pas moyen de concevoir comment la ma„ tiere peut penſer, j'en tombe d'accord; mais inferer de „ là que Dieu ne peut pas donner à la matiere la faculté „ de penſer, c'eſt dire que la toute-puiſſance de Dieu eſt ren„ fermée dans des bornes fort étroites, par la raiſon que „ l'entendement de l'homme eſt lui-même fort borné.

A Dieu ne plaiſe que nous voulions renfermer la toute-puiſſance du Créateur dans des bornes étroites, où notre entendement ſe trouve lui-même renfermé, & que nous prétendions jamais que Dieu ne peut faire une choſe, dès que nous ne concevons pas comment il la peut faire. Mais quoiqu'on ne doute pas que Dieu ne puiſſe faire une infinité de choſes, qui ſurpaſſent la portée de notre entendement, toujours eſt-il vrai que Dieu ne peut rien faire de ce qui enferme une contradiction manifeſte; parcequ'il faudroit ſuppoſer qu'il feroit une choſe, & qu'en même tems il la détruiroit, & qu'ainſi elle ſeroit, & ne ſeroit pas en même tems: or quand nous diſons que Dieu ne peut accorder à la matiere la faculté de penſer, ce n'eſt pas ſimplement, comme M. Locke voudroit le faire accroire; parceque nous ne ſaurions concevoir comment la matiere peut penſer; mais c'eſt parceque nous concevons clairement qu'il y a une contradiction manifeſte à ſuppoſer que la matiere penſe, comme il a été prouvé juſqu'ici.

III. Suite du même ſujet.

„ Si Dieu ne peut donner aucune puiſſance, pourſuit M. Lo„ cke, à une portion de matiere, que celle que les hom„ mes peuvent déduire de l'eſſence de la matiere en général, „ ſi l'eſſence ou les propriétés de la matiere ſont détruites „ par toutes les qualités qui nous paroiſſent au deſſus de

„ la matiere, & que nous ne saurions concevoir comme
„ des conséquences naturelles de cette essence, il est évident
„ que l'essence de la matiere est détruite dans la plûpart
„ des parties sensibles de notre systême, dans les plantes, &
„ dans les animaux.

Ce raisonnement de M. Locke me paroit un peu ambigu. Je ne sais, s'il veut dire qu'il y a des qualités, & des puissances que Dieu peut ajouter à la matiere, quoiqu'elles ne puissent être aucunement déduites de son essence; ou bien s'il accorde que toutes les qualités de la matiere dépendent à la vérité de son essence, mais que les hommes ne pouvant concevoir comment elles en peuvent être déduites, elles leur paroissent au dessus de la matiere; & cela ou parceque l'essence de la matiere n'est pas simplement l'étenduë solide, mais quelque chose de caché, & tout-à-fait éloigné de notre compréhension; ou parceque l'étenduë solide peut être capable de quelque chose de plus que de figure & de mouvement, quoique nous ne puissions le concevoir; ou enfin parceque le sentiment, la pensée &c. pourroient résulter d'une certaine configuration, & d'un certain mouvement de ses parties solides. Mais en quelque sens qu'il plaise à M. Locke d'interpréter son raisonnement, il ne peut éviter de se contredire de façon ou d'autre. Car en premier lieu s'il prétend que Dieu peut ajouter à la matiere des qualités, qui ne soient pas déduites de son essence, il s'ensuivra que ces qualités auront donc leur éxistence & leur réalité distinguée de celle de la matiere, & qu'elles seront par conséquent ou des substances, ou des accidents péripatéticiens. En second lieu s'il prétend que l'essence de la matiere n'est pas l'étenduë solide, mais quelque chose de plus caché, ou bien que l'étenduë solide peut avoir d'autres, que celles qui dépendent de la grosseur, de la figure, du mouvement, & de la liaison de ses parties, ou enfin que la pensée peut résulter d'un certain arrangement & d'un certain mouvement des parties de la matiere, il faut qu'il détruise le fondement de sa démonstration

ſtration de l'immaterialité de Dieu, qui eſt toute appuyée ſur ces principes, que la matiere n'eſt tout ſimplement qu'une ſubſtance étenduë & ſolide, qui étant une fois en repos ne peut ſe donner le mouvement par elle-même, que quelques-unes de ſes parties ayant reçu le mouvement ne peuvent faire que ſe heurter, ſe diviſer, & rien de plus, & qu'enfin il eſt autant au deſſus des forces de la matiere de produire la penſée avec le mouvement, qu'il eſt au deſſus des forces du néant de produire la matiere. Ce que M. Locke ajoute, que ſi la matiere ne pouvoit avoir de qualités, que celles qui ſont des conſéquences naturelles de ſon eſſence, elle ſeroit détruite dans la plûpart des parties ſenſibles de notre ſyſtême, dans les plantes & dans les animaux, a déja été réfuté en ce qui regarde les plantes & les animaux, voyons maintenant comment il prétend le prouver par rapport aux autres parties ſenſibles de notre ſyſtême.

IV. M. Locke recourt à l'attraction pour juſtifier ſa prétention.

„ On ne ſauroit comprendre, dit M. Locke, comment „ la matiere pourroit penſer, donc Dieu ne peut lui don- „ ner la puiſſance de penſer. Si cette raiſon eſt bonne, elle „ doit avoir lieu en d'autres rencontres. Vous ne pouvez „ concevoir que la matiere puiſſe attirer la matiere à au- „ cune diſtance, moins encore à la diſtance d'un million „ de lieuës; donc Dieu ne peut lui donner une telle puiſ- „ ſance. Vous ne pouvez concevoir que la matiere puiſſe „ ſentir, ou ſe mouvoir, ou affecter un Etre immateriel, „ & être mue par cet Etre; donc Dieu ne peut lui donner „ de telles puiſſances; ce qui eſt en effet nier la peſanteur, „ & la révolution des planetes autour du Soleil, changer „ les bêtes en pures machines ſans ſentiment ou mouvement „ ſpontané, & refuſer à l'homme le ſentiment & le mouve- „ ment volontaire.

V. Que l'attraction ne ſauroit être une qualité intrinſeque de la matiere.

Prétendre que Dieu ne puiſſe accorder à la matiere la faculté de penſer, préciſément parcequ'on ne ſauroit comprendre comment cela pourroit ſe faire, ce ſeroit ſans doute très-mal raiſonner: auſſi n'eſt-ce pas ſur un tel raiſonnement, comme on a pu le voir jusqu'ici, que nous nous appuyons pour nier que la matiere puisse jamais être capable de penser: ce n'est pas sur notre ignorance, & sur les bornes étroites de notre entendement qu'une telle thése est fondée; c'est sur nos idées les plus claires & les plus distinctes, c'est sur la connoissance que nous avons de la contradiction manifeste qu'il y a à supposer la faculté de penser dans la matiere. Les raisonnements qu'on a employés jusqu'ici pour rendre cette contradiction évidente & palpable, peuvent être appliqués à toutes les autres qualités & puissances, que les Philosophes pour couvrir leur ignorance attribuent si libéralement à la matiere, & qui ne peuvent être déduites de la grosseur, de la figure, du mouvement, & de la liaison de ses parties. On ne peut concevoir, dit M. Locke, que la matiere puisse attirer la matiere à aucune distance; nous en convenons, s'il l'entend d'une vraie puissance, ou vertu qui soit dans la matiere, non seulement parcequ'une telle puissance ne peut être une détermination des qualités premieres de la matiere, ce qui est essentiel à toute faculté par rapport à son sujet, comme on l'a montré plus haut par M. Locke même, mais aussi parceque la puissance de mouvoir, de quelque façon que ce soit, n'étant autre que la puissance de faire éxister le corps en différentes places successivement; une telle puissance n'est pas différente en elle-même de la puissance de créer, & l'action de mouvoir de l'action de créer. L'action de mouvoir, je le répete encore, ne fait qu'ajouter quelques circonstances ou quelques déterminations à l'action de créer en général. Par l'action de créer simplement, Dieu fait éxister un corps qui n'éxistoit pas encore, & le fait éxister dans la place où il veut qu'il éxiste; puisque éxister dans une place n'est pas une chose différente, que d'éxister simplement par rapport au corps. Par l'action de conserver, Dieu continue à créer ce corps, c'est-à-dire qu'il continue à vouloir qu'il éxiste, ou dans la même place, ou dans quelque autre qui lui plait: ainsi la conservation n'ajoute

à la

à la création qu'une circonſtance ou une détermination, qui eſt la continuation de la volonté ou de l'action, par laquelle Dieu veut que le corps éxiſte ; mais dans le fond c'eſt toujours la même action, c'eſt la création en tant que continuée. Enfin par l'action de mouvoir, Dieu fait éxiſter le corps ſucceſſivement en différentes places. L'action de mouvoir n'ajoute donc qu'une nouvelle circonſtance, une nouvelle détermination à l'action, par laquelle Dieu conſerve le corps. L'action de conſerver emporte ſeulement l'idée, que Dieu veut que le corps continue à éxiſter, en quelque place que ce ſoit. L'action de mouvoir emporte de plus l'idée que ce corps éxiſte ſucceſſivement en différentes places contiguës ; mais dans le fond c'eſt toujours la même action, par laquelle Dieu crée & conſerve le corps, continuant à le faire éxiſter en différentes places.

VI. Comparaiſon de l'impulſion avec l'attraction.

On ne peut donc concevoir aucune attraction entre les parties de la matiere, que dans le ſens qu'on y conçoit de l'impulſion ; c'eſt-à-dire que comme le choc des corps, qui n'eſt autre que leur rencontre avec un certain degré de maſſe & de viteſſe, eſt l'occaſion que Dieu a établie pour regler le mouvement dans ces corps, ſelon certaines loix & certaines proportions pleines de ſageſſe, que l'expérience a fait connoître en partie aux Phyſiciens ; ainſi la maſſe de chaque partie de la matiere conſidérée en elle-même, & ſon éloignement d'une autre partie quelconque de matiere eſt auſſi une occaſion, que Dieu a établie par une autre loi générale pleine de ſageſſe, pour faire approcher une partie de l'autre avec un degré de mouvement qui ſoit en raiſon directe de leurs maſſes, & en raiſon inverſe des quarrés de leurs diſtances. * C'eſt-là la ſeule explication intelligible qu'on puiſſe donner de

* *Mentor moderne diſcours* 106. *de Monſieur Adiſſon*, *Stéele &c.* Le principe de la gravitation des corps ne ſauroit être expliqué que d'une ſeule maniere ; c'eſt en l'attribuant à la volonté directe, & à l'opération immédiate de Dieu, qui l'a trouvé le plus propre à maintenir l'ordre dans le monde corporel.

de l'attraction, sur laquelle sont encore partagés les plus célébres Philosophes de notre siécle. Les Neutoniens, qui en veulent faire une propriété intrinseque de la matiere, & qui lui soit aussi essentielle, que l'étenduë ou la divisibilité, non seulement s'éloignent du sentiment de leur Maître, mais de plus ils justifient pleinement par un sentiment si insoutenable tout ce qu'il y a jamais eu de qualités occultes dans les écoles, & s'envélopent eux-mêmes dans ce fatras d'obscurités, qui a justement dégouté les personnes de bon sens. Ce qui est d'autant plus étonnant que supposé qu'on ait besoin de l'attraction pour l'explication de la nature, on peut la regarder comme une loi générale de cette nature, & que dans tout systême il faut enfin recourir à une telle loi générale, qui soit l'effet immédiat de la volonté du Créateur; puisque c'est lui réellement qui a créé le monde par sa puissance, & l'a formé par sa sagesse. Au reste prétendre qu'il y ait une attraction proprement dite dans la matiere, ce n'est pas seulement renouveller les qualités occultes, mais de plus c'est admettre une contradiction manifeste; à vouloir qu'un corps agisse par son action immédiate où il n'est point. Quand on suppose que Saturne à tant de millions de lieuës est attiré par le Soleil, on suppose que l'action du Soleil imprime un certain mouvement à Saturne. Il faut donc que cette action soit reçue immédiatement dans Saturne, puisqu'elle est la cause immédiate de son mouvement. Or je demande, cette action du Soleil qui se trouve dans Saturne, pendant que le Soleil en est éloigné de tant de millions de lieuës, est-ce un Etre distingué du Soleil agissant, est-ce un corps, n'est-ce rien? Les plus étranges absurdités doivent-elles donc toujours trouver des protecteurs parmi ce qu'on appelle les Philosophes?

Je ne répete pas ici ce que j'ai déja dit plus haut sur le sentiment & le mouvement spontané des bêtes, ni sur l'étrange prétention de M. Locke qu'ôter à la matiere toute capacité de pouvoir jamais penser, & toute-puissance d'affecter immédiatement un Etre immateriel, & d'en être immédiatediatement affectée, se soit ôter à l'homme le sentiment & le mouvement volontaire. Je ne suis déja que trop fâché que la facilité de M. Locke à rebattre toujours les mêmes objections m'entraine si souvent, comme malgré moi, à répéter les mêmes réponses, pour ne rien laisser en arriere.

SECTION TROISIEME.

I. Supposition absurde de M. Locke de deux substances créées dans une parfaite inactivité, auxquelles Dieu peut ajouter indifféremment toutes sortes de qualités.

„ Dieu, continue M. Locke, a créé une substance : „ que ce soit, par exemple, une substance étenduë „ & solide: Dieu est-il obligé de lui donner, outre l'Etre, „ la puissance d'agir? C'est-ce que personne n'osera dire, à „ ce que je crois. Dieu peut donc la laisser dans une par- „ faite inactivité. Ce sera pourtant une substance. De même „ Dieu crée, ou fait éxister de nouveau une substance im- „ materielle qui sans doute ne perdra pas son Etre de sub- „ stance, quoique Dieu ne lui donne que cette simple exi- „ stence, sans lui communiquer aucune activité. Je deman- „ de à présent quelle puissance Dieu peut donner à l'une de „ ces substances qu'il ne puisse point donner à l'autre.

Pour répondre à cette difficulté de M. Locke, il n'est précisément besoin que de déterminer la signification de ce mot *puissance*. Si par *puissance* l'on entend un Etre distingué de son sujet, tels que sont les accidents & les formes de l'école, je ne nierai point que Dieu ne puisse indifféremment attacher toutes sortes de puissance à l'une ou à l'autre de ces substances. Mais M. Locke doit se souvenir que ces accidents & ces formes ne sont pour lui que des chimeres, & qu'on ne peut en avoir d'autre idée que celle du son des syllabes dont ces mots sont composés. Si, au contraire, par le mot de puissance on entend une qualité, qui ne soit précisément qu'une modification de son sujet, & qui n'ait par conséquent aucune réalité distinguée de celle du sujet, il est bien évident que Dieu ne peut donner à la substance étenduë & solide que les puissances, qui peuvent dépendre de la grosseur,

groſſeur, de la figure, du mouvement, & de la liaiſon de ſes parties, ainſi qu'il a déja été expliqué plus haut par M. Locke même. Quant à la ſubſtance immaterielle, comme nous n'avons pas une idée claire de ſon eſſence, nous ne ſaurions déterminer les puiſſances, dont elle eſt ou n'eſt pas capable; mais au moins pouvons-nous dire avec toute aſſurance, qu'une ſubſtance immaterielle eſt abſolument incapable des puiſſances, qui naiſſent de la groſſeur, de la figure, du mouvement, & de l'arrangement des parties; puiſque pour cela il faudroit ſuppoſer qu'elle fût elle-même compoſée de parties, & qu'ainſi elle fût en même tems materielle & immaterielle. Il eſt donc clair qu'une ſubſtance immaterielle en quelque inactivité qu'on la ſuppoſe, ne peut jamais être capable des puiſſances propres à la ſubſtance materielle; & que par la même raiſon, celle-ci ne peut non plus être capable des puiſſances propres à celle-là. Et certainement quelle différence y auroit-il entre la nature de l'Eſprit, & celle du corps, ſi l'un & l'autre étoit capable des mêmes propriétés, des mêmes puiſſances, des mêmes qualités? Mais écoutons la ſuite des objections de M. Locke.

II. Suite du même ſujet par rapport à la faculté de penſer.

„ Dans cet état d'inactivité, reprend M. Locke, il eſt viſible qu'aucune d'elles ne penſe: car penſer étant une „ action, l'on ne peut nier que Dieu ne puiſſe arrêter l'action „ de toute ſubſtance créée ſans annihiler la ſubſtance, & ſi „ cela eſt, il peut auſſi créer, ou faire éxiſter une telle ſub- „ ſtance, ſans lui donner aucune action.

Il n'eſt pas décidé que la ſubſtance immaterielle, qu'on nomme Eſprit, puiſſe être ſans penſée, & malgré les preuves que M. Locke prétend donner du contraire; & qui ne ſont rien moins que concluantes au jugement même de ſon Traducteur, on peut ſoutenir avec beaucoup de vraiſemblance que la penſée eſt à l'Eſprit, ce que la figure eſt au corps; en ſorte que comme la figure en général eſt une qualité eſſentielle au corps, quoiqu'il en change ſouvent; de même la penſée en général doit être conſidérée comme eſſentielle à l'Eſprit, à l'Esprit, quoiqu'il en change continuellement. Il est faux d'ailleurs que toute pensée soit une action ; on comprend sous le nom de pensée la perception des objets que nous voyons, & cependant une telle perception, comme en convient M. Locke, est une passion, & non une action de l'Esprit. Ainsi quand on avoueroit que la substance immaterielle peut être sans pensée, toujours seroit-il vrai de dire qu'elle est essentiellement capable de recevoir la pensée; de la même façon que la substance étenduë & solide supposée dans un état parfait d'inactivité, seroit toujours essentiellement capable de recevoir une figure qu'elle n'auroit pas actuellement. Puis donc que l'état d'inactivité, où M. Locke suppose la substance immaterielle, aussi bien que la substance étenduë & solide, n'ôte pas à ces substances leur capacité naturelle, il s'ensuit que comme la substance immaterielle ne peut jamais recevoir ni figure, ni mouvement, ni arrangement de parties, parcequ'il n'y a qu'une substance étenduë & composée de parties, qui soit par sa nature capable de telles qualités; la substance étenduë & solide ne peut non plus recevoir ni sentiment, ni perception, ni pensée, ni les autres qualités, dont la substance immaterielle est seule par sa nature essentiellement capable.

III. Suite du même sujet par rapport à la faculté de se mouvoir.

„ Par la même raison, poursuit M. Loche, il est évident „ qu'aucune de ces substances ne peut se mouvoir elle-même. „ je demande à présent, pourquoi Dieu ne pourroit-il point „ donner à l'une de ces substances, qui sont également dans „ un état de parfaite inactivité, la même puissance de se „ mouvoir qu'il donne à l'autre, comme, par exemple, la „ puissance d'un mouvement spontané, laquelle on suppose „ que Dieu peut donner à une substance non solide, mais „ qu'on nie qu'il puisse donner à une substance solide.

On a déja prouvé que la puissance de mouvoir n'étant pas dans le fond différente de la puissance de créer, cette puissance de mouvoir ne peut convenir qu'à l'Etre Tout-puissant, & que par conséquent les Esprits & les corps ne peuvent être que causes occasionnelles des mouvements qu'ils semblent produire, soit par la pensée, soit par l'impulsion ou l'attraction. Mais quand même on supposeroit dans le corps une vraie puissance de mouvoir un autre corps, toujours est-il constant qu'on ne peut sans une contradiction manifeste supposer dans aucun corps, ni dans aucun Etre, la puissance de se mouvoir lui-même ; c'est-ce que S. Thomas démontre p. 1. qu. 2. art. 3. & pose pour fondement de sa premiere preuve de l'éxistence de Dieu. Il faudroit en effet pour cela, que ce corps fût en même tems actif & passif par rapport au même effet, c'est-à-dire, qu'il fût en même tems la chose mouvante, & la chose mue, le principe & le terme de l'action, ce qui donne le mouvement, & ce qui le reçoit, en un mot qu'il fût, pour me servir des termes de l'Ecole, consacrés par ce Docteur en acte & en puissance, *relate ad idem*, ce qui est manifestement contradictoire. Quant à l'Esprit, la seule puissance active, que l'expérience nous découvre en lui, c'est la puissance de choisir, ou de vouloir quelque chose par une détermination active de la volonté. Mais cette faculté active n'a rien de commun avec la puissance de mouvoir. La volonté par ses actes ne produit rien hors d'elle-même ; cet acte même de la volonté n'a aucun effet propre distingué de lui, c'est un acte purement intérieur & immanent, comme parlent les Scholastiques. Nous ne concevons pas clairement à la vérité comment se fait cet acte, & comment il émane de la volonté ; mais l'expérience & le sentiment intérieur de ce qui se passe en nous-mêmes, ne nous permet pas de douter que notre Ame n'ait la faculté de vouloir, de choisir, de se déterminer ; & d'ailleurs on ne sauroit prouver par aucun raisonnement déduit d'une idée claire & distincte, que cette faculté ne puisse convenir aux Esprits, comme l'on démontre par l'idée claire du mouvement, que la puissance de mouvoir ne peut convenir qu'à l'Etre Tout-puissant.

Ensuite de ce qu'on vient de rapporter de la puissance de

de se mouvoir, que M. Locke suppose qu'on doit reconnoître inconteſtablement dans la ſubſtance immaterielle, cet Auteur ajoute que cette puiſſance eſt pourtant auſſi incompréhenſible dans la ſubſtance immaterielle que dans la matiere, & de là il conclut „ que dans l'une & dans l'autre de ces „ ſubſtances il y a quelque choſe, que nous ne connoiſſons pas, „ par exemple, dit-il, la gravitation de la matiere vers la matie- „ re ſelon différentes proportions qu'on voit à l'œil, pour ainſi „ dire, montre qu'il y a quelque choſe dans la matiere que nous „ n'entendons pas, à moins que nous ne puiſſions découvrir „ dans la matiere une faculté de ſe mouvoir elle-même, ou „ une attraction inexplicable & inconcevable, qui s'étend „ juſqu'à des diſtances immenſes & preſque incompréhenſibles.

IV. M. Locke revient à l'attraction.

Il eſt bon de faire ici remarquer un défaut, qui regne dans preſque tous les raiſonnements de M. Locke. Aprés avoir prétendu prouver qu'il y a quelque choſe, ſoit dans la ſubſtance immaterielle, ſoit dans la ſubſtance étenduë, que nous ne connoiſſons pas, ce qu'on peut lui paſſer ſans difficulté, cet Auteur ſe croit en droit d'en conclure qu'on peut admettre indifféremment dans l'une & dans l'autre de ces ſubſtances toutes ſortes de facultés & de qualités, & celles-là mêmes, que nous connoiſſons évidemment être incompatibles avec leur nature. Autre choſe eſt de ne pas tout connoître dans une ſubſtance, autre choſe eſt de n'y rien connoître. Nous ne connoiſſons pas tout dans les Eſprits, ni dans les corps, on en convient; mais de là s'enſuit-il qu'on ne puiſſe prouver évidemment, comme l'a fait S. Thomas, & comme l'ont fait tous les Philoſophes, que la puiſſance de ſe donner le mouvement ne peut convenir ni à l'une, ni à l'autre de ces ſubſtances; étant eſſentiellement vrai que : *quidquid movetur, ab alio movetur*.

V. Défaut dans le raiſonnement de M. Locke.

M. Locke objecte de nouveau l'attraction qu'il ſuppoſe être dans la matiere une puiſſance de ſe mouvoir elle-même. A cela je réponds de nouveau que s'il ne pouvoit y avoir de gravitation dans la matiere vers la matiere, qu'au moyen d'une

VI. Qu'en remōtant de cauſe en cauſe il faut enfin en venir à une action immédiate de Dieu ſur la matiere.

d'une puissance de se mouvoir elle-même, il est bien certain qu'on ne pourroit connoître ce que c'est que la gravitation de la matiere, à moins qu'on ne pût y découvrir cette puissance & cette attraction, que M. Locke appelle avec raison une *attraction inexplicable & inconcevable* ; mais s'il y a un autre moyen d'expliquer d'une maniere très-simple & très-intelligible la gravitation de la matiere vers la matiere, sans recourir à de telles facultés non seulement inexplicables & inconcevables, mais absolument chimériques & contradictoires, par quelle loi M. Locke veut-il nous obliger de comprendre ces facultés incompréhensibles, avant que nous puissions connoître ce que c'est que la gravitation de la matiere vers la matiere. Or dès que l'on conçoit que la gravitation réciproque des parties de la matiere est un effet d'une loi générale, & d'un établissement de l'Auteur de la nature, ainsi qu'il a été expliqué ci-devant, on ne trouve plus cette gravitation si incompréhensible. Aussi n'est-ce qu'en remontant aux vrais principes, qu'on peut trouver l'éclaircissement des difficultés, qui se présentent de premier abord dans la considération des effets. Les effets particuliers dépendent des loix générales de la nature ; & les loix générales de la nature n'ont pu être établies que par l'Auteur de la nature. Il y a donc de l'extravagance dans la méthode de certains Philosophes, qui pour expliquer ces loix générales aiment mieux recourir à des facultés inintelligibles, qu'ils ont soin de revêtir de quelque nom spécieux, qu'à la providence de celui qui gouverne le monde par sa puissance, & par sa sagesse. Qu'on remonte de cause en cause tant qu'on voudra ; qu'on explique solidement par le poids & le ressort de l'air les effets particuliers, qu'autrefois l'ignorance des Philosophes attribuoit à l'horreur imaginaire du vuide ; qu'on explique ce poids & ce ressort de l'air par les loix de l'attraction, ou par la pression de la matiere subtile, & de ses tourbillons ; qu'on fasse voir comment ces tourbillons ont pu, & ont dû même se former selon

les

les loix connues de la communication des mouvements ; si on demande enfin ce qui imprime le mouvement à la matiere subtile, & d'où vient que la communication du mouvement dans le choc des corps, se fait selon certaines loix plutôt, que selon une infinité d'autres loix qui pouvoient être, comme la varieté des opinions qui regne encore aujourd'hui parmi les plus célébres Philosophes & Mathématiciens le prouve invinciblement: si dis-je, on demande quelle est la cause du mouvement de la matiere subtile, & des loix de ce mouvement, c'est enfin à Dieu qu'il faut recourir de toute nécessité. Et certes, à moins que de faire profession ouverte d'athéisme, on ne peut nier que dans la subordination des causes naturelles, il n'y en ait enfin une qui soit l'effet immédiat de l'action de Dieu sur la matiere. Qu'Epicure & Lucrece s'efforcent tant qu'ils voudront de jetter par des railleries mal placées, un certain ridicule sur cette dépendance, que nous reconnoissons dans la nature par rapport à son Auteur; leurs traits ne peuvent faire d'impression que sur des Esprits foibles. Dans cette action immédiate de l'Auteur de la nature sur la matiere, qu'on ne peut méconnoître sans renoncer à toutes les lumieres de la raison & du bon sens, nous découvrons d'une maniere certaine & évidente, l'origine du mouvement, & la source de ces loix pleines de sagesse, qui en reglent la distribution dans les différentes parties de la matiere. Mais les Epicuriens qui se prétendent plus éclairés, & qui nous reprochent d'un ton moqueur, que ce n'est que parceque nous sommes au bout de notre latin, que nous recourons à Dieu, ces grands génies qui suivent d'autres routes dans l'explication de la nature, devroient donc nous dire quelque chose de plus vrai, de plus clair, de plus satisfaisant. Demandons-leur donc quel est le principe de mouvement, par lequel a été formé l'Univers? C'est, répondent-ils gravement, que dans tous les atômes indivisibles & de différente figure, il y a une tendance naturelle au mouvement, en vertu de laquelle les uns se meuvent droitement de haut en bas, les autres obliquement; ce qui

fait

fait qu'ils se rencontrent, qu'ils s'accrochent, qu'ils . . . . je n'en veux pas davantage; atômes figurés & indivisibles, tendance naturelle droite & oblique au mouvement; voila ce que vous préferez à l'action de Dieu, des chimeres ridicules, absurdes, & où l'on démontre cent contradictions à une vérité démontrée par cent preuves évidentes. En faut-il davantage? Tout ceci prouve qu'on doit reconnoître que la premiere impression du mouvement dans la matiere, & les loix générales, par lesquelles il se distribue dans ses différentes parties, sont des effets immédiats de l'action de Dieu.

VII. Que les découvertes sûres de la Physique expérimentale ramenent tout au méchanisme.

Ce n'est en effet, que parceque nous ignorons comment la nature par une méchanique toujours uniforme, & par les loix constantes de la communication des mouvements dans les fluides & les solides, produit certains effets, que nous sommes portés à attribuer à la matiere des qualités, qui ne sont point contenues dans son idée. Par là nous avons une réponse toujours prête, quand on nous en demande l'explication; & au défaut de leur vraie cause que nous ne pouvons découvrir, nous disons sérieusement que la matiere est déterminée à opérer ainsi, par une qualité naturelle & intrinseque. On voit, par exemple, les liqueurs s'élever & demeurer suspendues dans des tuyaux vuides d'air. On en demande la raison aux Philosophes: ceux-ci l'ignorent; mais pour ne pas demeurer court, ils attribuent à la nature une horreur invincible du vuide, qui passe ensuite généralement pour la vraie cause de cette élevation. Les fontainiers du Grand Duc de Toscane éprouvent que l'eau ne s'éleve plus, dès qu'elle est arrivée à la hauteur de trente deux pieds; on consulte Galilée; & ce grand Homme ne fait qu'ajouter une limitation à l'horreur générale du vuide, & rend raison pourquoi l'eau ne monte que jusqu'à trente deux pieds. Le mercure ne monte que jusqu'à vingt sept pouces: voila d'abord les Philosophes qui décident, que l'horreur que la nature a du vuide n'est pas la même pour l'eau que pour le mercure. Enfin on n'a point douté de cette horreur imaginaire du vuide, jusqu'à ce que Torricelli & Pascal ont fait voir,

voir, que tous ces différents effets ne procédent que d'un seul principe très-simple, & entiérement uniforme à tout ce qu'on connoit des loix de la nature: ce principe est la pression de l'air, qui par sa pesanteur & son ressort agit sur l'eau & sur le mercure, selon les loix déterminées de l'équilibre des liqueurs. La dureté des corps, & leur élasticité, la pésanteur, l'aiman, l'électricité, nous présentent aujourd'hui des effets dont nous ignorons la vraie cause, tout de même qu'on ignoroit avant Torricelli & Pascal, la vraie cause de la suspension des liqueurs dans les tuyaux vuides d'air. Et aujourd'hui l'on fait encore précisément ce qu'ont fait autrefois ces Philosophes, que nous accusons d'ignorance & de présomption. On imagine une attraction universelle qu'on suppose être une qualité intrinseque de la matiere, quoiqu'elle soit encore plus éloignée de son idée, que l'horreur du vuide ne l'est de l'idée de la nature. On y ajoute, à la vérité pour l'embellir, des calculs d'Algébre qui manquoient à l'horreur du vuide, mais qu'on lui auroit pu tout aussi aisément attacher, car ces calculs ne regardent pas tant la cause prétendue des effets que les effets mêmes. Mais après tout, malgré ces calculs, on est obligé de varier l'attraction, tout comme on varioit l'horreur du vuide. Cela prouve bien que cette attraction n'est pas plus réelle que l'horreur du vuide. On ne la défend que par ce qu'on ignore par quel principe la nature produit tous ces effets aussi simplement, qu'elle éleve à différentes hauteurs les différentes liqueurs par la pression de l'air. En un mot, à mésure que l'on fait quelque nouvelle découverte on voit disparoître quelqu'une de ces qualités, dont on charge inutilement la matiere, & on se rapproche toujours plus de la grosseur, de la figure, & du mouvement, qui font les seules qualités contenues en son idée. L'antipéristase s'est éclipsée, dès qu'on a su pourquoi les grottes souterraines paroissent plus chaudes en hiver qu'en été, & qu'elles le sont réellement quelquefois. Ce n'est plus une qualité attractive du Soleil qui fait monter les vapeurs: c'est par impulsion que sa chaleur raréfie ces petites bulles,

qui

qui se trouvant par là de gravité spécifique, moindres que celles de l'air environnant sont obligées de monter, comme le bois plongé dans l'eau. On s'est moqué de l'Ame végétative des plantes, après que les recherches curieuses, & les observations fines & délicates de tant de savants Physiciens nous ont un peu mieux fait connoître le méchanisme de leur construction. Combien de sympathies & d'antipathies naturelles les expériences de Boyle n'ont-elles pas fait évanouir, en nous apprenant l'action des petits corps invisibles & impalpables, que la nature met en jeu pour produire les effets les plus merveilleux. Enfin qu'on parcoure toute la Physique, & on verra qu'on n'a jamais fait de découverte vraiment assurée qui ne se réduise aux loix de la méchanique. La seule analogie nous obligeroit donc à reconnoître, que les qualités occultes & non contenues dans l'idée de la matiere décroissent précisément en raison inverse des découvertes qu'on y fait. Quand on connoîtra bien toute la nature, on verra que tout s'y éxécute par la grosseur, la figure, & le mouvement des parties solides de la matiere, & que ce n'est que parceque M. Locke n'a pas fait assez d'attention à cette importante vérité qu'il s'est jetté dans ces facultés chimériques de se mouvoir, & dans ces attractions inexplicables, qu'il suppose incontestablement dans la matiere.

VIII. Qu'on ne peut s'assurer dans les principes de M. Locke, si la faculté de penser & de se mouvoir elle-même n'est point essentielle à la matiere.

D'ailleurs puisque M. Locke reconnoit ici que la matiere est capable d'avoir la faculté de se mouvoir elle-même, & celle de penser, quoiqu'il soit impossible de concevoir comment ces deux facultés peuvent se trouver dans la matiere; par quelle raison pourra-t-il se convaincre lui-même, que ces deux facultés ne puissent convenir naturellement à la matiere, quoique nous ne concevions pas comment elles sont renfermées dans sa nature? Comment prouvera-t-il donc que la matiere une fois en repos n'auroit jamais pu se donner le mouvement, & que la matiere avec le mouvement n'auroit jamais pu produire la pensée, qui sont pourtant les deux fondements principaux de sa démonstration de l'existence & de l'immaterialité de Dieu? Dira-t-il qu'il est impossi-

impossible de concevoir que la matiere une fois en repos se donne le mouvement, & que la matiere avec le mouvement produise la pensée? Mais, lui replique-t-on, cette impossibilité, où vous étes de concevoir ces deux choses, nait-elle simplement de votre ignorance, & des bornes étroites de votre entendement, ou d'une connoissance évidente que ces deux choses sont réellement impossibles, fondée sur l'idée claire de l'essence de la matiere, & de ce qu'on doit entendre par les mots de qualités ou de facultés d'une chose? Si cette impossibilité nait simplement des bornes étroites de votre entendement, elle ne sauroit prouver, selon vos principes mêmes, que la chose soit en elle-même impossible; si au contraire, elle est fondée sur une connoissance claire de la nature de la matiere & de ses propriétés, comme nous le prétendons, vous devez reconnoître, quelque hypothése qu'il vous plaise de faire, qu'il y aura toujours une contradiction visible à supposer que la matiere puisse jamais avoir la puissance de se mouvoir & la faculté de penser.

IX. Objection de M. Locke tirée de la cohésion.

Pour mieux prouver encore qu'il y a dans la matiere bien des choses que nous n'entendons pas, & que Dieu peut joindre les choses par des connéxions que nous ne saurions comprendre, M. Locke revient à l'étenduë & à la consistence de la matiere, prétendant que chaque partie de matiere ayant quelque grosseur, a ses parties unies par des moyens que nous ne saurions concevoir; d'où il conclut, selon sa méthode ordinaire, „ que toutes les difficultés qu'on forme „ contre la puissance de penser attachée à la matiere, fondées „ sur notre ignorance, & les bornes étroites de notre con„ception, ne touchent en aucune maniere la puissance de „ Dieu, s'il veut communiquer à la matiere la faculté de „ penser, & que ces difficultés ne prouvent point qu'il ne „ l'ait pas actuellement communiquée à certaines parties de „ matiere, disposées, comme il le trouve à propos, jusqu'à „ ce qu'on puisse montrer qu'il y a contradiction à le sup„poser.

X. Réponse. On a déja distingué l'union des parties de la matiere qui résulte de l'étenduë d'avec la cohésion, qui rend les corps plus ou moins consistants. Rien n'est plus clair que l'union qui fait l'étenduë, puisqu'elle n'est qu'une simple juxtaposition des parties situées les unes auprès des autres, & qui doivent par leur naturelle indifférence au repos & au mouvement demeurer en cet état, jusqu'à ce que quelque cause extérieure ne les sépare par le mouvement. Quant à la cohésion qui fait la dureté des corps, nous savons en général qu'elle dépend des loix du mouvement produit, où à l'occasion de la pression de la matiere subtile, ou par l'attraction expliquée dans le sens qu'on a vu ci-devant; ce qui suffit à un Métaphysicien pour écarter de l'idée de la matiere les qualités occultes & chimériques, que l'ignorance de quelques Physiciens voudroit lui attribuer. L'union des parties de la matiere ne peut donc être à M. Locke d'aucune utilité pour applanir les difficultés qu'on rencontre, dès qu'on veut lui attribuer la pensée. Et comme ces difficultés ne sont pas fondées sur notre ignorance, mais sur la connoissance claire de la nature de la matiere; qui nous fait voir évidemment la contradiction qu'il y a à supposer qu'elle pense; nous pouvons profiter sans scrupule du droit que M. Locke nous accorde à la faveur de cette condition, que nous croyons avoir bien remplie, de nier absolument, & sans craindre de blesser le respect dû à la Toute-puissance de Dieu, qu'il puisse accorder la pensée & la raison à un amas de matiere, puisque de là il s'ensuivroit que cet amas seroit en même tems materiel & immateriel, ce qui ne peut être.

SECTION QUATRIEME.

I. Selon l'extrait de M. Coste le Docteur Stillingfléet attribuoit le sentiment à la pure matiere dans les bêtes.

M. Coste reprenant le fil de son extrait continue en ces termes: „ quoique dans cet ouvrage M. Locke ait „ expressément compris la sensation sous l'idée de penser „ en général, il parle en sa replique au Docteur Stillingfléet du

„ du ſentiment dans les brutes, comme d'une choſe diſtincte „ de la penſée: parceque ce Docteur reconnoit que les bê- „ tes ont du ſentiment. Sur quoi M. Locke obſerve, que „ ſi ce Docteur donne du ſentiment aux bêtes, il doit re- „ connoître, ou que Dieu peut donner, & donne actuelle- „ ment la puiſſance d'appercevoir & de penſer à certaines „ particules de la matiere, ou que les bêtes ont des ames „ immaterielles. Ce que M. Locke ajoute qu'on ne ſauroit „ admettre.

II. Raiſonnement conſéquent de M. Locke contre ce Docteur.

Ce raiſonnement de M. Locke eſt très-juſte, & je ne vois pas comment le Docteur Stillingfléet put admettre, que les bêtes ont du ſentiment, ne reconnoiſſant en elles que de la matiere toute ſimple. Cela montre que ce Docteur n'avoit pas bien ſaiſi le principe, ſur lequel doit rouler toute cette queſtion de l'immaterialité de l'Ame, & m'ôte la ſurpriſe de voir ou d'entendre dire, qu'il ait été battu avec une ſi bonne cauſe, malgré la foibleſſe des arguments de ſon adverſaire. Au reſte, puiſqu'il eſt également abſurde, & contre la raiſon d'attribuer le ſentiment à la ſimple matiere, ou de reconnoître dans les brutes une ame immaterielle, cela fait voir que le ſeul ſentiment plauſible & conforme à la raiſon, qu'on puiſſe tenir ſur les opérations des brutes, c'eſt de les réduire, comme font les Cartéſiens, à un pur méchaniſme.

III. Autre argument du Docteur Stillingfléet pour l'immaterialité de l'Ame, avec la réponſe de M. Locke.

Le Docteur Stillingfléet, pourſuit M. Coſte, avoit demandé à M. Locke ce qu'il y avoit dans la matiere, qui pût répondre au ſentiment intérieur que nous avons de nos actions. „ Il n'y a rien de tel, répond M. Locke, dans la „ matiere conſidérée ſimplement comme matiere. Mais on „ ne prouvera jamais que Dieu ne puiſſe donner à certaines „ parties de matiere la puiſſance de penſer, en demandant „ comment il eſt poſſible de comprendre, que le ſimple corps „ puiſſe appercevoir qu'il apperçoit.

IV. Eclairciſſement & confirmation de l'ar-

Les preuves qu'on a données juſqu'ici de l'incapacité abſolue où eſt la matiere de pouvoir jamais recevoir la faculté

gument du Docteur Stillingfléet.

de penser ne dépendent aucunement de la question, que fait ici le Docteur Stillingfléet à Mr Locke. Cependant, comme le sentiment intérieur, que nous avons de notre perception, fait que la pensée se réflechit en quelque sorte sur elle-même, on en peut tirer une preuve assez convaincante, que la pensée ne sauroit consister dans aucun arrangement ou mouvement des particules de la matiere; puisqu'il est impossible qu'une particule de matiere se réflechisse sur elle-même, & que pourtant, selon M. Locke, toute substance qui apperçoit devant nécessairement s'appercevoir de sa propre perception, il est essentiel à toute substance pensante que sa pensée se réflechisse sur elle-même.

V. Le Docteur Stillingfléet avouoit que Dieu peut changer un corps en Esprit. Raisonnement de M. Locke en conséquence de cet aveu.

„ Le Docteur Stillingfléet, continue M. Coste, avoit dit „ qu'il ne mettoit point de bornes à la Toute-puissance de „ Dieu, qui peut, dit-il, changer un corps en une sub„ stance immaterielle, c'est-à-dire, répond M. Locke, que „ Dieu peut ôter à une substance la solidité qu'elle avoit „ auparavant, & qui la rendoit matiere, & lui donner en„ suite la faculté de penser qu'elle n'avoit pas auparavant, „ & qui la rend Esprit, la même substance restant. Car, si „ la même substance ne reste pas, le corps n'est pas changé „ en une substance immaterielle; mais la substance solide est „ annihilée avec toutes ses appartenances, & une substance „ immaterielle est créée à la place, ce qui n'est pas changer „ une chose en une autre, mais en détruire une, & en faire „ une autre de nouveau.

VI. Réponse: en quel sens on doit reconnoître que Dieu peut changer les corps en Esprits.

Si l'on doit interpréter favorablement l'expression & la pensée du Docteur Stillingfléet, comme l'équité le requiert, il faut croire que ce Docteur a voulu dire que Dieu peut changer un corps en un Esprit, en ce sens que Dieu peut néantir un corps, & à l'occasion de son anéantissement créer un Esprit pour le substituer à sa place. L'usage commun de la langue permet en effet qu'on emploie le mot de changement, pour signifier la substitution d'une chose au lieu d'une autre, quoique la premiere ne se convertisse pas

en

en la feconde: c'eft ainfi que l'on dit qu'on a changé d'habit, de maifon, de meubles, de nourriture &c, Mais, fi l'on veut prendre le mot de changement dans le fens rigoureux que l'entend M. Locke, pour le changement que fubit une chofe, quand elle devient autre de ce qu'elle n'étoit, comme quand le fable fe change en verre, le bois en feu, l'eau en glace &c., la même matiere reftant, il faut avouer qu'on ne peut fuppofer fans contradiction qu'en ce fens le corps puiffe être changé en une fubftance immaterielle. En effet la fubftance du corps étant effentiellement une fubftance materielle, c'eft-à-dire, une fubftance étenduë, folide, & compofée de parties; car c'eft ce qu'on entend par le mot de fubftance materielle, fuppofer qu'une telle fubftance foit changée en une fubftance immaterielle, & qu'elle refte portant après le changement, c'eft fuppofer qu'une même fubftance devienne immaterielle, en même tems qu'elle refte materielle, & étenduë; ce qui fait, comme l'on voit, une contradiction manifefte. Ce n'eft donc que dans les corps, où il peut arriver qu'un corps fe change en un autre, la même fubftance reftant; parceque l'étenduë folide étant la fubftance de la matiere en général, & cette fubftance fe trouvant la même en tous les différents corps, dont la différence ne confifte qu'en une différente conftitution intérieure des parties de la matiere; il eft clair qu'on peut changer cette conftitution fans changer la fubftance de la matiere; & ainfi un corps fe change en un autre, la même fubftance reftant; mais c'eft parceque la fubftance eft la même dans tous, & que leur différence effentielle ne confifte que dans les différentes modifications, dont cette fubftance eft capable. Mais prétendre que la fubftance du corps puiffe devenir immaterielle, la même fubftance reftant, c'eft prétendre une de ces trois chofes, ou que le corps foit réellement diftingué de fa propre fubftance; de forte que le corps étant détruit, fa fubftance ne laiffe pas que de lui furvivre, ou que le corps ne foit pas une fubftance effen-

tielle-

tiellement étenduë & materielle, ou enfin qu'une ſubſtance étenduë & materielle puiſſe devenir immaterielle, ne laiſſant pas que de reſter materielle.

VII. Avantages que M. Locke prétend tirer de l'aveu du Doct. Stillingfléet.

On voit par ces abſurdités manifeſtes, que rien ne feroit plus étrange que la penſée du Docteur Stillingfléet, s'il avoit cru que Dieu peut en ce ſens changer un corps en une ſubſtance immaterielle, & M. Locke auroit eu raiſon de tirer d'un tel aveu les avantages, que M. Coſte rapporte, & qui ſont. 1. Que la ſubſtance du corps n'étant plus corps, mais une ſubſtance immaterielle, cette ſubſtance immaterielle feroit pourtant ſans penſée; car l'excluſion des qualités du corps ne feroit pas capable de lui donner des qualités plus excellentes. 2. Que cette ſubſtance pourtant feroit devenue capable de recevoir la faculté de penſer. 3. Que Dieu après lui avoir donné la faculté de penſer, pourroit lui rendre de nouveau l'étenduë & la ſolidité, & la rendre materielle, & que par là on auroit une ſubſtance materielle penſante.

VIII. Ces avantages n'ont aucun fondement.

Mais tout ce beau diſcours, dont il paroit que M. Locke s'applaudit plus que de raiſon, n'eſt qu'un palais enchanté, qui n'a pour tout fondement que cette ſuppoſition manifeſtement abſurde & contradictoire, que la ſubſtance du corps qui n'eſt que le corps même, c'eſt-à-dire, une choſe eſſentiellement étenduë, ſolide, & compoſée de parties, puiſſe être changée en une ſubſtance qui n'a point de parties, reſtant pourtant la même qu'auparavant, c'eſt-à-dire; étenduë, & compoſée de parties.

Nous paſſons ſous ſilence ce qui ſuit immédiatement dans l'extrait de M. Coſte, qui ne regarde que l'utilité, qui peut revenir à la Religion d'une démonſtration philoſophique de l'immaterialité de l'Ame; parceque nous avons déja traité ce point avec aſſez d'étenduë, & que nous croyons avoir ſuffiſamment éclairci les difficultés, que M. Locke ne fait ici que répeter. C'eſt pourquoi nous allons entrer dans la diſcuſſion des opinions des anciens Philoſophes ſur l'immaterialité de l'Ame, par laquelle M. Coſte finit ſon Extrait.

SEPTIE-

SEPTIEME PARTIE.

Preuves qu'entre les anciens Philoſophes pluſieurs ont reconnu la ſubſtance de l'Ame abſolument immaterielle.

MOnſieur Locke quitte enfin le caractére & le perſonnage de Philoſophe, pour prendre à ſon tour celui de Docteur. Sa méthode juſqu'ici a été de ne prendre pour guide de ſes ſentiments que ſes propres penſées, ſans ſe mettre en peine de fouiller dans l'antiquité, pour y trouver de quoi les appuyer par l'autorité de ces Hommes illuſtres, qui la rendent ſi reſpectable, ſoit au vulgaire, que rien n'éblouit tant qu'un grand nom, ſoit aux Savants, qui ſe piquent d'une érudition recherchée. Peut-être que n'ayant pas trouvé dans le Docteur Stillingfléet un Homme aſſez rompu aux raiſonnements méthaphyſiques, pour s'en laiſſer convaincre aiſément, M. Locke a-t-il cru qu'il pourroit mieux le perſuader par l'autorité des Anciens; s'il lui faiſoit voir que ſon ſentiment n'eſt dans le fond que celui de toute l'antiquité, qui ſelon lui, n'a jamais fait plus d'honneur à la ſubſtance penſante, que de la croire d'une matiere plus fine & plus déliée, que ne le ſont les corps groſſiers qui tombent ſous nos ſens.

I. Selon M. Locke les Anciens n'ont diſtingué l'Eſprit du corps qu'en prenant le corps pour une matiere groſſiere, & l'Eſprit pour une matiere ſubtile peſante.

Voici en effet ce que nous en apprend M. Coſte dans ſon extrait. „ Au reſte M. Locke ayant prouvé par des paſſa„ges de Virgile & de Ciceron, que l'uſage qu'il faiſoit du „ mot Eſprit, en le prenant pour une ſubſtance penſante, „ ſans en exclure la materialité, n'étoit pas nouveau, le „ Docteur Stillingfléet ſoutient que ces deux Auteurs diſtin„guoient expreſſément l'Eſprit du corps. A cela M. Locke „ répond qu'il eſt très-convaincu, que ces Auteurs ont diſtin„gué ces deux choſes, c'eſt-à-dire, que par corps ils ont „ entendu les parties groſſieres & viſibles d'un homme, &

par

„ par Esprit une matiere subtile, comme le vent, le feu,
„ ou l'ether, par où il est évident qu'ils n'ont pas prétendu
„ dépouiller l'Esprit de toute materialité. Ainsi Virgile dé-
„ crivant l'Esprit ou l'Ame d'Anchise, que son fils veut
„ embrasser nous dit.

Ter conatus ibi collo dare brachia circum:
Ter frustra comprensa manus effugit imago,
Par levibus ventis, volucrique simillima somno.

II. Deux choses à distinguer dans ce sentiment de M. Locke.

„ Et Ciceron suppose dans le premier livre des questions
„ Tusculanes, qu'elle est air ou feu: *Anima sit animus*, dit-il,
„ *ignisve nescio*, ou bien un air enflammé, *inflammata anima*,
„ ou une quinte-essence introduite par Aristote, *quinta quæ-*
„ *dam natura ab Aristotele introducta*.

Je trouve dans cet extrait deux Théses, ou propositions de M. Locke, qu'il faut soigneusement distinguer. Dans la premiere il ne prétend autre chose, que de prouver, par des passages de Virgile & de Ciceron, que l'usage qu'il fait du mot *Esprit*, en le prenant pour une substance pensante, sans en exclure la materialité, n'est pas nouveau. C'est là une vérité de fait qu'on n'a garde de lui contester: on sait que le mot *Spiritus* dans sa signification originale ne veut dire autre chose que l'air, le vent, ou le souffle, d'où viennent ces expressions si familieres dans le latin *Spiritum ducere* &c., il en est de même du mot *Anima*, qui vient du grec ἄνεμος, qui signifie le vent; & Ciceron nous apprend que le mot *Animus* est derivé du mot *Anima*. *Ipse autem Animus ab Anima dictus est*.

L'autre Thése de M. Locke consiste en ce que le Docteur Stillingfléet ayant soutenu, que Virgile & Ciceron distinguoient expressément l'Esprit du corps, M. Locke prétend que ces Auteurs n'ont distingué ces deux substances, qu'en ce sens, que par corps, ils ont entendu les parties grossieres & visibles d'un homme, & par Esprit, une matiere subtile, comme le vent, le feu, ou l'éther; & qu'ainsi il est évident qu'ils n'ont pas prétendu dépouiller l'Esprit de toute espece de de materialité. C'eſt cette ſeconde propoſition excluſive, que je crois devoir ici réfuter, faiſant voir par le premier livre des Tuſculanes, que Ciceron a ſu diſtinguer nettement l'Eſprit du corps, en le prenant pour une ſubſtance penſante dépouillée de toute materialité.

III. Equivoque des mots Eſprit & Ame, qui dans leur ſignification originale ſignifient l'air, le ſouffle &c.

Et pour procéder avec ordre, je remarque d'abord qu'il eſt arrivé dans le grec, & dans le latin par rapport aux mots d'Eſprit & d'Ame, ce qui a coutume d'arriver en toutes les langues, qu'un même mot eſt ſouvent employé à ſignifier des choſes tout-à-fait différentes. En effet nous voyons que les mots d'Eſprit & d'Ame, qui originairement ne ſignifioient que l'air, le ſouffle, ou le vent, ont été auſſi employés & reçus généralement pour ſignifier le principe de la penſée, quoiqu'on ne puiſſe nier que l'idée de l'air, & celle du principe de la penſée ne ſoient des idées très-différentes l'une de l'autre. Or comme c'eſt l'uſage qui détermine la ſignification des mots, il n'eſt pas vraiſemblable, que ces mots d'Eſprit & d'Ame aient été communément déterminés à ſignifier le principe de la penſée, enſuite de l'opinion de quelques Philoſophes qui ont cru que la ſubſtance penſante n'étoit réellement qu'une portion d'air ou de vent; il eſt au contraire bien plus croyable que l'opinion de ces Philoſophes n'eſt venue, que de l'équivoque de ces termes *Eſprit* & *Ame*. Car comme à conſidérer ſimplement les idées qu'on a des choſes indépendamment des mots, on ne découvre pas plus de connéxion entre le principe de la penſée & l'idée de l'air, qu'entre ce même principe & l'idée d'une pierre, ce qui a déterminé ces Philoſophes à joindre l'idée de l'air & du feu, plutôt que toute autre idée avec le principe de la penſée, pour n'en faire qu'une même ſubſtance, n'a été apparemment que la liaiſon purement accidentelle, que ces idées ſe trouvent avoir par rapport au mot, ou au ſigne commun, par lequel on les a déſignés dans l'uſage introduit dans la langue. Il eſt ſi ordinaire aux hommes d'aſſujettir leurs idées aux mots, qu'on ne doit pas être ſurpris que cela arrive si souvent à ceux, qui font profession de Philosophie.

IV. D'où vient qu'on a adopté ces termes préférablement à tant d'autres, pour signifier le principe de la pensée.

Si l'usage a donc établi, que les mots d'Esprit ou d'Ame, qui originairement ne signifioient que l'air, le vent, ou le souffle, signifiassent aussi le principe de la pensée, je crois qu'il n'en faut pas chercher d'autre raison que la relation de coéxistence, pour me servir des termes de M. Locke, que l'on a observée entre la respiration, & la pensée dans l'homme pendant tout le tems de sa vie; de sorte qu'on a jugé qu'il y avoit dans l'homme un principe de vie, qui étoit également le principe de la respiration & de la pensée; & comme le principe de la pensée ne tombe point sous les sens, & qu'il est par conséquent moins connu, que la respiration dont on s'apperçoit si sensiblement, il n'est pas surprenant que les hommes aient désigné ce qu'ils ne connoissoient que fort obscurément, par ce, qu'ils connoissoient plus clairement, & qu'ils aient employé, pour signifier le principe de la pensée, le même terme dont ils se servoient pour signifier le souffle, l'haleine, ou la respiration.

V. Que la signification originale de ces termes ne prouve pas que tous ceux, qui s'en sont servis pour exprimer le principe de la pensée, aient fait consister ce principe dans un air subtil.

Mais, quoique les mots d'Esprit & d'Ame, qu'on a employé communément à signifier la substance pensante, signifiassent aussi originairement l'air, le vent, & le souffle, il ne s'ensuit pas que tous les Philosophes de l'antiquité, qui se sont servis de ces termes d'Esprit & d'Ame déja établis par l'usage, pour désigner la substance pensante, aient cru que cette substance n'étoit réellement qu'une matiere subtile, tel que l'air, le feu, ou l'éther. Bien loin de là, nous en trouvons, qui plus enfoncés encore dans la matiere, ont cru que la substance pensante nommée Ame & Esprit n'étoit qu'une partie grossiere & visible du corps humain; & d'autres, qui s'élevant au dessus de la matiere, l'ont absolument depouillée de toute materialité. C'est-ce qui paroit évidemment par les différentes opinions des Philosophes sur la nature de l'Ame, que Ciceron rapporte au 1. liv. des Tusculanes, & par les raisonnements que fait cet Auteur pour en prouver l'immortalité.

Le

Le but de Ciceron dans ce livre eſt de prouver, que non ſeulement la mort n'eſt pas un mal, mais plutôt elle doit être regardée comme un bien. Car, dit-il, ſi l'Ame meurt avec le corps, elle doit perdre tout ſentiment, & ne plus par conſéquent être malheureuſe. La mort donc qui conduit à un terme, après lequel il ne peut plus y avoir de mal, ne ſauroit être elle-même regardée avec raiſon comme un mal. Si au contraire, continue Ciceron, l'Ame ſurvit au corps, comme il eſt bien plus probable, elle ne fera par la mort que de ſe délivrer de ſon corps, où elle étoit renfermée, comme dans une étroite priſon, & dans une demeure indigne d'elle: alors prenant l'eſſor, elle pourra voler aux Cieux, pour y jouir d'un bonheur éternel dans une tranquillité parfaite. Selon ce ſentiment on ne peut douter que la mort ne ſoit un bien. Enſuite d'un tel raiſonnement, Ciceron expoſe en raccourci les différentes opinions, qu'ont eu les Philoſophes ſur la nature de l'Ame, & fait voir en les confrontant, combien le ſentiment de ceux qui l'ont cru immaterielle, & par conſéquent immortelle, eſt plus vraiſemblable & mieux fondé à tous égards.

VI. But de Ciceron dans ſon premier livre des Tuſculanes. Raiſonnement de cet Auteur pour prouver que la mort n'eſt pas un mal.

Il rapporte en premier lieu l'opinion de ceux, qui ont cru que l'Ame n'étoit que la ſubſtance du cerveau, ou le cœur même, & celle du célébre Empedocle, qui tout habile qu'il étoit pour un ancien, n'a pas laiſſé que de tomber dans une erreur non moins abſurde, en diſant que l'Ame étoit le ſang répandu dans le cœur, qui l'humecte & qui l'arroſe: *Empedocles animum cenſet eſſe cordi ſuffuſum ſanguinem*. Voila donc des Philoſophes, qui en ſe ſervant du mot d'Ame pour exprimer le principe de la penſée, n'ont pas cru pour cela que l'Ame fût un air ſubtil; & qui au contraire ſe ſont perſuadés qu'elle étoit compoſée d'une matiere épaiſſe, groſſiere & compacte, tels que ſont le cerveau, le cœur, & le ſang.

VII. Opinion d'Empedocle, & des autres Philoſophes, qui ont cru que l'Ame étoit une partie viſible du corps humain.

Zenon le Stoïcien, continue Ciceron, a penſé que l'Ame étoit un feu: *Zenoni Stoico animus ignis videtur*. Ce ſentiment auſſi-bien que celui de ceux, qui ont cru que l'Ame étoit un

VIII. Opinion de Zenon, qui a cru que l'Ame étoit un feu préférée par Ciceron aux précédentes.

un air subtil, a paru à Ciceron beaucoup plus vraisemblable que les premieres opinions que nous avons rapportées. Il regardoit comme une grossiéreté visible qu'on pût s'imaginer, que l'Ame, cette substance si pure & si active, ne fût qu'une masse lourde & épaisse, tel que le cerveau, le cœur, & le sang.

IX. Qu'a en juger par la droite raison l'opinion de ceux, qui faisoient consister l'Ame en une partie organisée, étoit plus raisonnable que celle de Zenon.

Cependant, comme à bien prendre les choses, il est certain que l'air & le feu ne sont pas d'une matiere plus parfaite que le cerveau & le cœur; & qu'au contraire le cerveau & le cœur ont par dessus l'air & le feu l'avantage d'être des corps organisés, dont la structure est ce qu'il y a de plus merveilleux dans la nature, laissant à part les préjugés des sens, on auroit dû regarder comme moins absurde l'opinion, qui attribuoit la pensée au méchanisme d'une matiere si artistement travaillée par la nature, que celles qui la faisoient dépendre de la tumultueuse rapidité, qui agite les particules de l'air & du feu.

X. Opinion d'Aristoxene. Explication de son harmonie.

Aristoxene Philosophe, & Musicien tout ensemble faisoit consister l'Ame dans une certaine harmonie de tout le corps. Je crois que l'harmonie dont parloit ce Philosophe, n'étoit que le méchanisme du corps, dont l'admirable structure & la proportion, qui regne entre toutes ses parties, devoient produire, à ce qu'il croyoit, ces mouvements si reglés, d'où résultoit le sentiment & la pensée; de même que dans l'harmonie d'un concert la proportion, qui se trouve entre les voix & les instruments de musique, fait regner parmi cette varieté de sons un accord & une correspondance, qui nous charme & nous enleve. Ce Philosophe étoit Disciple d'Aristote.

XI. Opinion de Dicearque, en quel sens il disoit que l'Ame n'est rien.

On peut rapporter au sentiment d'Aristoxene celui de Dicearque autre Disciple d'Aristote, qui disoit, comme Ciceron le tire de ses ouvrages, que l'Ame n'est rien, que c'est un mot vuide de sens, & que cette vertu secrete, qui nous fait sentir & agir, est *également* répandue dans tous les corps vivants, sans qu'elle en soit quelque chose de distinct, ou

de

de séparable, qu'enfin le corps n'agit & ne sent, qu'en vertu d'une certaine configuration, & d'un certain arrangement que la nature lui donne. On voit par là, que le sentiment de Dicearque étoit que la pensée fût une modification du corps; & c'est ce qui lui faisoit dire que l'Ame n'étoit pas un Etre séparable du corps, & que par elle-même elle n'étoit rien; comme en effet toute modification d'un sujet n'est rien, si on veut la séparer de son sujet. Tous ces Philosophes faisoient l'Ame non seulement materielle, mais aussi mortelle, si nous en exceptons les Stoïciens, qui pensoient que les Ames de leurs Sages, étant d'un feu plus épuré, avoient aussi plus de force & d'activité, pour se faire jour à travers l'air grossier qui nous environne, & pénétrer jusqu'à la sphére du feu, où elles devoient se conserver toujours. Venons maintenant à ceux, qui non seulement ont cru l'Ame immortelle, mais qui de plus l'ont conçue sous l'idée d'une substance immaterielle.

XII. Opinion de Xenocrate & de Pythagore : que par nombre ils ont entendu la pure intelligence.

Xenocrate Disciple de Platon Homme de la vertu la plus rigide, & d'une continence à toute épreuve, ne reconnoît, dit Ciceron, dans l'Ame ni figure, ni rien de semblable au corps: *Xenocrates animi figuram, & quasi corpus negavit esse;* mais il la fait consister dans un nombre, dont l'activité, selon Pythagore est la plus grande qui soit dans la nature : *Verum numerum dixit esse, cujus vis, ut jam antea Pythagoræ visum erat, in natura maxima esset*. On sait que Pythagore avoit grand soin de voiler ses pensées sous des énigmes ou des symboles, ne doutant pas que cet air mystérieux, avec lequel il annonçoit ses oracles, & qui en cachoit l'intelligence à tout autre qu'à ses Disciples, ne dût leur attirer plus de respect, & de vénération de la part du public. Mais, sans nous engager dans ces recherches pleines d'érudition, où sont entrés tant de Savants pour en découvrir le sens, nous nous contenterons de ce que Plutarque nous apprend par rapport au sujet, dont il est ici question, savoir, que Pythagore ayant défini l'Ame un nombre qui se meut,

il

il n'avoit entendu par ce nombre que l'intelligence même : *Pythagoras*, dit-il, de plac. philof. l. 4. c. 2. *Animam cenfuit numerum feipfum cientem : numerum autem pro mente accipit*.

XIII. Que le mot *Mens* intelligence fignifie la pure penfée fans aucune idée de materialité. Paffage décifif de Plutarque à ce fujet.

Or je ne crois pas que le mot *Mens* ait jamais fignifié autre chofe que la penfée, la raifon, & l'intelligence pure, que le fentiment intérieur nous fait appercevoir en nous-mêmes, & qui ne renferme certainement aucune materialité; puifqu'en pénfant fimplement à la penfée, il eft fûr que nous n'y concevons ni étenduë, ni figure, ni divifibilité, ni aucune autre propriété de la matiere; de forte qu'en prenant précifément le fens attaché au mot *mens*, c'eft-à-dire, *intelligence*, nous ne faurions rien nous y repréfenter de materiel. D'où il fuit que le fentiment de ceux, qui ont fait confifter l'effence de l'Ame dans cette intelligence, qu'on appelle *mens*, fans nous avertir que la nature de cette intelligence fût autre chofe que cette intelligence même; ce fentiment, dis-je, femble revenir à celui de Defcartes, qui fait confifter l'effence de l'Ame dans la penfée. Mais ce qui ne laiffe aucun lieu de douter du fentiment de Xenocrate, & de Pythagore à ce fujet, c'eft que Plutarque dit ouvertement dans le Chapitre fuivant, que Pythagore eft un de ceux, qui ont depouillé l'Ame de toute materialité, *qui corporis expertem animam ponunt*. Et qu'on n'objecte pas que Plutarque prend ici le mot de corps pour une matiere groffiere, qu'il oppofe à une matiere plus fubtile, felon ce que nous avons ci-deffus dans M. Locke. Car Plutarque rapporte au même endroit l'opinion des Stoïciens, & des autres Philofophes, qui penfoient que l'Ame fût une portion d'air fubtil & enflammé; & il reconnoit en même tems que ces Philofophes faifoient l'Ame corporelle; marque certaine, que fous le nom général de corps Plutarque comprenoit non feulement la matiere groffiere, mais auffi la fubtile; & qu'ainfi, quand il dit que Pythagore a cru l'Ame incorporelle, on doit entendre qu'il l'a depouillée entiérement de toute efpece de materialité.

XIV. Opinion de Platon mis

On doit en dire autant de Platon & d'Ariftote, que Plutarque

tarque met aussi-bien que Pythagore au rang de ceux, qui ont cru l'Ame exemte de toute materialité. Platon divisoit l'Ame en deux parties, l'une raisonnable, & l'autre irraisonnable; & celle-ci il la subdivisoit encore en deux parties, savoir la convoitise & la colere, ou, pour me servir des termes de l'Ecole, en appetit concupiscible, & appetit irascible. Ainsi, ayant fait trois parties de l'Ame, il leur assigne, dit Ciceron, à chacune son logement dans le corps humain.

Par Plutarque, aussi-bien que Pythagore dans le nombre de ceux, qui ont cru l'Ame absolument immaterielle.

Je ne doute pas qu'on ne regarde, & avec raison, comme une reverie toute pure cette division de l'Ame en trois parties, & cette distribution de logements, que Platon leur assigne. Cependant, malgré les notions obscures de ces tems là sur tout ce qui regarde la bonne Philosophie, ces Anciens ne laissoient pas que d'entrevoir cette importante vérité, qui depuis a été si bien prouvée par Descartes, que l'intelligence & la raison ne peuvent appartenir en aucune maniere à la nature du corps. Platon n'a en effet séparé la convoitise & la colere, qu'il nomme les deux parties irraisonnables de l'Ame d'avec la raisonnable, que parcequ'il croyoit par un faux préjugé, que la colere & la convoitise provenoient de la constitution du corps; ce qu'il ne pouvoit supposer de la raison & de l'intelligence pure, qu'il regardoit comme quelque chose d'infiniment plus parfait, plus noble, & plus relevé, que tout ce que l'on peut comprendre sous le nom de corps & de matiere. Et c'est en conséquence de cette doctrine que Platon croyoit, que les deux parties irraisonnables de l'Ame devoient périr avec le corps, mais que la partie raisonnable, qu'il définit la substance intelligente, ne pouvoit être sujette à la corruption & à la mort. C'est-ce que Plutarque nous apprend ch. 2. & 7.

XV. Opinion d'Aristote.

Aristote le plus grand des Philosophes, en exceptant toujours Platon, dit Ciceron, soit par l'étenduë de son génie, soit par l'éxactitude de ses recherches, ayant établi le feu, l'air, l'eau, & la terre, comme les quatre Elements

qui

qui par leurs divers aſſemblages formoient tous les différents corps, dont la nature eſt compoſée, ne crut pas cependant qu'on pût en tirer l'origine de l'Ame. La penſée, la prévoyance, la facilité d'apprendre & d'enſeigner, l'invention des Arts, la mémoire, l'amour, la haine, l'eſpérance, la crainte, le plaiſir, la douleur, & tant d'autres affections, dont l'Ame eſt ſuſceptible, lui paroiſſoient bien au deſſus de la nature de ces corps élementaires. Il ſe trouva par conſéquent obligé d'admettre une cinquiéme nature pour l'Ame, qui n'ayant eu juſques là aucun nom particulier fut appellée par lui εντελεχία, mot que Ciceron traduit par une motion continuée & perpétuelle.

XVI. La cinquiéme nature introduite par Ariſtote, reconnue pour immaterielle par Ciceron.

M. Locke ſuppoſe que cette cinquiéme nature introduite par Ariſtote, n'eſt qu'une matiere plus ſubtile que celle des quatre Elements; mais aſſurément ce n'eſt pas ainſi que Ciceron l'a entendu: car premiérement il diſtingue très-nettement le ſentiment d'Ariſtote de celui de tous les autres Philoſophes, qui concevoient l'Ame ſous l'idée d'un air extrêmement ſubtil & délié, & entiérement ſemblable à celui qu'elle devoit, ſelon eux, aller reſpirer un jour dans la plus haute région des Cieux. En ſecond lieu Ciceron témoigne qu'il eſt très-difficile de comprendre ce que c'eſt que cette cinquiéme nature introduite par Ariſtote; pendant qu'ailleurs il ne montre jamais de difficulté à comprendre qu'il y ait un feu & un air ſans comparaiſon plus pur, & plus ſubtil que celui, dans lequel nous vivons, qui eſt ſi ſouvent obſcurci par les nuages, agité par les vents, infecté par les vapeurs & les éxhalaiſons terreſtres. Enfin pour peu de réflexion qu'on faſſe ſur le paſſage de Ciceron, que je rapporte ici au long, on ne pourra guéres plus avoir lieu de douter de ſon ſentiment à cet égard. „ L'eſprit humain, auquel Euripide oſe „ bien donner le nom de Dieu, eſt ſans doute quelque choſe „ de Divin. C'eſt pourquoi, ſi Dieu eſt un air ou un feu „ ſubtil, l'Eſprit de l'homme l'eſt auſſi; car de même que „ la nature celeſte de Dieu doit exclure tout mélange de

terre

„ terre & d'eau, ces principes grossiers ne peuvent non plus „ avoir lieu dans l'Esprit. Mais si c'est la cinquiéme nature „ qu'Aristote a le premier introduite, cette nature est assu- „ rément commune à Dieu & à l'homme. C'est ce senti- „ ment, que nous avons suivi dans le Livre de la Consolation, „ & que nous avons exprimé en ces termes. On ne sauroit „ trouver en terre l'origine des Esprits: car il n'y a rien „ dans les Esprits de mixte & de composé, ou qui ait pu „ naître, & se former de la terre, il n'y a rien non plus „ d'humide, & qui ressente la nature de l'air ou du feu. „ Car dans la nature de ces choses nous ne voyons rien „ absolument, qui renferme l'activité & la perfection de la „ memoire, de l'intelligence & de la pensée: rien qui soit „ capable de retenir le souvenir des choses passées, prévoir „ les futures, embrasser les présentes, qui est tout ce qu'on „ peut imaginer de Divin. C'est pourquoi on ne trouvera „ jamais que des facultés si excellentes aient pu venir à l'hom- „ me d'autre part que de Dieu même. Il faut donc avouer „ que l'Esprit a une nature & une essence qui lui est parti- „ culiere, & qui est tout-à-fait différente de toutes ces „ autres natures, dont l'usage nous rend la connoissance „ plus familiere. Ainsi tout ce qui sent, qui entend, qui „ veut & qui vit par la pensée, doit être céleste & divin, „ & par conséquent éternel. Dieu lui-même ne peut pas „ être conçu autrement, que comme une intelligence qui vit „ par elle-même, dégagée de toute materialité, & exemte „ de composition dissoluble, qui sent tout, qui meut tout, „ & qui est elle-même dans une motion perpétuelle. C'est „ d'un tel genre d'Etre que l'Ame est aussi; sa nature est la „ même. Où est donc, me dites-vous, une telle intelligen- „ ce, & quelle est-elle? Où est la vôtre, vous réponds-je, „ & quelle est-elle? Pouvez-vous me le dire? Est-ce donc, „ parceque je ne puis pas comprendre tout ce que je vou- „ drois, que vous voulez m'empêcher de me fonder sur ce „ que je conçois clairement? *Et plus bas il ajoute.* A moins

 que

„ que d'être entiérement ſtupide en ce qui regarde la Phy-
„ ſique, il faut avouer que dans les Eſprits il n'y a rien ab-
„ ſolument de mixte & de composé, rien qui réſulte de la
„ jonction & de l'aſſemblage de pluſieurs parties, qui ſoient
„ diſtinguées l'une de l'autre. Ce qui étant ainſi, l'Eſprit
„ ne peut ſe diviſer, ni ſe réſoudre en parties, ni par con-
„ ſéquent mourir. Car la mort n'eſt que la ſéparation des
„ parties, qu'une force de cohéſion tenoit auparavant join-
„ tes & liées enſemble.

Ce paſſage ne laiſſe aucun lieu de douter, que cette nature particuliere toute céleſte & divine, que Ciceron après Ariſtote attribue à l'Eſprit, & qu'il diſtingue de l'air & du feu ſubtiliſés autant qu'on le voudra, n'eſt pas une nature materielle de quelque ſubtilité, ou de quelque fineſſe qu'on la veuille concevoir; puiſqu'il écarte de l'idée de cette nature une des propriétés les plus eſſentielles de la matiere, & qui ne convient pas moins à la matiere la plus ſubtile & la plus fine, qu'à la plus groſſiere & la plus épaiſſe, ſavoir d'être compoſée de parties, diſtinguées & ſéparables les unes des autres. C'eſt pour cela que Ciceron nous avertit ſi ſouvent, qu'il ne faut pas croire de pouvoir ſe repréſenter l'Eſprit ſous une forme, ou une figure particuliere, qui ne peut convenir qu'à ce que nous connoiſſons par les ſens & l'imagination; qu'on ne peut connoître la penſée, que par la penſée même; qu'il faut s'élever au deſſus des ſens, & qu'enfin c'eſt la marque d'un petit génie de croire, qu'on ne peut concevoir ce qu'on ne peut imaginer.

XVII. Ce qu'on doit entendre par la motion perpétuelle, que les Anciens attribuoient à l'Eſprit.

Quant à cette motion perpétuelle, que les Anciens reconnoiſſent dans l'Eſprit, il eſt bien de remarquer qu'elle n'eſt rien de ſemblable au mouvement local, c'eſt-à-dire, au paſſage d'un corps, d'un lieu en un autre. Cette motion ne ſignifie que la ſuite & la chaine des penſées qui ſe ſuccedent, & la rapidité, avec laquelle la penſée vole, pour ainſi dire, d'un objet à un autre objet, malgrè leur immenſe éloignement. C'eſt ainſi que l'Eſprit dans un moment parcourt le

Ciel,

Cile, la terre, la mer. Nous appuyerons cette explication, qui eſt d'ailleurs ſi naturelle de l'autorité de Thales de Milet le premier des ſept Sages de la Grece, & l'un des plus grands Philoſophes de l'antiquité. *Velociſſimum omnium, quæ ſunt*, dit-il, *eſt mens; nam tantæ celeritatis eſt, ut uno temporis puncto cœlum omne colluſtret, maria pervolet, terras, & urbes peragret.*

XVIII. Sentiment de Ciceron ſur la nature de l'Ame.

Il eſt donc bien faux, que Ciceron ſuppoſe toujours que l'Ame eſt air ou feu. S'il ne combat pas toujours expreſſément cette opinion, c'eſt parceque ſon but principal étoit de perſuader l'immortalité de l'Ame, & que ceux, qui étoient dans ce ſentiment, ne nioient pas qu'elle fût immortelle, & qu'au contraire ils prétendoient expliquer phyſiquement, comment elle pouvoit ſe conſerver. Ils ſuppoſoient pour cela, que des quatre Elements les deux plus groſſiers la terre & l'eau tendoient toujours vers le centre, & que les deux autres l'air & le feu tendoient toujours à s'en éloigner, ſoit par une ſympathie naturelle, ſoit parcequ'étant moins peſants ils devoient être repouſſés en haut par les Elements plus peſants, & leur ſurnager. Or l'Ame, diſoient-ils, étant d'un air & d'un feu incomparablement plus ſubtil, plus délié, plus leger que l'air & le feu élementaires, qui environnent la terre & l'eau, dans l'une & dans l'autre hypothéſe, l'Ame en ſortant du corps devra voler vers le Ciel en ligne droite, & monter juſqu'à ce qu'ayant trouvé une matiere homogene à la ſienne, elle s'y trouve en équilibre, alors n'étant point troublée par les paſſions, qui prennent leur ſource dans le corps, & ne pouvant plus être agitée, ni déchirée par les mouvements de l'envie, elle ſe trouvera dans une paix profonde, & un calme inaltérable, & ſe livrera entiérement à la ſatisfaction de contempler la beauté de ce monde, ce qui devra la rendre éternellement heureuſe; parceque l'Eſprit n'a point de déſir naturel plus ardent, ni plus permanent, que celui de connoître la vérité; & que rien par conſéquent n'eſt plus capable de le combler d'une ſatisfaction plus douce, & plus durable que la connoissance de la vérité. Tel étoit à peu près le raisonnement de ces Philosophes, à qui Ciceron ne laissoit pourtant pas que de dire, que son sentiment étoit que l'Ame avoit une nature particuliere, & qui lui étoit entiérement propre. *Quæ est animo natura? propria, puto, & sua.* Mais, reprenoit-il, que l'Esprit soit air ou feu, dès que vous tombez d'accord qu'il ne laisse pas que d'être immortel, je n'en veux pas disputer, cette discussion ne regarde pas le sujet principal de la question que nous traitons : *Sed fac igneam, fac spirabilem, nihil ad id, de quo agimus.* Et dans un autre endroit il marque positivement qu'il y avoit à craindre pour l'immortalité de l'Ame, au cas que ce sentiment prévalût. Si l'Ame est air, disoit-il avec raison, peut-être elle se dissipera; si elle est feu, peut-être elle s'éteindra. *Si anima est aer, fortasse dissipabitur, si ignis extinguetur.*

Je ne crois pas devoir m'arrêter ici à discuter les passages de Virgile : on ne doit pas attendre d'un Poëte payen, qui n'a parlé de l'Ame que fort incidemment, une éxactitude & une précision rigoureuse. Il se seroit trop écarté de son but, si au lieu de chercher à plaire par des images & des sentiments, il s'étoit attaché à fatiguer l'esprit par des raisonnements abstraits sur une matiere si éloignée de son sujet. Il me suffit bien d'avoir prouvé par Ciceron, qui a peut-être été le plus savant Philosophe, aussi-bien que le plus éloquent Orateur de l'antiquité, que cet Auteur, & plusieurs des anciens Philosophes qu'il cite, ont su comprendre qu'il étoit bien plus conforme à la raison de dépouiller l'Ame de toute espece de materialité, que de la croire seulement d'une matiere un peu plus déliée que celle qui tombe sous nos sens.

HUITIEME

HUITIEME PARTIE

Nouvelles Preuves de l'immaterialité de Dieu, & des Intelligences créées, tirées de l'Ecriture, des Peres, & de la raison, principalement contre un nouveau Systême, fondé en partie sur les principes de M. Locke, & dont la maxime fondamentale est, qu'on ne peut rien concevoir sans étenduë.

SECTION PREMIERE.

§. 1.

IL a été sagement remarqué, que comme il n'y a point de vérité, qui n'ait donné naissance à d'autres vérités, il n'y a point non plus d'erreur, qui n'ait enfanté d'autres erreurs. C'est par un juste éxercice & un usage légitime de leurs facultés intellectuelles, que les Hommes savent profiter des vérités qui déja ont été découvertes, pour conduire leur esprit à la recherche de celles qu'ils ignorent; & c'est par un honteux abus de ces mêmes facultés, que saisissant souvent une fausse maxime, revêtue de quelque couleur de vraisemblance pour un principe incontestable, une telle maxime devient dans l'esprit de celui qui l'adopte une source d'erreurs, qui se multiplient à l'infini, & dont les absurdités les plus manifestes ne sauroient arrêter le cours. M. Locke n'a jamais prétendu prouver que tout ce qui éxiste, jusqu'à Dieu même, soit materiel & étendu; beaucoup moins a-t-il pensé d'en faire un article de Foi. Il prétend seulement. 1. Qu'on ne peut démontrer par la raison, que la matiere ne soit pas capable de recevoir la faculté de penser. 2. Que l'usage qu'ont fait les Anciens du mot *Esprit*

&

& *Ame*, nous autorise à envisager le principe de la pensée, comme une substance qui n'est pas dépouillée de toute materialité. 3. Que la Révelation nous enseigne que l'Ame est immortelle, mais non pas qu'elle soit immaterielle. 4. Que les Peres de l'Eglise n'ont jamais entrepris de démontrer que la matiere fût absolument incapable de penser. C'est même par ce dernier Article que M. Coste acheve son Extrait. M. Locke n'est pas allé plus loin. Mais un nouvel Auteur, qui a médité quinze ans sur les principes de cet Auteur, ne s'est pas arrêté en si beau chemin. Le fruit de ses méditations a paru dans un Ouvrage intitulé: *Essai d'un Systême nouveau concernant la nature des Etres Spirituels, fondé en partie sur les principes du célebre M. Locke &c.* L'Auteur est un certain M. Cuentz, comme nous l'apprend le Journal de Hollande, qui donne un Extrait de ce prétendu nouveau Systême, & qui dans les réflexions, dont il l'accompagne, a su joindre à la solidité du jugement, l'agrément d'une raillerie délicate, qui en releve, & en fait encore mieux sentir le ridicule.

Précis du nouveau Systême de M. Cuentz sur la nature de Dieu, & des Intelligences créées.

La proposition fondamentale de ce Systême est conçue en ces termes: „ Les propriétés & les fonctions, que nous attribuons tous à l'Ame, cette partie la plus noble de l'homme, ne sauroient être conçues dans un Etre absolument non étendu.

Cette proposition se trouve conçue encore plus généralement dans celle qui suit: „ Nous ne saurions nous former aucune idée positive de quelque Etre que ce soit réellement éxistant, & absolument non étendu. Ces sortes d'Etres ne sont donc absolument que des fictions de l'esprit humain des Etres de raison. Le Journaliste nous fait savoir qu'il a cherché avec soin dans tout l'Ouvrage quelque preuve d'une Thése si importante, & sur laquelle tout le Systême est appuyé; mais que par tout il l'a trouvé supposée par l'Auteur, comme un principe, ou un axiome qui n'a pas besoin de preuves. Voici maintenant quelques autres propo-

propofitions qui fuivent, & qui font comme le corps du Syftême.

„ La révelation ne fait aucune mention de l'éxiftence de „ cette forte d'Etres: elle ne fait que diftinguer les Etis „ en invifibles & impalpables, & en vifibles & palpables à „ nos fens groffiers, en mortels & immortels. C'eft à ceux, „ qui foutiennent l'affirmative, l'éxiftence des Etres abfolu- „ ment non étendus à le prouver. Ils ne le prouveront jamais. Après un tel défi cet Auteur peut-il fe plaindre, fi on l'accufe d'une infigne témérité?

„ Notre Ame ne peut être conçue fans étenduë réelle. Cette étenduë réelle confifte dans un corps fpirituel, c'eft- „ à-dire, invifible, impalpable à nos fens groffiers, *indivifible*, „ immortel, dans un corps organifé, qui en cette qualité „ eft la caufe materielle inftrumentale, *& fine qua non* de la „ puiffance active & paffive, ou de toutes les modifications „ de l'Ame -- Un corps organifé, indivifible & immortel: quel amas de contradictions!

„ La puiffance active & paffive de l'Ame réfulte du fouffle „ divin, dont Dieu a animé le premier Etre humain créé. „ Ce fouffle divin eft un principe de vie, qui en vertu de „ la volonté & de la Toute-puiffance Divine, comme caufe „ inftrumentale, *& fine qua non*, met l'Ame humaine douée „ de ce corps fpirituel, & de ce fouffle, en état d'exercer „ cette puiffance active & paffive. Ce fouffle divin n'eft pas „ un principe actif par lui-même, un Etre créé, ou une fub- „ ftance. Il n'eft que mode dans fa maniere d'Etre, c'eft „ une modification, ou pour mieux dire, une émanation „ immédiate & conftante de la Divinité même, fans que „ pour cela elle perde rien de fa fubftance réelle -- Entende qui pourra.

„ La propagation des Ames humaines, dans la pofterité „ d'Adam a lieu à l'inftar de celle du corps groffier, & fe fait „ quant au corps fpirituel par formation, & quant au prin- „ cipe de vie par communication.

„ L'Etre

„ L'Etre ſuprême eſt réellement étendu dans ſa divine ma-
„ niere d'éxiſter, quoiqu' incompréhenſible à nos lumieres
„ foibles & bornées. Cette propoſition eſt fondée ſur la ré-
„ velation même, ſur l'immenſité réelle qu'elle attribue à cet
„ Etre des Etres, & ſur l'activité de ſa Toute-puiſſance. Tous
„ les autres Etres au deſſus de la nature humaine ſont réel-
„ lement étendus.

Voila en raccourci une idée de ce profond Syſtême, qui n'eſt nouveau que parcequ'il renouvelle des erreurs monſtrueuſes, que la Religion de concert avec la raiſon paroiſſoient avoir abolies depuis ſi long-tems.

Devant donc prouver, contre M. Locke, que la révelation de l'Ecriture, & la tradition des Peres de l'Egliſe nous obligent à reconnoître non ſeulement, que l'Ame eſt immortelle par la volonté de Dieu, mais de plus qu'elle eſt immaterielle par ſa nature: j'ai cru que je ne pouvois mieux venir à bout de mon deſſein, qu'en faiſant voir que l'Ecriture, & les Peres, qui attribuent à Dieu une immaterialité abſolue, ce que M. Locke ne conteſte pas, ſe ſervent des mêmes termes, & des mêmes expreſſions, en parlant de l'immaterialité des Intelligences créées; ce qui devra ôter toute équivoque ſur la diſtinction du corps & de l'Eſprit, qu'on ne voudroit reconnoître qu'en ce ſens, que le corps fût une matiere groſſiere & ſenſible, & l'Ame ou l'Eſprit une matiere plus ſubtile, & par là inviſible & impalpable à nos ſens. De cette maniere j'ôte au nouveau Syſtême, fondé en partie ſur les principes de M. Locke, cette partie de principes, ſur laquelle on prétend l'appuyer; & d'autre part la confutation des erreurs monſtrueuſes du nouveau Syſtême, reconnues pour telles par les Partiſans mêmes de M. Locke, entrainera avec ſoi la confutation de cette partie des Maximes de M. Locke, qui a donné lieu à la production du nouveau Syſtême.

Et pour procéder avec ordre en cette diſcuſſion, je prouverai en premier lieu, que non ſeulement il eſt faux qu'on

ne

ne puisse rien concevoir sans étenduë, qu'au contraire nos idées les plus claires nous obligent de reconnoître, qu'il doit y avoir quelque chose, qui soit absolument non étendu. 2. Je prouverai par l'Ecriture, & par la raison, que Dieu est un Etre absolument non étendu. Et pour mieux confondre l'erreur & l'impieté du nouveau Systême, je tirerai mes preuves de la Révelation, de l'immensité que l'Ecriture attribue à l'Etre des Etres, & de l'activité de sa Toute-puissance, qui sont les principaux points, par lesquels l'Auteur prétend soutenir sa These. 3. Je prouverai par l'Ecriture & les Peres, que la Spiritualité, que l'Ecriture attribue aux Intelligences créées, n'exclut pas seulement un corps grossier & sensible, mais aussi toute matiere, quelque subtile qu'on la veuille concevoir.

§. 2.

DEMONSTRATION.

Qu'il doit éxister quelque chose qui soit absolument non étendu.

1. PRincipe. Il est certain, & chacun peut s'en convaincre par sa propre expérience, qu'on peut penser à l'intelligence, à l'amour, à la justice, à la bonté, à la miséricorde, à la liberalité, à la tempérance.

2. Principe. Il est certain, & chacun peut s'en convaincre aussi par sa propre expérience, qu'en concevant précisément l'intelligence, l'amour, la liberalité &c. on ne conçoit rien d'étendu. Car premierement ce seroit une chose visiblement absurde de demander de quelle grosseur, & de quelle figure est l'intelligence, l'amour, la liberalité &c., si elle est ronde, quarrée, ovale &c., & cependant si on devoit concevoir la pensée, l'amour, & la liberalité sous l'idée d'une chose étenduë, il faudroit aussi concevoir une figure en ces choses; puisque toute étenduë finie est nécessairement figurée. 2. Quand on parle d'une plus grande, ou d'une moindre

bonté, justice, liberalité &c., il est visible que ce n'est pas d'une plus grande ou d'une moindre étenduë que l'on parle; ce qui pourtant devroit être, si l'idée qu'on a de ces choses étoit l'idée de choses étenduës. Il est donc évident que l'on conçoit plusieurs choses sans étenduë.

3. Principe. Tout ce que l'on conçoit, doit avoir quelque réalité: car le néant n'est pas concevable. De ces principes, on peut former la Démonstration suivante.

Tout ce que l'esprit conçoit clairement, doit avoir sa réalité, telle qu'elle est renfermée dans l'idée claire qu'il en a: or est-il que l'esprit conçoit plusieurs choses, qui ne renferment point d'étenduë dans l'idée qu'il en a. Donc ces choses doivent avoir leur Etre, & leur réalité sans étenduë.

Et qu'on ne m'objecte pas que ces choses, que l'esprit conçoit sans étenduë, ne sont pas des substances, mais seulement des modes de l'esprit; car à cela je réponds qu'un mode sans étendue suppose une substance sans étenduë; puisqu'il est impossible qu'une maniere d'Etre d'une substance étenduë soit sans étenduë; ainsi de ce que nous concevons dans l'esprit des modes qui sont sans étenduë, nous pouvons en tirer un argument très-convaincant, que l'esprit lui-même est sans étenduë. Et pour ne laisser lieu à aucune chicane, j'ajoute que, quand je dis qu'il est impossible que le mode d'une substance étenduë soit sans étenduë, j'entends parler d'un mode réel qui affecte la substance, & y cause un changement formel, & non des modes qui naissent simplement d'un rapport, que peut avoir la substance avec une chose extérieure; rapport qui ne fait aucun changement dans la substance; & qui constitue plutôt une dénomination extérieure qu'un vrai mode intrinseque.

§. 3.

§. 3.

PREMIERE DEMONSTRATION.

Que l'Etre de Dieu eſt abſolument non étendu, tirée de ſes attributs en général.

SElon le nouveau Syſtême, il ne doit point y avoir de ſubſtance hormis l'étenduë ; car s'il y avoit quelque ſubſtance qui ne fût pas l'étenduë même, cette ſubſtance ſeroit par elle-même une choſe non étenduë. Or il eſt aiſé de prouver que la ſubſtance de Dieu ne ſauroit être l'étenduë même. Si la ſubſtance de Dieu étoit l'étenduë, les attributs de Dieu ſeroient des modifications de l'étenduë; car tous les attributs d'une choſe ne ſont que des modifications de ſa ſubſtance : or eſt-il que les attributs de Dieu, comme la juſtice, la puiſſance, la bonté, la ſageſſe &c. ne ſont pas des modifications de l'étenduë; puiſque l'idée de ces attributs ne renferme rien d'étendu, & qu'on peut y penſer ſans penſer à l'étenduë; ce qui ne pourroit être, s'ils étoient des modifications de l'étenduë; par la même raiſon que, parceque la figure eſt un mode de l'étenduë, on ne peut ſéparer l'idée de l'étenduë, de l'idée de la figure. Donc &c. le principe, ſur lequel cet argument eſt fondé, ſavoir que ſi l'on ne peut rien concevoir ſans étenduë, la ſubſtance de toutes choſes doit être l'étenduë même, ce principe, dis-je, eſt une vérité inconteſtable. En effet, ſi l'on ne peut rien concevoir ſans étenduë, il faut que l'étenduë ſoit la premiere idée, & l'attribut le plus eſſentiel qu'on conçoit en toutes choſes ; il faut qu'elle faſſe par conſéquent comme le fond de la ſubſtance de chaque choſe.

SECONDE DEMONSTRATION.

Que l'Etre de Dieu est absolument non étendu, tirée de sa différence substantielle d'avec les corps.

LA raison & la révelation s'accordent également à nous convaincre, qu'entre l'Etre de Dieu & celui des créatures, on doit reconnoître une différence substantielle; c'est-à-dire, que les créatures ne sont pas de la même substance que Dieu, comme l'on peut dire qu'une pierre est de la même substance qu'une orange, parceque l'une & l'autre de ces choses est formée d'une matiere homogene, & qu'elles ne différent entr'elles, que par les différentes modifications de cette matiere. L'excellence de l'Etre de Dieu au dessus de celui des créatures si souvent, & si expressément marquée dans les Ecritures, nous assure pleinement qu'entre l'Etre de Dieu & celui des créatures, il ne peut y avoir aucun rapport de perfection, & que l'un par conséquent ne sauroit être de la même substance que l'autre. Or, si Dieu étoit formellement étendu, il seroit de même substance que tous les corps. Voici comment je le prouve. Pour que Dieu, étant étendu, ne fût pas de même substance que les corps grossiers, visibles & palpables; il faudroit que l'étenduë de Dieu, & l'étenduë de ces corps fussent substantiellement différentes. Or l'idée de toute étenduë, ou bien toute idée d'étenduë, étant toujours la même, & représentant immuablement à l'esprit le même objet, c'est-à-dire, une longueur, largeur & profondeur, de laquelle dépendent les mêmes propriétés; il est autant impossible qu'une étenduë positive ne soit pas de même nature que toute autre étenduë positive, qu'il est impossible qu'une idée ne soit pas toujours la même idée. S'il n'y avoit donc rien de réel qui ne fût étendu, il n'y auroit aucun Etre, qui différât substantiellement de quelque autre Etre que ce soit. La substance seroit par tout la même; & entre Dieu & une fleur, il n'y auroit que du plus & du moins de

la

la différence, qui est entre une fleur & un caillou; puisque cette différence ne pourroit procéder que des différentes modifications de la même substance.

C'est ce que l'Auteur du prétendu nouveau Systême ne donne que trop à entendre; puisque la différence qu'il reconnoit entre les Etres spirituels, & les Etres materiels, il la fait principalement consister en ce que les Etres spirituels sont des corps subtils, invisibles, & impalpables à nos sens grossiers, & que les Etres materiels sont des corps visibles & palpables à nos sens grossiers. Or je demande, est-ce une plus grande perfection dans un corps, d'Etre invisible & impalpable à nos sens grossiers, c'est-à-dire, de ne pouvoir affecter ni notre vue, ni notre attouchement, que de pouvoir les affecter, & de se rendre ainsi visible & palpable? Si cela est, il faudra dire que l'eau devient plus parfaite, quand elle s'éleve en vapeurs insensibles, que lorsque toutes ses parties étoient assemblées en une masse visible & palpable: il faudra dire que le feu en détruisant l'organisation d'une plante, ne laisse pas que d'en faire un corps plus parfait, en divisant de telle sorte les parties de ce bois qu'elles deviennent invisibles & impalpables. Mais à considérer la chose en elle-même; n'est-il pas évident que la qualité de visible & de palpable dans un corps, n'étant que le pouvoir de faire sur nos sens, une impression qui soit suivie d'une certaine sensation; la qualité contraire d'invisible & d'impalpable, bien loin d'être une perfection positive dans un corps, n'est précisément qu'un défaut, & une privation du pouvoir de faire sur nos sens une impression sensible. N'est-il pas évident que la puissance ou l'impuissance d'ébranler les organes des sens, n'étant fondée que sur le rapport qu'a la masse, & la vélocité d'un corps avec la résistance de ces organes, il n'y a point de corps si subtil, qui ne pût être visible & palpable à un organe, dont la structure seroit d'une délicatesse proportionnée à la subtilité de ce corps, & qui par là seroit susceptible de l'impression la plus legere? On

voit

voit par là que la qualité d'invisible & d'impalpable dans un corps, n'est pas une qualité absolue, mais seulement relative; & l'expérience même nous apprend que des corps visibles & palpables à certains animaux, nous sont absolument invisibles & impalpables. Ces corps devront donc être spirituels par rapport à nous, & materiels par rapport à ces animaux. Mais en eux-mêmes en seront-ils plus ou moins parfaits? Il seroit donc ridicule de prétendre que les corps, que leur subtilité rend invisibles & impalpables à nos sens grossiers, dussent être plus parfaits que ceux, qui ont assez de masse pour pouvoir les affecter. Et si cela est, si, dis-je, la différence qu'on reconnoit entre les Etres spirituels, & les Etres materiels, n'emporte pas une plus grande perfection dans l'Etre spirituel, que dans le materiel, quel sera le principe, & la source des perfections, qui doivent pourtant distinguer nécessairement les Etres spirituels des Etres materiels?

§. 4.

Explication des passages de l'Ecriture, où elle attribue à Dieu le nom d'invisible.

DE ce qu'on vient de voir, que la subtilité, qui rend un corps invisible & impalpable, n'est qu'une qualité relative de ce corps à l'organe des sens, & non une perfection positive au dessus de celle de tout autre corps, il s'ensuit évidemment, que lorsque l'Ecriture attribue à Dieu, & aux Esprits créés le titre d'invisibles, voulant nous faire comprendre par un tel attribut, que ce sont des Etres plus parfaits & plus excellents que tout ce que nous pouvons voir ou sentir, on ne doit point interpréter ces passages en ce sens, que Dieu & les Esprits créés sont des corps, qui par leur subtilité échapent à nos sens grossiers, qualité qui ne les rendroit pas plus parfaits que tout autre corps, mais qu'on doit de toute nécessité interpréter ces passages en ce sens, que par l'attribut d'invisible, l'Ecriture entend désigner un Etre subfubftantiellement différent des corps, un Etre abfolument immateriel & non étendu.

Une autre preuve invincible de la même vérité eft, qu'en fuppofant que Dieu, & les Efprits créés foient des corps organifés, des Etres réellement étendus, ils devroient avoir effentiellement la qualité de vifibles & de palpables, quelque fubtilité qu'on leur attribue. En effet la qualité de vifible & de palpable n'étant dans le corps que la puiffance d'ébranler les organes de la vue, & de l'attouchement, on ne fauroit contefter que Dieu & les Efprits créés, quelque fubtilité qu'on leur fuppofe, ne foient plus avantageufement doués d'une telle puiffance, que le Soleil ou quelque autre corps que ce foit. Dieu feroit donc toujours effentiellement vifible & palpable à la maniere des corps groffiers; puifque pouvant toujours affecter nos fens groffiers, on pourroit rapporter à Dieu, comme à l'étenduë de tout autre corps, les fentiments de couleur, de chaleur &c., dont on eft affecté en les voyant, & les touchant &c.

Mais, pour venir en particulier aux paffages de l'Ecriture, je commence par celui de S. Paul en fon Epître aux Rom. chap. 1. v. 20. *Invifibilia Dei a creatura mundi per ea, quæ facta funt, intellecta confpiciuntur, fempiterna quoque ejus virtus, & Divinitas.* Ces chofes invifibles de Dieu, qui depuis la création du monde fe font fait connoître, comme à l'œil, par fes ouvrages; auffi-bien que fa puiffance éternelle & fa Divinité, ces chofes invifibles, dis-je, ne font autres que les perfections de Dieu, fa fageffe, fa bonté, fa juftice, dont l'Apôtre parle au long dans ce chapitre. Or la fageffe, la bonté, la juftice, la puiffance, qui font les perfections invifibles de Dieu, ne font-elles invifibles, que parceque ce font des corps d'une fubtilité à ne pouvoir réfléchir la lumiere, & fraper nos yeux; ou bien, font-elles invifibles, parceque dans l'idée que nous avons de la fageffe, de la bonté, de la juftice, de la puiffance, il n'entre abfolument rien d'étendu, ni de figuré, rien qui puiffe affecter nos fens, quand

ils

ils deviendroient d'une délicatesse à pouvoir être ébranlés par l'impression la plus legere? Je ne crois pas qu'on puisse hésiter un moment à reconnoître que ce dernier sens est le seul, qu'on puisse raisonnablement donner au mot *invisible* dans ce passage de l'Apôtre, & que le premier seroit un sens visiblement absurde & ridicule. L'Apôtre ne donne donc ici le nom d'invisible aux perfections de Dieu, à sa bonté, à sa justice, à sa puissance, que pour nous faire comprendre que ces choses sont au dessus de toute nature corporelle, & qu'elles sont absolument immaterielles & non étenduës; & joignant, comme il fait, la Divinité à la puissance, *virtus*, *& Divinitas*, & aux autres attributs qu'il qualifie du titre d'invisibles, il fait voir que c'est dans le même sens que la Divinité elle-même est invisible, & que l'Etre de Dieu par conséquent est absolument immateriel & non étendu.

Un autre passage, qui peut servir à éclaircir en quel sens l'Ecriture attribue à Dieu le nom d'invisible, c'est celui du même Apôtre en son Epître aux Colossiens chap. 1. v. 15., où parlant de Jesus-Christ, il dit qu'il est l'image du Dieu invisible. Or c'est proprement selon sa Divinité, c'est-à-dire, en tant qu'il est le Fils, la raison, le verbe, & la sagesse du Pere, que Jesus-Christ est l'image du Dieu invisible. C'est-ce qu'on prouve clairement par cet endroit même, où il est dit, que c'est par lui, & en lui que toutes choses ont été créées, & par le verset 10. du chap. 1. de l'Epître aux Hebreux, où l'Apôtre applique à Jesus-Christ ces paroles du Pseaume 101. *Initio tu Domine terram fundasti, & opera manuum tuarum sunt cœli*. C'est vous Seigneur, qui dès le commencement avez fondé la terre, & les Cieux sont les ouvrages de vos mains. Or c'est par son verbe & par sa raison, qui de toute éternité est en Dieu, & est Fils de Dieu, & qui a pris chair dans le tems, comme nous l'apprend S. Jean dès le commencement de son Evangile, que Dieu a fait toutes choses. Jesus-Christ étant donc le Verbe & la sagesse du Pere, c'est en ce sens qu'il est l'image du Dieu invisible;

& c'est-

& c'eſt ce qui paroîtra encore mieux, en confrontant le texte de l'Apôtre avec le chap. 7. du Livre de la Sageſſe, où cette Divine Sageſſe, & ſa génération éternelle ſont ſi admirablement expliquées. La Sageſſe y eſt-il dit v. 26., eſt l'éclat de la lumiere éternelle, le miroir ſans tache de la majeſté de Dieu, & l'image de ſa bonté : *Candor eſt enim lucis æternæ, & ſpeculum ſine macula Dei majeſtatis, & imago bonitatis illius.* Or il eſt évident, comme on l'a déja remarqué, que l'idée de la Sageſſe ne renferme aucune idée d'étenduë, puiſqu'il n'y a ni étenduë, ni figure qui puiſſe repréſenter la Sageſſe, & qu'en penſant préciſément à la Sageſſe, il n'y a rien d'étendu dans l'idée qu'on en a. Donc cette Sageſſe eſt inviſible, parcequ'elle eſt abſolument non étenduë & immaterielle, donc Dieu, dont elle eſt l'image, l'éclat de ſa lumiere, le miroir de ſa Majeſté, eſt auſſi inviſible, parcequ'il eſt abſolument immateriel & non étendu.

§. 5.

Troiſiéme Preuve de l'immaterialité de Dieu, tirée de ſon Immenſité.

I. L'Immenſité de Dieu renferme deux idées. 1. Que Dieu eſt en toutes choſes. 2. Qu'il eſt tout en toutes choſes.

C'Eſt par ſon Immenſité que Dieu eſt par tout, qu'il remplit le Ciel & la terre, qu'il eſt tout dans le Ciel, & tout ſur la terre, qu'il eſt tout en toutes choſes, tout en tout lieu. L'Immenſité de Dieu préſente donc à l'eſprit deux idées qu'on peut conſidérer ſéparément, la premiere qui regarde l'Immenſité en elle-même, nous repréſente Dieu préciſément comme éxiſtant en toutes choſes; la ſeconde, qui regarde la maniere dont Dieu eſt immenſe, nous repréſente Dieu comme éxiſtant tout en toutes choſes, tout dans le Ciel, tout ſur la terre, ſans aucune diviſion de ſa ſubſtance; ſans diſtinction de parties, ſans qu'on puiſſe dire qu'il y ait une plus grande partie de Dieu dans un plus grand corps, que dans un plus petit. L'une & l'autre de ces conſidérations, qui ſont également fondées ſur l'Ecriture & la raiſon, nous fourniſſent des preuves très-convaincantes, que l'Etre de Dieu eſt abſolument immateriel & non étendu.

II. Preuve de l'Immenſité de Dieu par l'Ecriture.

Premierement on ne peut douter que Dieu ne ſoit par tout: je remplis le Ciel & la terre, dit le Seigneur: *Cœlum, & terram ego impleo. Seigneur*, dit l'Auteur du Pſeaume 138. *où irai-je pour me dérober à votre Eſprit, & où m'enfuirai-je dedevant votre face? Si je monte dans le Ciel, vous y êtes: ſi je deſcends dans l'enfer, vous y êtes encore: ſi je prends des ailes dès le matin, & ſi je vais demeurer dans les extremités de la mer, votre main même m'y conduira, & ce ſera votre droite qui me ſoutiendra: quo ibo a ſpiritu tuo, & quo à facie tua fugiam? &c.*

III. Preuve de la même vérité par l'action de Dieu.

C'eſt ce que l'action de Dieu démontre auſſi de la maniere la plus évidente. Il eſt certain que c'eſt l'action de Dieu qui donne l'Etre à toutes les créatures. Or l'action doit atteindre le ſujet, ſur lequel, & dans lequel ſe fait l'action; puis donc que c'eſt par l'action de Dieu que les créatures ont l'Etre, il faut que cette action ſoit reçue dans tout ce qu'elles ont d'Etre, il faut qu'elle les pénétre intimément; & comme l'action de Dieu n'eſt point diſtinguée de ſa ſubſtance, en tant qu'elle agit, il s'enſuit de là que Dieu agiſſant intimément dans l'Etre des créatures, doit être intimément uni par ſa ſubſtance à l'Etre des Créatures. Or ſi Dieu étoit étendu, il ne pourroit être intimément uni à ſes créatures, il ne pourroit les pénétrer, il ne pourroit remplir l'Univers. Car il a déja été démontré ci-deſſus que toute étenduë exclut d'elle-même toute autre étenduë, & que comme il eſt impoſſible que deux étenduës ne faſſent qu'une ſeule étenduë, il eſt auſſi impoſſible que deux étenduës ſe pénétrent mutuellement. Donc l'idée de l'Immenſité exclut l'idée de l'étenduë, bien loin que par l'Immenſité de Dieu on puiſſe prouver que ſon Etre eſt étendu,

IV. Beau paſſage de S. Gregoire de Nazianze, où il prouve l'imma-

Cet argument a été pouſſé avec beaucoup de force par S. Gregoire de Nazianze ſurnommé par excellence le Théologien, dans ſa ſeconde Oraiſon ſur la Théologie. Voici les paroles

paroles de ce Pere: *Quinam vero illud tueri poterimus, quod ait Scriptura, Deum omnia pervadere, atque implere: juxta illud, nonne Cœlum, & terram ego impleo? & Spiritus Domini replevit orbem terrarum: si Deus partim circumscribat, & partim circumscribatur? aut enim per vacuum hoc universum grassabitur, & res omnes nobis peribunt; ut sic Deus contumelia afficiatur; nimirum & qui corpus sit, & iis, quæ procreavit, careat; aut corpus in corporibus erit, id quod fieri non potest; aut implicabitur, aut opponetur; aut quemadmodum liquida invicem miscentur, ita ille alia secabit, ab aliis secabitur, quod ipsis etiam Epicuri atomis magis est absurdum, & anile.* S. Gregoire fait voir par ces paroles, que comme il est impossible qu'un corps soit dans un autre corps, il seroit impossible que Dieu fût dans ses créatures, s'il étoit corps ou étendu, d'où il s'ensuivroit non seulement que l'Ecriture nous trompe en disant que Dieu remplit le Ciel & la terre; mais aussi que toutes les créatures devroient retomber dans le néant, comme étant hors de Dieu. A quoi il faut ajouter que Dieu n'auroit jamais rien pu créer, parcequ'où il auroit fallu qu'il eût créé dans lui ou hors de lui; il ne pouvoit rien créer hors de lui à cause de l'infinité de son étenduë; il ne pouvoit non plus rien créer dans lui à cause de l'impénétrabilité de l'étenduë. Donc &c.

terialité de Dieu par son Immensité.

S. Gregoire confirme la même doctrine dans son Oraison à Cledonius contre Apollinaire. Cet hérétique disoit que dans Jesus-Christ, il n'y avoit que la Divinité unie au Corps sans Ame raisonnable ou humaine; ne pouvant comprendre que la Divinité & l'Ame pussent se trouver dans le même corps. A cela S. Gregoire répond, que si la Divinité & l'Ame devoient être dans le corps à la maniere des corps cela ne pourroit être; qu'un vaisseau, par exemple, capable seulement de contenir un muid ne sauroit en contenir deux, & qu'un espace rempli par un corps, ne sauroit recevoir un autre corps. *Nec corporis spatium, duo aut plura corpora complectetur.* On voit par ce passage que ce S. Docteur reconnoissoit

V. Autre passage du même Pere: que l'impénétrabilité, selon ce Pere, est une propriété essentielle du corps.

noissoit l'impénétrabilité comme une propriété essentielle au corps. Mais continue-t-il, si vous considérez les choses intelligibles & incorporelles, ne voyez-vous pas que moi-même je renferme mon Ame, ma raison, & le S. Esprit, & qu'avant moi, cet Univers composé de natures visibles & invisibles renfermoit aussi le Pere, le Fils & le S. Esprit? Car telle est la nature des choses intelligibles, qu'elles peuvent s'unir & se pénétrer soit entr'elles, soit avec les corps, d'une maniere incorporelle & invisible. S. Gregoire attribue donc à Dieu & à toutes les intelligences la propriété de pouvoir se pénétrer mutuellement, propriété qui les distingue essentiellement de tout corps grossier ou subtil tant qu'on voudra, donc deux parties ne peuvent absolument se pénétrer, ni occuper le même espace. C'est ce qui confirme ce que j'ai établi ci-dessus contre M. Locke, qui prétend que Dieu & les Esprits créés sont impénétrables, aussi-bien que les corps à tout autre Etre de la même espece.

Ce passage prouve aussi contre le même Auteur, que quoique les Peres n'aient peut-être pas expressément agité cette question, si Dieu pouvoit accorder à la matiere la faculté de penser, parceque leur but n'étoit pas de disputer en Philosophes sur ce qui peut ou ne peut pas être, mais d'établir en Théologiens ce qui est, selon les Dogmes de la Foi; cependant on peut fort bien déduire de leurs principes qu'ils reconnoissoient la matiere comme absolument incapable de recevoir la faculté de penser. En effet S. Gregoire distingue les Etres doués d'intelligence, d'avec les Etres corporels & étendus, en attribuant à ces deux sortes d'Etres des propriétés non seulement différentes, mais diamétralement opposées, telles que sont la pénétrabilité & l'impénétrabilité. L'Etre materiel ne peut donc jamais devenir l'Etre qui pense, que sa nature & ses propriétés ne soient détruites, & changées en une autre nature, & en d'autres propriétés totalement opposées.

Si nous considérons en second lieu, que Dieu est tellement immense,

VI. L'immaterialité de Dieu prouvée par son Immensité en ce que Dieu est tout en toutes choses.

immense, qu'il est tout entier en toutes choses, qu'il remplit le Ciel & la terre sans aucune division de sa substance, ni distinction de parties, qu'il n'est pas un million de fois plus grand dans le Soleil que dans la terre, quoique le Soleil soit un million de fois plus grand que la terre, cette considération nous convaincra encore davantage que l'immensité de Dieu est tout-à-fait incompatible avec l'idée, que nous avons de tout Etre corporel & étendu. Il s'agit donc de s'assurer que tel est en effet l'attribut de l'Immensité qui convient à Dieu. Or quoique notre foible raison ne puisse comprendre comment Dieu est tout entier en toutes choses, comme elle ne peut non plus comprendre la divisibilité à l'infini d'une matiere finie; cependant, comme on ne laisse pas que de voir par l'idée claire qu'on a de la matiere, qu'elle doit être divisible à l'infini, & que cet attribut se déduit nécessairement de son essence; de même on peut connoître par l'idée de l'Etre infiniment parfait, que c'est un attribut de son essence, que d'être tout en toutes choses sans distinction de parties, & sans division de sa substance. La Religion est aussi venue sur ce point au secours de la raison. Tous les Chrétiens en effet, si nous en exceptons les Antropomorphites, les Audiens, & quelques autres semblables, gens grossiers & ignorants, dont l'erreur à eu peu de suite, tous les Chrétiens, généralement parlant, n'ont jamais eu d'autre idée de l'immensité de Dieu. C'est ce qu'il seroit aisé de vérifier par des passages formels des Peres, & des Docteurs de tous les siécles. Or cette idée les Chrétiens l'ont puisée non seulement dans la tradition, mais aussi dans les Ecritures, qui parlant de l'immensité de Dieu nous le représentent toujours comme un Etre, qui voit tout, qui pénétre tout, & qui toujours le même éxiste indivisiblement en tout lieu, & en toutes choses. *Si je monte au Ciel, vous y êtes, si je descends aux enfers, vous y êtes*, dit le Psalmiste. Ce n'est pas une partie de Dieu qui soit au Ciel, & une autre partie qui soit aux enfers: le même Dieu qui est au Ciel

avec

avec tous ses attributs, avec toute sa sagesse, toute sa bonté, toute sa puissance, toute son infinité; est aussi tout le même aux enfers avec toute sa sagesse, toute sa puissance, & tous ses autres attributs. Si Dieu, & ses attributs étoient des choses étenduës, il y auroit plus de Dieu, plus de sa sagesse, de sa bonté, de son infinité dans le Soleil que dans la terre, plus dans un élephant que dans une fourmi; ce qui est manifestement absurde & ridicule.

VII. Passage de l'Apôtre à ce sujet.

C'est un même Esprit qui opére tout en toutes choses, dit S. Paul: *unus. & idem Spiritus.* Or si nous devions concevoir l'immensité de Dieu sous l'idée d'un corps infiniment étendu, à peu près comme nous concevons l'éther ou l'air subtil, qui se répand dans la vaste immensité des Cieux, on ne pourroit non plus dire avec S. Paul, que l'Esprit qui opére dans un homme, est celui-là même qui opére dans un autre; qu'on ne peut dire, par exemple, que l'air qu'on respire à Paris est le même que celui qu'on respire à Rome. Si l'usage permet qu'on dise que c'est le même air par tout, cette expression ne signifie que la ressemblance & l'homogenéité; & on convient sans peine que l'air qui est à Paris est une chose, un corps, un individu tout-à-fait différent de celui qui est à Rome. Or on ne peut, sans contredire ouvertement les paroles, & le sens de l'Apôtre, prétendre que ce ne soit pas le même Esprit unique & indivisible, qui opére dans tous les hommes. Il faut donc convenir que l'Esprit de Dieu est tout en toutes choses, & que par conséquent, il n'est ni corporel, ni étendu à la maniere des corps.

VIII. Passage du Livre de la Sagesse.

C'est l'idée que nous donne aussi de la sagesse subsistante de Dieu, l'Auteur du Livre de ce nom. La sagesse, dit-il, chap. 7. unique en elle-même peut tout, immuable en elle-même change tout, & renouvelle tout. *Et cum sit una omnia potest, & in se permanens omnia innovat.* Elle atteint par tout par sa pureté & sa simplicité: *Attingit autem ubique propter suam munditiam.* L'opposition que met le passage cité entre l'unité de la sagesse, & la multiplicité des effets qu'elle produit,

&

& où elle atteint, n'auroit pas lieu, si elle n'étoit une, indivisiblement. On voit sans peine le rapport parfait qu'il y a entre ces deux parties du verset 27. cité: Etre immuable, & pourtant produire toutes les vicissitudes des choses créées; être simple, & pourtant produire toute la multiplicité des choses créées: mais un tel rapport n'a plus lieu, dès que l'on conçoit la sagesse subsistante de Dieu sous l'idée d'un Etre étendu; puisqu'alors ce ne seroit plus par son unité, sa pureté, & sa simplicité qu'elle produiroit toutes choses, mais par la distinction de ses parties & la coextension de sa substance.

§. 6.

Quatriéme preuve de l'immaterialité de Dieu, tirée de sa simplicité & de son immutabilité.

I. La simplicité, sur laquelle est fondée la souveraine perfection de Dieu, ne peut convenir à une nature materielle.

L'Idée que nous devons avoir de la simplicité de Dieu, nous fait concevoir tous ses attributs, toutes ses propriétés & ses perfections, comme réunies & identifiées en un seul tout unique & indivisible. C'est ce qui suit nécessairement de l'idée de l'Etre infiniment parfait. Un Tout qui n'est un, que par l'union de plusieurs parties distinguées entr'elles, ne peut avoir plus de perfection, que n'en ont toutes ses parties ensemble, puisque le tout n'est pas distingué de ses parties prises collectivement; & toutes ces parties prises ensemble, n'ont pas plus de perfection réelle & intrinseque, que chaque partie prise en particulier; car les parties situées les unes auprès des autres, ne pouvant se communiquer aucune perfection en vertu de cette situation, qui n'est qu'une relation locale, il est évident que la collection, qui n'est elle-même qu'une rélation qui résulte de toutes ces situations, n'est pas une perfection réelle & intrinseque, & qu'elle ne peut faire que le tout qui consiste en une telle collection, soit réellement plus parfait que ses parties. Cela posé, il est évident qu'un tout n'est parfait qu'autant que tout ce qu'il contient, se trouve réuni & identifié en un seul sujet unique

&

& indivisible. Et c'est en cela par conséquent que consiste la souveraine perfection de Dieu, qu'il renferme dans la simplicité de son essence tous les degrés d'Etre, qui peuvent être conçus par un entendement infini. Or il est bien clair qu'une telle simplicité ne peut convenir à un Etre corporel & étendu, dans lequel on peut distinguer une infinité de parties, dont l'une n'est pas l'autre, & qui ne peuvent par conséquent être identifiées dans un même sujet unique & indivisible. Donc la simplicité, cet attribut de Dieu, sur lequel est fondée sa souveraine perfection, ne sauroit être compatible avec l'idée de l'étendue. Donc il est faux que Dieu soit formellement étendu.

II. Que ceux, qui font Dieu materiel, retombent nécessairement dans les reveries d'Epicure sur la nature des Dieux. Beau passage de Ciceron à ce sujet.

D'ailleurs ceux, qui ne reconnoissent d'Etre & de perfection que dans l'étenduë, doivent sans doute aussi reconnoître qu'un corps organisé à plus de perfection, qu'un corps non organisé. Aussi, selon M. Cuentz, l'Esprit est-il un corps organisé. Dieu donc, qui est le plus parfait de tous les Etres, devra être un corps organisé. Je ne pense pas qu'on puisse faire consister cette organisation dans un assemblage d'ossements, de fibres, de vases, d'humeurs &c., tels qu'on les trouve dans le corps de l'homme & des autres animaux. Et je crois qu'on ne peut s'en faire d'autre idée; que de l'organisation qu'Epicure attribuoit à ses Dieux, & que Ciceron tourne en raillerie l. 1. de nat. Deor. *Nec vero ea species corpus est*, dit Velleius Epicurien un des interlocuteurs, parlant de Dieu: *Sed quasi corpus, nec habet sanguinem, sed quasi sanguinem*. Sur quoi Cotta autre interlocuteur, qui fait le personnage d'Académicien, raisonne ainsi. *Timuit Epicurus, ne si unum visum falsum esset, nullum esset verum; omnes sensus veri nuncios esse dixit, nihil horum nisi callide: graviorem enim plagam accipiebat, ut leviorem repelleret. Idem facit in natura Deorum, dum individuorum corporum concretionem fugit, ne interitus, & dissipatio consequatur, negat esse corpus Deorum, sed tanquam corpus, nec sanguinem, sed tanquam sanguinem. Mirabile videtur quod non rideat aruspex, cum aruspicem viderit:*

hoc

hoc mirabilius, quod vos inter vos risum tenere possitis : non est corpus, sed quasi corpus. Hoc intelligerem quale esset, si id in cereis fingeretur, aut fictilibus figuris : in Deo quid sit quasi corpus, & quasi sanguis intelligere non possum : ne tu quidem velles, sed non vis fateri : ista enim a vobis quasi dictata redduntur, quæ Epicurus oscitans hallucinatus est, cum quidem gloriaretur, ut videmus in scriptis se magistrum habuisse nullum; quod & non prædicanti tam facile credam, sicut mali ædificii Domino glorianti se architectum non habuisse. Et un peu plus bas il ajoute sur le même sujet : *Nunc istuc quasi corpus, & quasi sanguinem quid intelligis? Ego enim scire te ista melius, quam me non fateor solum, sed etiam facile patior. Cum quidem semel dicta sunt, quid est quod Vellejus intelligere possit, Cotta non possit? Itaque corpus quid sit, sanguis quid sit intelligo : quasi corpus, & quasi sanguis quid sit, nullo prorsus modo intelligo. Nec tu me celas, ut Pythagoras solebat alienos, nec consulto dicis occulte tanquam Heraclitus, sed quod inter nos liceat, ne tu quidem intelligis. Illud video pugnare te, species ut quodam sit Deorum, quæ nihil concreti habeat, nihil solidi, nihil expressi, nihil eminentis, sitque pura, levis, perlucida. Dicemus ergo idem, quod in Venere coa : corpus illud non est, sed simile corpori, nec ille fusus, & candore mixtus rubor sanguis est, sed quædam sanguinis similitudo, sic in Epicureo Deo non res, sed similitudines rerum esse.*

J'ai transcris au long ces passages, qui semblent faits exprès pour ceux, qui se mêlent de faire de nouveaux Systêmes sur la materialité de Dieu & des Intelligences créées : j'ai cru que pouvant aisément se reconnoître dans le tableau, que Ciceron leur présente, peut-être seroient-ils honteux de voir, qu'ils ne font que réchauffer les anciennes reveries des Epicuriens. En effet ou ils prétendent que l'étenduë de Dieu & des intelligences n'est point différente en elle-même, & quant à sa substance de l'étenduë de tous les corps, & alors ils ravalent Dieu & les Esprits au rang de tout ce qu'il y a de plus vil dans la matiere ; ou ils prétendent que l'étenduë de Dieu & des Esprits est une étenduë différente de celle des corps; que les Esprits, comme ils disent, sont à la vérité des corps subtils & organisés, mais indivisibles; & alors ne voient-ils pas, que pour ne pas admettre une substance immaterielle, ils sont forcés de recourir à une sorte de corps, & de matiere sans comparaison plus inconcevable. Car d'un côté il est certain que toute étenduë qu'on conçoit, est essentiellement semblable à toute autre étenduë qu'on puisse concevoir; & M. Locke même défie qu'on puisse connoître de la différence entre deux parties de matiere, considérées en elles-mêmes. D'un autre côté, il y a contradiction à supposer qu'un corps organisé puisse être indivisible, puisque toute organisation suppose une distinction de parties. Lors donc que ces Messieurs, pour se débarrasser d'une substance immaterielle qu'ils disent leur Etre inconcevable, ne font pas difficulté d'avancer & de soutenir de tels paradoxes, ne pourroit-on pas leur attribuer avec raison la même finesse, que Ciceron attribue aux Epicuriens: *nihil horum, nisi callide; graviorem enim plagam accipiebat, ut leviorem repelleret.*

III. L'immaterialité de Dieu prouvée par son immutabilité.

Mais quelle que soit cette prétendue organisation qu'on voudroit admettre en Dieu, toujours est-il certain qu' elle ne pourroit s'allier avec l'immutabilité, cet attribut de Dieu, que nous trouvons si souvent marqué dans les Ecritures en termes clairs & précis. En effet par le moyen de cette organisation il pourroit y avoir en Dieu un mouvement intérieur & circulaire des parties, dont cette organisation seroit composée; il arriveroit ainsi des changements dans Dieu; & ses parties pourroient être arrangées dans un ordre tantôt plus, & tantôt moins parfait; ce qu'on ne peut penser, à moins que d'avoir le malheur d'étre du nombre de ces insensés, dont parle l'Apôtre Ep. aux Rom. chap. I. v. 23. *Qui mutaverunt gloriam incorruptibilis Dei in similitudinem imaginis corruptibilis &c.*

§. 7.

§. 7.

Que le mot Esprit *dans les Ecritures, appliqué à Dieu, aux Anges, & aux Ames humaines, signifie une substance dépouillée de toute materialité.*

I. Que le défaut d'un nom propre à exprimer la nature des intelligences, a servi de prétexte aux materialistes, pour autoriser leur erreur. D'où vient ce défaut.

CEux qui ne veulent point reconnoître d'intelligences dépouillées de toute materialité, & qui malgré cela ne veulent pas qu'on les soupçonne de s'écarter en rien de la révelation, prétendent que toute la différence, que met l'Ecriture entre les Esprits & les corps, consiste en ce que par corps, elle entend une matiere compacte, grossiere & sensible, & par Esprit une matiere si subtile & si déliée qu'elle échape à nos sens, & qui outre cela est douée de la faculté de penser. Ils s'appuient pour cela sur l'équivoque du mot *Esprit*, & sur la difficulté, que les hommes ont toujours éprouvée à exprimer par des noms propres tout ce qui ne tombe pas sous les sens, & qu'ils ne peuvent, pour ainsi dire, montrer au doigt. Les hommes ne connoissent point leur Ame par une idée, qui leur en représente clairement la nature; ils ne l'apperçoivent que par le sentiment intérieur qu'ils en ont, comme je l'ai expliqué dans ma défense du P. Malebranche contre M. Locke, & quoique ce sentiment joint à l'idée claire, que nous avons de la matiere, suffise pleinement pour en démontrer l'immaterialité, cependant la privation de l'idée claire de l'Ame, ne laisse pas que d'augmenter la difficulté de s'exprimer à son sujet d'une maniere assez nette, & assez précise, pour ne laisser aucune prise aux équivoques, & aller au devant des illusions, où celles-ci ne manquent jamais de jetter les esprits peu attentifs. Ciceron a reconnu que l'Ame ne se voit pas elle-même, c'est-à-dire, qu'elle n'a pas une idée qui lui représente clairement sa nature; mais que pourtant on peut reconnoître l'excellence de sa nature, par ses sublimes opérations, dont chacun s'apperçoit intimément par le sentiment intérieur qu'il en a. Tus. 1. *Non tantum valet animus,*

animus, ut sese ipse videat. Et plus bas il ajoute : *Sic mentem hominis, quamvis eam non videas, ut Deum non vides, tamen ut Deum agnoscis ex operibus ejus, sic ex memoria rerum, & inventione, & celeritate motus, omnique pulchritudine virtutis vim Divinam mentis agnoscito*.

II. Sentiment de S. Gregoire de Nazianze sur le même sujet.

Ce défaut d'un nom propre à exprimer la nature des intelligences, & qui nait, comme je viens de le remarquer, de la privation, où l'on est en cette vie de l'idée claire de leur nature, a été aussi reconnu par S. Gregoire de Nazianze: *Quæ animo, & ratione intelliguntur*, dit ce Pere, *Orat. ad Evag. Monach. de Divinit.*, *extra omnem appellationem posita sunt; quoniam intelligibilium rerum, corporeque vacantium nomen proprium nullum est. Quonam enim modo vocari queant, quæ ne in nostrum quidem conspectum cadunt, nec humanorum sensuum instrumentis ullo modo capi possunt*? Les mots dont on se sert pour exprimer l'Ame, étant donc empruntés des choses materielles, & ne reveillant point une idée claire de sa nature, mais plutôt l'idée de ces choses materielles dont ils sont empruntés, il n'est pas surprenant que bien des gens se laissent tromper par cette ambiguité, & que le même terme reveillant en eux avec une notion confuse & obscure de la substance pensante, l'idée d'une substance materielle, subtile & déliée, plus facile à concevoir, ils confondent ces deux idées dans leur esprit, comme elles se trouvent déja unies, & pour ainsi dire, confondues dans le même terme, qui sert à exprimer l'une & l'autre. Tout ce préambule n'est précisément, que pour faire voir qu'on ne doit pas être surpris que l'Ecriture, qui parle le langage des hommes, tel qu'il est vulgairement en usage parmi eux, se serve indifféremment du mot *Esprit* tantôt pour signifier le vent, le souffle, l'air, ou l'éther, selon la signification originale de ce mot, & tantôt pour signifier des intelligences dépouillées de toute materialité, selon l'usage commun de tous ceux qui ont reconnu de telles substances. Pour ôter maintenant aux materialistes l'avanl'avantage qu'ils prétendent tirer de l'équivoque de ce terme, pour obscurcir le vrai sens de la révelation, je vais montrer par des passages exprès & formels, que par le mot *Esprit* l'Ecriture entend une substance absolument dépouillée de toute matiere, quand elle applique ce mot à Dieu, & aux autres Etres doués d'intelligence.

III. Que par le *Spiraculum vitæ* du chap. 2 de la Genese on doit entendre une Ame absolument immaterielle.

Je commence donc par le chap. 2. de la Genese v. 7. *Formavit igitur Dominus Deus hominem de limo terræ, & inspiravit in faciem ejus spiraculum vitæ, & factus est homo in animam viventem.* Les Peres ont communément entendu par ce souffle de vie, que Dieu répandit sur Adam, l'Ame spirituelle qu'il créa & unit à son corps, pour faire par l'union de ces deux natures cette espece d'Etre, qu'on appelle l'homme. Mais d'autres Interprétes, & sur tout le célébre Grotius, *Auteur*, au rapport du P. Calmet comment. Sur le Ps. L., *presque toujours singulier, & souvent dangereux dans ses opinions théologiques*, quoique si savant d'ailleurs, prétendent qu'on ne sauroit par ce passage pris à la lettre, établir la spiritualité ou l'immortalité de l'Ame: ils croient que ce souffle de vie ne signifie que la respiration & la vie purement animale de l'homme. Pour se convaincre de la fausseté de cette opinion, il n'y a qu'à remarquer, que Moïse distingue ici dans la formation de l'homme deux actions de Dieu, l'une, par laquelle il tire & forme l'homme du limon de la terre, & l'autre, par laquelle il crée le souffle de vie, ou l'Esprit qu'il répand sur son visage. Ces deux actions sont aussi très-expressément marquées dans le dernier chap. de l'Ecclesiaste v. 7. Que la poussiere rentre dans la terre d'où elle avoit été tirée, & que l'Esprit retourne à Dieu qui l'avoit donné. *Revertatur pulvis in terram suam, unde erat, & Spiritus redeat ad Deum, qui dedit illum.* La premiere partie du verset de l'Ecclesiaste: *revertatur pulvis in terram suam*. Que la poussiere retourne dans la terre d'où elle a été tirée, se rapporte visiblement à la premiere partie du verset de Moïse: *formavit igitur Dominus Deus hominem de limo terræ*; où il nous

apprend

apprend que l'homme, quant au corps, a été tiré de la terre, & la seconde partie du verset de l'Ecclesiaste, *& Spiritus redeat ad Deum, qui dedit illum*: Que l'Esprit retourne à Dieu qui l'a donné, se rapporte visiblement à la seconde partie du verset de Moïse, *& inspiravit in faciem ejus spiraculum vitæ*, & nous détermine ainsi à entendre par ce *spiraculum vitæ*, l'Esprit joint au corps de l'homme, & qui retourne à Dieu quand le corps retourne en la terre dont il a été tiré. En effet, si l'on confronte ces deux passages avec ceux du chap. 1. de la Genese, où il est parlé de la formation des animaux, on trouvera que le souffle de vie, qui anime les brutes, est produit en eux par la même action, par laquelle Dieu les tire & les forme de la terre & de l'eau préexistante, laquelle action répond à celle, qui est exprimée dans la premiere partie du verset de Moïse: *formavit igitur Dominus Deus hominem de limo terræ*. Voici les paroles du Texte sacré v. 20. & 21. *Dixit etiam Deus: producant aquæ reptile animæ viventis, & volatile super terram sub firmamento Cœli. Creavitque Deus cete grandia, & omnem animam viventem, atque motabilem, quam produxerant aquæ in species suas, & omne volatile secundum genus suum*. Et v. 24. *Dixit quoque Deus: producat terra animam viventem in genere suo, jumenta, & reptilia, & bestias terræ secundum species suas*. Enfin au chap. 2. v. 19. il dit: *Formatis igitur, Dominus Deus, de humo cunctis animantibus terræ, & universis volatilibus Cœli adduxit &c.* On voit ici que tout ce qui constitue la vie animale, le corps des animaux, l'organisation de ses parties, les esprits subtils qui donnent le ressort aux fibres, d'où viennent ensuite la respiration, la circulation des humeurs, le mouvement progressif, & toutes les autres fonctions animales, enfin tout ce qui est principe materiel de vie, on le voit, dis-je, tiré du sein de la terre & de l'eau, on le voit formé d'une matiere préexistante, & par une seule & même action, qui répond précisément à celle qui est exprimée dans la premiere partie du verset de Moïse: *Formavit igitur Dominus Deus hominem de*

limo

limo terræ. C'eſt donc par cette action qu'a été formé tout ce que l'homme a de commun avec les bêtes; & c'eſt là ce que l'Eccleſiaſte déſigne évidemment par le nom pouſſiere, & qui ayant été tiré de la terre doit rentrer en terre, comme en effet tout ce qui conſtitue la vie animale des bêtes a été tiré de la terre, & doit rentrer en terre. Cet Eſprit donc, que Moïſe dans la ſeconde partie du verſet cité témoigne avoir été répandu ſur le viſage de l'homme après ſa formation, & qui doit retourner à Dieu qui l'a donné, pendant que tout ce qui dans l'homme a été tiré de la terre, doit rentrer en terre, cet Eſprit, dis-je, ne peut être la reſpiration, ou un principe materiel de vie animale; puiſqu'un tel principe a été tiré de la terre auſſi-bien pour l'homme, que pour les autres animaux, & qu'il doit auſſi rentrer en terre. Un tel Eſprit ne pourroit retourner à Dieu, pendant que tout ce qui a été tiré de la terre retourne en terre. Il faut donc convenir que l'Eſprit, qui diſtingue l'homme de la bête, qui reſte après la diſſolution de la machine, qui n'a pû être tiré de la matiere préexiſtante, & qui a dû être créé par une action particuliere; cet Eſprit enfin, par lequel l'homme à la diſtinction des autres animaux, a été créé à l'image, & à la reſſemblance d'un Dieu immateriel, ne ſauroit être lui-même un Etre materiel: il n'eſt ni air, ni feu, ni quelque autre matiere ſubtile, quelle qu'on veuille lui donner; puiſque tout cela eſt commun aux autres animaux, & auroit pu être tiré, auſſi-bien qu'eux, de la matiere préexiſtante. Voila donc un Eſprit immateriel clairement déſigné dans la Geneſe, & l'Eccleſiaſte.

IV. L'erreur des materialiſtes réfutée expreſſément dans le Livre de la Sageſſe.

Le Livre de la Sageſſe nous fournit ſur ce même ſujet deux paſſages, qui ſont, s'il ſe peut, encore plus déciſifs. Je ſais que les Protéſtants de concert avec les Juifs, & les Semipélagiens ne reçoivent point ce Livre au rang des Ecritures canoniques; mais je ſais auſſi que nos Théologiens leur ont prouvé très-ſolidement, que ce n'eſt pas ſans raiſon qu'il a été reconnu pour tel, dès les premiers ſiécles par les decrets

les

les plus authentiques de l'Eglise : ainsi je puis sans difficulté me servir d'un Livre, dont l'autorité ne doit point être douteuse. Nous trouvons dans le chap. 2. de ce Livre que le Sage fait tenir à un impie qu'il introduit, les mêmes discours à peu près, qu'ont fait autrefois les Sectateurs d'Epicure dans l'antiquité, & que les prétendus Esprits forts font encore aujourd'hui parmi nous. Voici ses paroles : *Les méchants ont dit dans l'égarement de leurs pensées : le tems de notre vie est court & fâcheux. L'homme après sa mort n'a plus de bien à attendre, & on ne sait personne qui soit revenu des enfers. Nous sommes nés comme à l'avanture, & après la mort nous serons, comme si nous n'avions jamais été. La respiration est dans nos narines comme une fumée, & l'Ame est comme une étincelle de feu qui remue notre cœur. Lorsqu'elle sera éteinte, notre corps sera réduit en cendres. L'Esprit se dissipera comme un air subtil &c. . . . . . Venez donc, jouissons des biens présents &c.* Tels sont les discours des impies; mais telle est aussi la sentence de condamnation, que le Sage prononce contre eux, sentence terrible, & qui devroit jetter le trouble & l'effroi dans l'esprit de ceux, qui se trouvent en pareilles dispositions, s'ils ne sont absolument insensibles dans leur stupidité : *ils ont eu ces pensées, & ils se sont égarés, parceque leur propre malice les a aveuglés.* Le Sage deplorant donc ici l'aveuglement des méchants, & l'égarement de leurs pensées, qui en est une suite, sur la mortalité de l'Ame, ne nous laisse aucun lieu de douter de la fausseté du raisonnement, par lequel ils tâchoient de se convaincre, & de se persuader de la mortalité de l'Ame. Cependant ce raisonnement, que le Sage rapporte comme un modele de l'égarement des pensées des hommes, sur quoi roule-t-il, sinon sur la supposition de la materialité de l'Ame, sur cette supposition qu'on embrasse aujourd'hui si avidement, que l'Ame n'est qu'un air subtil, un feu épuré, une matiere déliée, invisible & impalpable à nos sens grossiers? C'est de ce principe, dont les impies déduisoient tout naturellement la mortalité de l'Ame; & c'est aussi ce principe

faux

faux & pernicieux, que le Sage condamne ici hautement avec le dogme affreux, qui en est la conséquence naturelle.

V. Le livre de la Sagesse nie formellement que Dieu soit *Esprit* dans le sens d'une matiere déliée.

L'autre passage est celui du chap. 13., où le Sage parlant aussi des impies dit v. 1. & 2. *Tous les hommes qui n'ont point la connoissance de Dieu, ne sont que vanité: ils n'ont pu comprendre par les biens visibles celui qui est souverainement, & ils n'ont point reconnu le Créateur par la considération de ses ouvrages: mais ils se sont imaginés que le feu, ou le vent, spiritum, ou l'air le plus subtil, ou la multitude des étoiles, ou l'abyme des eaux, ou le Soleil & la Lune étoient les Dieux qui gouvernoient le monde*. Le Sage nie donc ici ouvertement, que Dieu soit un *Esprit*, en prenant ce mot dans le sens d'un air aussi subtil qu'on le veuille concevoir: il nie que Dieu soit un feu ou une matiere céleste, telle qu'on la reconnoit dans les astres. Or on ne peut nier tout cela de Dieu, qu'on ne le dépouille absolument de toute materialité. Car quelque corps, quelque matiere subtile qu'on veuille imaginer, on ne pourra jamais s'en faire d'autre idée que celle d'un air subtil, d'un feu épuré, d'une matiere extrêmement déliée. On peut lui donner d'autres noms, mais en variant & multipliant les mots, on ne variera & on ne multipliera pas les idées. Le Sage exclut donc par ces deux passages toute materialité de l'idée de Dieu & de l'Ame. C'est une erreur des impies, selon lui, d'appeller ces deux natures du nom d'*Esprit*, en prenant ce mot dans le sens d'un air subtil, & d'une matiere, quoique très-déliée, quoique invisible & impalpable. Donc le nom d'Esprit attribué dans l'Ecriture aux Etres intelligents signifie une substance pensante dépouillée de toute materialité.

VI. L'erreur des Saducéens condamnée par l'Apôtre prouve l'immaterialité absolue des Esprits.

Venant maintenant au nouveau Testament, je trouve dans les Actes des Apôtres chap. 23. Que les Saducéens, & les Pharisiens étoient en dispute sur deux points essentiels: *Sadducæi dicunt non esse resurrectionem, neque Angelum, neque Spiritum: Pharisæi autem utraque confitentur*. Les Saducéens disoient qu'il n'y avoit aucune résurrection à espérer, & de plus qu'il n'y avoit ni Ange, ni Esprit; les Pharisiens au contraire soutenoient l'un & l'autre; & quant à cette doctrine S. Paul se proteste ici entiérement Pharisien. Les Saducéens étoient donc dans l'erreur, non seulement à croire qu'il n'y eût point de résurrection, mais aussi à croire qu'il n'y eût ni Ange, ni Esprit; & même cette seconde erreur paroit avoir été la source de la premiere. Or en prenant le mot *Esprit* dans le sens d'une substance materielle pensante, les Saducéens pouvoient-ils nier qu'il n'y eût des Esprits ? Ne sentoient-ils pas en eux-mêmes un principe de pensée? Ils ne pouvoient donc nier l'éxistence des Esprits, qu'en prenant les Esprits pour des substances immaterielles; & l'Ecriture condamnant leur erreur à ce sujet établit irréfragablement l'éxistence de ces natures immaterielles intelligentes, qu'elle appelle du nom d'Esprits.

VII. Explication des paroles de Jesus-Christ. Dieu est Esprit.

L'Evangile nous fait entendre la même vérité en S. Jean chap. 4. La Samaritaine parlant avec Jesus-Christ: *Nos peres,* lui dit-elle, *ont adoré en cette montagne, & vous autres vous dites que c'est à Jerusalem qu'il faut adorer.* Jesus-Christ lui répond: *Femme, croyez-moi, le tems est venu, auquel vous n'adorerez plus le Pere, ni en cette montagne, ni à Jerusalem..... le tems est venu, & c'est à cette heure que les vrais adorateurs adoreront le Pere en Esprit, & en vérité.* Et ensuite: *Dieu est Esprit, & ceux qui l'adorent, doivent l'adorer en Esprit, & en vérité.* De ce que Dieu est Esprit, Jesus-Christ en infere qu'on doit adorer Dieu en Esprit: il explique le rapport, qui est entre la nature spirituelle de Dieu, & le culte spirituel qu'on doit lui rendre: il fait connoître l'un par l'autre. Or le culte spirituel consiste principalement dans la connoissance & dans l'amour: il consiste à porter de Dieu des jugements vrais, & à faire que notre amour soit conforme à nos jugements. La vérité dans l'entendement, & l'amour dans la volonté sont donc les deux parties essentielles du culte spirituel qu'on doit rendre à Dieu; & un tel culte est parfaitement conforme à l'idée, que l'Ecriture nous donne de

Dieu,

Dieu, en l'appellant si souvent vérité & amour. L'Esprit de Dieu est plus d'une fois nommé dans l'Evangile de S. Jean, Esprit de vérité, & dans sa premiere Epitre chap. 4. v. 16. Dieu, dit-il, est amour ou charité, *Deus charitas est*. Dieu est donc vérité & amour. Il est la premiere, la souveraine, l'immuable, la subsistante vérité, parcequ'il est la premiere, & la souveraine intelligence, qui connoit dans la simplicité & l'infinité de son Etre tous les degrés d'Etre, qui constituent toutes les essences possibles, & l'immutabilité de leurs rapports, d'où dépend l'immuable certitude des propositions qu'on appelle d'éternelle vérité. La vérité se trouve dans une connoissance qui est parfaitement conforme à son objet; la connoissance de Dieu est parfaitement conforme à son propre Etre, qui renferme éminemment tous les Etres possibles: la connoissance de Dieu n'est que l'Etre même de Dieu, en tant qu'il se connoit parfaitement: Dieu est donc la premiere, l'immuable, & la subsistante vérité: Dieu est aussi l'Amour subsistant: *Deus charitas est*. Dieu s'aime infiniment, & dans son Etre, il aime tous les Etres, qui y sont contenus éminemment, à proportion de leurs degrés d'Etre & de perfection, par lesquels ils s'approchent plus ou moins de lui. Mais l'amour que Dieu porte à son Etre, n'est aussi que son Etre même, en tant qu'il s'aime nécessairement & immuablement. Dieu est donc en ce sens l'Amour subsistant, la Charité par excellence. Par là on découvre un rapport sensible entre la nature spirituelle de Dieu, & le culte spirituel que nous lui devons. Mais, si Dieu n'est Esprit, que parcequ'il est d'une matiere invisible & impalpable, quoi de moins conséquent que ce discours de Jesus-Christ, Dieu est Esprit, & ceux qui l'adorent, doivent l'adorer en Esprit & en vérité? Concluons donc que, puisque la vérité est le fondement de l'adoration spirituelle qu'on doit à Dieu, la vérité, dis-je, qui fait qu'on n'attribue rien à Dieu qui soit indigne de lui, & contraire à la révelation, ceux-là certainement sont bien éloignés d'adorer Dieu en Esprit & en vérité, qui ne rougissent pas de rabaiſſer Dieu au rang de ſes créatures, en le concevant ſous l'idée d'un Etre materiel & étendu; pendant que l'Ecriture toute attentive à nous le repréſenter ſous l'idée de ſa ſageſſe, de ſa puiſſance, de ſa juſtice, de ſon immutabilité, de ſon éternité, & de tant d'autres attributs, qui ne renferment rien de materiel & d'étendu, éleve notre Eſprit à Dieu par des penſées incomparablement plus ſublimes & plus relevées, que tout ce que nous pouvons ſaiſir dans la matiere, & dans l'étenduë, où il n'y a rien qui ſoit ſubſtantiellement différent de tout ce qui s'offre à nous de viſible & de palpable dans les corps les plus groſſiers.

VIII. Que le corps ſpirituel, dont parle l'Apôtre; bien loin de favoriſer le ſentiment des materialiſtes, le renverſe entiérement.

Je dois remarquer enfin, que quand l'Apôtre parle en ſa premiere Epitre aux Corint. chap. 15. v. 44. du corps ſpirituel, dans lequel les juſtes réſuſciteront, il n'y a rien aſſurément dans cette expreſſion, qui favoriſe le ſentiment des materialiſtes; & que même ils ne peuvent ſans contradiction employer ce Texte à la défenſe de leur Syſtême. En effet, que veulent-ils que nous entendions par ce mot *Eſprit*? Un corps, diſent-ils, qui échape par ſa ſubtilité à nos ſens groſſiers, un corps inviſible & impalpable. Or le corps des bienheureux ne ſera certainement ni inviſible, ni impalpable: le Corps même de Jeſus-Chriſt réſuſcité, Corps ſans doute le plus ſpirituel de tous ceux, qui pourront jamais réſuſciter, n'a-t-il pas été vu & touché après ſa réſurrection? N'eſt-ce pas même par ce moyen que Jeſus-Chriſt convainquit ſes Apôtres, qu'il n'étoit pas un phantôme, comme ils ſe l'imaginoient: *Palpate, & videte, quia Spiritus carnem, & oſſa non habent*? Le ſens du mot *Spirituel*, quand il eſt appliqué aux ſubſtances penſantes, eſt donc bien de celui, que l'Apôtre a eu en vue, quand il a dit que les juſtes réſuſciteront avec un corps ſpirituel. Et certainement le corps en réſuſcitant ne doit pas changer de nature, mais ſeulement de maniere d'Etre. Il ſera entiérement ſoumis à l'Eſprit, qui n'éprouvera plus à ſon occaſion ces paſſions violentes; ces mouvements déreglés, ces plaiſirs trompeurs, auxquels il doit réſiſter

ſiſter par un effort continuel, s'il ne veut ſe laiſſer entrainer au précipice: de plus le corps ne ſera plus ſujet à la corruption, aux infirmités, aux paſſions de la vie animale. Et c'eſt en ce ſens que l'Apôtre le nomme Spirituel; puiſqu'il oppoſe le Spirituel à l'animal: *Seminatur corpus animale, ſurget corpus ſpiritale; ſeminatur in corruptione, ſurget in incorruptione &c.*

SECTION SECONDE.

Preuves de l'Immaterialité abſolue de Dieu, & des Intelligences créées, tirées des Peres de l'Egliſe.

I. Les Materialiſtes recourent à l'autorité des Peres.

QUoique les Materialiſtes, & généralement tous les Hétérodoxes de notre tems, ne faſſent pas grand cas de l'autorité des Peres, dont le mépris ne peut du moins pourtant que de rejaillir ſur la Religion inſtituée par Jeſus-Chriſt, dont ils ont été les propagateurs; ils ne laiſſent pas cependant que de profiter, autant qu'ils peuvent, de certaines expreſſions équivoques ou obſcures, qui ſe rencontrent quelquefois dans les écrits de ces Saints Docteurs, pour les tirer à leur parti, & ſe mettre ſous l'autorité de ces grands Hommes, & ſous des noms ſi fameux, comme à l'abri des ſoupçons peu favorables, que la ſingularité de leur opinion rejettée depuis ſi long-tems par toute l'Egliſe, peut faire naître juſtement dans l'eſprit des perſonnes ſenſées. *Quant à nos Peres de l'Egliſe*, dit hardiment l'Auteur des lett. philoſoph. lett. ſur Locke, *pluſieurs dans les premiers ſiécles ont cru l'Ame humaine, les Anges & Dieu corporels.* Je ne crois pas que cet Auteur ait jamais voulu s'engager à donner des preuves de tous les jugements, que la vivacité de ſon eſprit lui a fait hazarder plus d'une fois dans ſes différents ouvrages; je ne parle pas de ceux où il traite la poëſie; il y eſt beaucoup plus retenu; auſſi entend-il bien la matiere. Je parle de ceux, où il traite la Phyſique, la Métaphyſique, la Théologie &c. Quant à notre ſujet, ſi on lui

lui demandoit, sur quel fondement, il ose attribuer avec tant de confiance aux Peres des premiers siécles, l'opinion de la materialité de l'Ame, & de Dieu même, je ne doute point qu'il ne répondît ingénuement qu'il a commencé par s'en fier au rapport d'autrui, & qu'accablé de tant de différentes études, il n'a pu encore trouver assez de loisir, pour s'instruire par lui-même de la doctrine des Peres par une lecture suivie, & un examen attentif de leurs ouvrages.

II. Tertullien expliqué par S. Augustin.

Ceux qui voudroient nous persuader, que les anciens Peres de l'Eglise ont cru Dieu corporel, s'appuient principalement sur l'autorité de Tertullien, qui dit à la vérité tout nettement, que Dieu pour être Esprit ne laisse pas que d'être corps: *Quis negabit Deum corpus esse, etsi Spiritus est?* Quand on ne s'attache qu'aux paroles, rien ne paroit plus décisif que ce passage, mais qu'on aille rechercher soigneusement quelle signification Tertullien attachoit au mot de corps, & on trouvera dans son Livre contre Hermogene, que par corps, il n'entendoit précisément que la substance même de chaque chose: *Cum ipsa substantia corpus sit cujusque rei.* C'est ainsi que S. Augustin explique Tertullien. Liv. des Héréſ. chap. 86.

III. Que les Peres, qui ont cru les Anges unis à des corps, n'ont pas cru pour cela que leur substance intelligente unie à ces corps fût elle-même materielle.

Quant aux Anges on pourra bien prouver, que plusieurs des anciens Peres les ont cru unis, aussi-bien que les Ames humaines à des corps organisés, mais d'une subtilité, d'une perfection, d'une beauté infiniment supérieure à celle du corps humain. Je trouve même en S. Augus. l. 2. de Trin. cap. 7. un passage exprès sur ce sujet, dans lequel il paroit avoir prévenu M. Locke sur la conjecture, que cet Auteur propose l. 2. chap. 23. p. 13. touchant la maniere, dont les Anges peuvent connoître les objets: *Ipsum corpus suum*, dit S. Augustin, *cui non subduntur, sed subditum regunt, in species, quas vellent accommodatas, atque aptas actionibus suis, mutantes, atque vertentes secundum attributam sibi a Creatore potentiam.* Mais quoique plusieurs Peres aient cru les Anges unis à des corps, aussi-bien que les Ames humaines, il ne s'ensuit s'ensuit pas qu'ils aient cru que leur nature, en tant qu'intelligente & distincte du corps, auquel ils la croioient unie, dût être corporelle, comme ils n'ont pas cru que l'Ame humaine, quoique unie à un corps, fût elle-même corporelle. Il seroit inutile de citer ici S. Augustin : qu'on l'ouvre par tout où l'on voudra, on le trouvera toujours ouvertement déclaré pour l'immaterialité absolue de la substance pensante, quoique unie à un corps : il la prouve même cette immaterialité d'une maniere admirable en plusieurs de ses ouvrages, & sur tout en celui *de quantitate animæ*. Les Peres les plus célébres de l'Eglise dès les premiers siécles n'ont pas pensé autrement. Si dans leurs écrits on trouve quelques endroits un peu obscurs, quelque expression équivoque, il est juste, & les regles de la bonne critique l'éxigent, qu'on les explique par les endroits, où ils s'expriment d'une maniere claire, nette & précise. Je vais donc rapporter quelques-uns de ces passages des Peres, qui ne laissent aucun lieu de douter des vrais sentiments d'un Auteur, & par lesquels il sera aisé d'éclaircir les endroits un peu embrouillés, qu'on pourroit objecter.

IV. L'idée de la Spiritualité de Dieu tracée nettement par S. Gregoire de Nazianze.

On a déja vu ci-dessus de quelle maniere S. Gregoire de Nazianze prouve l'immaterialité de Dieu. Il n'en faudroit pas davantage pour s'assurer du sentiment de ce Pere à cet égard : mais je crois qu'on ne sera pas fâché de voir outre cela comment il nous trace en peu de mots l'idée que nous devons avoir de la nature toute spirituelle de Dieu. C'est dans l'Oraison déja citée au Moine Evagre : *Simplex profecto est, atque indivisibilis essentia simplicitatem, corporisque vacuitatem a natura habens*. Il explique ensuite comment cette simplicité de la nature s'accorde parfaitement avec la Trinité des Personnes ; qui est la question que lui avoit proposé le Moine Evagre, & à laquelle il répond par cette Oraison.

V. L'immaterialité des Anges, & de l'Ame humaine, enseignée par le même Pere.

Quant aux Anges, & à l'Ame humaine, S. Gregoire s'explique nettement dans sa seconde Oraison sur la Pâque. Il y dit que Dieu, après avoir créé le Monde intelligible, qui

qui comprend les intelligences, voulut aussi créer le Monde sensible & materiel, qui comprend tout ce que renferme le Ciel & la Terre. Or le Ciel & la Terre ne renferment pas seulement des corps grossiers, visibles & palpables, mais aussi les corps subtils, tels que l'éther, invisibles & impalpables. S. Gregoire comprenoit donc aussi cette sorte de corps sous le nom des natures materielles, qu'il distingue si nettement des natures spirituelles & intelligentes. Et c'est ce qui paroit encore mieux par ce qu'il ajoute ensuite, que Dieu créa le Monde sensible, pour faire voir qu'il pouvoit produire non seulement des natures, où l'on pût entrevoir une certaine proximité & ressemblance avec la sienne propre, telle qu'on la découvre dans les Etres intelligents, qu'on ne peut appercevoir que par la pensée; mais aussi des natures tout-à-fait dissemblables, telles que sont celles qui tombent sous les sens, & celles-là sur tout qui sont entiérement privées de vie & de mouvement. *Ut perspicuum faceret se non modo sibi ipsi cognatam, & propinquam naturam, sed etiam omnino alienam posse procreare; Divinitatis enim propinquæ sunt intellectiles naturæ, ac mente sola perceptibiles: alienæ autem penitus quæcumque sub sensus cadunt, atque his adhuc remotiores, quæ vita omni, & motu carent.* S. Gregoire venant enfin à la création de l'homme dit, que Dieu a voulu réunir en lui l'intelligible & le sensible, prenant de la matiere déja créée tout ce qui appartient au corps, & lui inspirant de lui-même ce souffle, que l'Ecriture nomme l'Ame intellectuelle, & l'image de Dieu: *Animal unum ex utroque hoc est, ex invisibili, & visibili fabricatur, atque a materia, quæ prius jam creata erat, accepto corpore; a se autem spiraculum inferens, quod quidem intellectualem animam, & imaginem Dei Scriptura vocat.* Si la nature de l'Ame n'étoit invisible & spirituelle, que parcequ'elle est d'une matiere plus subtile, Dieu sans doute l'auroit pu tirer de la matiere qui éxistoit déja, en la divisant & subtilisant autant qu'il l'auroit jugé à propos. C'est pourtant ce que S. Gregoire n'admet pas, & qui fait voir que

que ce S. Pere n'a nommé l'Ame ſpirituelle & inviſible, que parcequ'il l'a crue d'une nature tout-à-fait différente de celle du corps, c'eſt-à-dire, immaterielle & non étenduë.

VI. L'immaterialité abſolue de Dieu & des Intelligences créées, reconnue & prouvée par Origene.

Origene bien plus ancien que S. Gregoire de Nazianze, & l'un des plus ſavants Docteurs de l'Egliſe, prouve au long l'immaterialité de Dieu dans ſon Periarchon. Dans l'avant-propos il remarque d'abord, que ſelon la façon de parler des perſonnes ſimples & ignorantes, le mot *incorporel* s'adapte le plus ſouvent à tous les corps, que leur ſubtilité nous rend inviſibles & impalpables : *In conſuetudine hominum, omne quod tale non fuerit, id eſt ſolidum, & palpabile, incorporeum in ſimplicioribus, vel imperitioribus nominatur, velut ſi quis aerem iſtum quo fruimur, incorporeum dicat, quandoquidem non eſt tale corpus, ut comprehendi, ac teneri poſſit, urgentique reſiſtere.* Origene ayant donc reconnu que ce n'eſt qu'improprement, qu'on appelle incorporel ce qui ne laiſſe pas que d'être véritablement corps, quoique d'une ſubtilité à ne pouvoir être apperçu par les ſens; il ajoute que la queſtion eſt de ſavoir, ſi Dieu eſt incorporel dans le ſens rigoureux & philoſophique, c'eſt-à-dire, abſolument immateriel & non étendu: & cette queſtion, pourſuit-il, ne regarde pas ſeulement Dieu le Pere, mais auſſi le Fils, & le S. Eſprit; & de plus toute Ame, & toute nature raiſonnable: *Eadem quoque hæc de Chriſto, & de Spiritu Sancto requirenda ſunt, ſed & de omni Anima, atque rationabili natura ulterius requirendum eſt.* Origene ayant ainſi établi l'état de la queſtion dans ſon préambule, entre tout de ſuite en matiere, & commence par détruire les vaines prétentions de ceux, qui pour faire Dieu materiel abuſoient de certains paſſages de l'Ecriture, où cet Etre Suprême eſt appellé Air, *Spiritus*, feu, & lumiere, en donnant lui-même à ces paſſages l'interprétation la plus juſte, & la plus ſolide. A cette interprétation il joint pluſieurs preuves de l'immaterialité de Dieu, & conclut enfin par ces belles paroles, qui ne laiſſent aucun lieu à douter de ſon ſentiment: *Non ergo aut corpus aliquod, aut in corpore eſſe*

 putandus

putandus est Deus, sed intellectualis natura simplex, nihil omnino in se adjunctionis admittens, uti ne majus aliquid, aut inferius esse credatur, sed ut sit ex omni parte μονάς, & ut ita dicam totus mens. Il ne faut pas s'imaginer, dit-il, ou que Dieu soit corps, ou qu'il soit par sa nature uni à un corps: Dieu est une nature intellectuelle & toute simple. Sa perfection ne résulte pas de l'assemblage de plusieurs parties, & on ne peut dire qu'il soit plus parfait selon une partie, & moins parfait selon l'autre: il est simplement un & indivisible, & sa nature est toute unité, & toute intelligence.

Origene montre ensuite que la nature intelligente, qu'il désigne par le mot *Mens*, n'éxige aucun lieu corporel pour agir selon sa nature: il le prouve par la contemplation même de notre Ame, à qui la différence des lieux n'ajoute, ni n'ôte aucun degré de facilité à comprendre; une telle facilité, ajoute-t-il, ne dépend pas non plus d'une étenduë, ou grandeur corporelle, puisque l'Ame est incapable d'accroissement corporel, & qu'elle ne croit que par l'intelligence. Et ensuite, il ne faut pas s'imaginer, dit-il, que l'Ame croisse avec le corps jusqu'à l'âge de vingt ou de trente ans par une augmentation corporelle: ce n'est que par l'étude, par l'instruction, & par les autres éxercices de l'Esprit, que ses facultés intellectuelles se perfectionnent, que ses notions se dévelopent, & que sa capacité s'augmente de plus en plus. Si dans l'enfance l'Ame ne sauroit atteindre à un tel degré de perfection, ce n'est qu'à cause de la foiblesse des organes, qui lui servent comme d'instruments, & qui ne lui permettent pas de soutenir le travail d'une longue application, ni méme d'apporter l'attention nécessaire pour bien discerner les objets. C'est en effet la délicatesse des organes, qui les rend plus susceptibles de toutes les impressions des objets extérieurs, lesquelles sont suivies de sentiments très-vifs dans l'Ame, qui fait que l'Ame occupée de tels sentiments, qui se succedent presque continuellement, ne sauroit apporter une attention assez forte pour en arrêter le cours,

& se

& se fixer à la contemplation de quelque idée, sur tout si elle est un peu abstraite. Enfin, poursuit Origene, si quelqu'un ose soutenir que l'Ame est corporelle, qu'il me réponde comment elle est capable de connoître un si grand nombre de vérités, & de rapports si subtils, & si compliqués: d'où lui vient la force de la mémoire, & la connoissance des choses invisibles: qu'il dise comment l'intelligence des choses incorporelles peut se trouver en une nature corporelle: comment un corps peut entendre tout ce qu'il y a de plus sublime dans les sciences, & jusqu'aux Dogmes divins, qui sont assurément incorporels. Peut-on douter après tout cela du sentiment d'Origene sur la nature absolument immaterielle & non étenduë de tout Etre pensant?

VII. Sentiment formel de S. Basile sur ce sujet. Ce S. Docteur fait consister l'essêce du corps dans l'étenduë impénétrable.

S. Basile surnommé le Grand établit nettement l'immaterialité de Dieu dans son premier Livre contre Eunomius. Quand on dit que Dieu est incorruptible, cela signifie, dit S. Basile, qu'il ne peut y avoir de corruption en Dieu; quand on dit qu'il est invisible, cela signifie qu'il excéde la faculté que nos yeux ont de voir; quand on dit qu'il est incorporel, cela signifie qu'il n'est pas étendu en longueur, largeur, & profondeur. *Incorruptibile non adesse Deo corruptionem significat; invisibile, excedere ipsum omnem per oculos apprehensionem; & incorporeum non esse ipsius essentiam triplici dimensione mensurabilem.* On voit que S. Basile écarte ici de la notion de Dieu cette triple dimension, qui est essentielle à toute matiere grossiere ou subtile, visible ou invisible, palpable ou impalpable; dimension, qui étant jointe avec l'impénétrabilité, constitue, selon ce même Pere, l'essence du corps.

C'est ainsi qu'il s'en explique dans sa troisiéme Homilie sur l'ouvrage des six jours: *Extra Scripturam firmum & solidum dicunt corpus, quod densum est, & plenum, quod ad distinctionem contra mathematicum dicitur. Est autem mathematicum, quod in solis dimensionibus esse ipsum habet, in latitudine dico, longitudine, & profunditate: solidum vero quod supra dimensiones etiam soliditatem, ac renitentiam habet.* Ce passage fait voir

 qu'il

qu'il regardoit l'étenduë sans solidité, comme une abstraction de l'Esprit, qui fait l'objet des Mathématiques, & qu'il ne croyoit pas qu'il y eût d'étenduë physique & réelle, qui ne fût accompagnée de la solidité, & de la résistance, ou impénétrabilité, qui en est l'effet formel.

VIII. Beau passage de S. Basile, où il prouve l'immaterialité de Dieu par l'immaterialité de l'Ame.

S. Basile ne s'explique pas moins clairement au sujet de l'immaterialité de l'Ame à la fin de sa trentedeuxiéme Homilie, dont le sujet est le Texte de Moïse; rentrez en vous-même, *attende tibi ipsi &c.*; il y prouve même l'immaterialité de Dieu par l'immaterialité de l'Ame. *Porro in summa exacta tui ipsius consideratio sufficientem tibi exhibebit manuductionem, etiam ad notionem Dei. Si enim attenderis tibi ipsi, nihil opus habebis ex universorum structura ipsum Opificem investigare, sed in te ipso, veluti parvo quodam mundo magnam Conditoris sapientiam videbis. Incorporeum cogita esse Deum ex Anima incorporea in te existente, & qui non circumscribitur loco, quandoquidem mens tua neque primariam habet in loco moram, & conversationem, sed per conjunctionem ad corpus in loco est. Invisibilem esse Deum crede, tuæ ipsius animæ consideratione facta, quandoquidem etiam ipsa corporalibus oculis incomprehensibilis est: neque enim colorata est, neque figura prædita, neque aliquo corporali charactere comprehensa, sed ex actionibus solum cognoscitur. Quare neque in Deo quæsieris cognitionem per oculos, sed menti fidem committe, & intellectualem de ipso comprehensionem habe. Admirare Artificem, quomodo Animæ tuæ vim ad corpus colligavit &c.* En un mot, dit S. Basile, une éxacte considération de votre intérieur suffira pour vous conduire jusqu'à la connoissance de Dieu méme. Si vous rentrez en vous-même, vous n'aurez pas besoin d'aller chercher dans la structure de l'Univers celui qui en a été l'Ouvrier: vous trouverez en vous-même, comme dans un petit monde, les caractéres visibles de la sagesse du Créateur. Jugez que Dieu est incorporel, par l'Ame qui est en vous, qui est elle-même incorporelle. Pensez qu'il ne peut être compris, ni renfermé en aucun lieu; puisque votre Ame même, à ne regarder que

sa

ſa nature, n'eſt pas dans le lieu, & qu'elle n'y eſt, qu'en tant qu'elle eſt unie à ſon corps : croyez ſans peine que Dieu eſt inviſible; puiſque votre Ame ne ſauroit être apperçue par les yeux du corps : car elle n'a ni couleur, ni figure, ni aucune autre qualité du corps, & on ne peut la connoître que par ſes opérations &c.

IX. Ce paſſage de S. Baſile juſtifie pleinement la démonſtration de Deſcartes de l'éxiſtence de Dieu.

Ce raiſonnement de S. Baſile ne prouve pas ſeulement l'immaterialité de l'Ame, & par celle-ci, l'immaterialité de Dieu; mais de plus, ce qui ſoit dit en paſſant, il juſtifie pleinement la démonſtration de Deſcartes de l'éxiſtence de Dieu contre les ſcrupules mal fondés de quelques Scholaſtiques, qui craignent que prétendre démontrer l'éxiſtence de Dieu, autrement que par la conſidération de ſes ouvrages, ce ne ſoit donner atteinte au célébre paſſage de l'Apôtre Ep. 1. aux Rom. chap. 1. *Inviſibilia Dei &c.* Deſcartes en propoſant ſa démonſtration de l'éxiſtence de Dieu, déduite de l'idée de l'Etre Suprême, n'a pas prétendu affoiblir les autres preuves démonſtratives, que les créatures nous fourniſſent de cette même éxiſtence, & qui pour être plus ſenſibles, ſont auſſi plus à la portée du commun des hommes; mais il prétend qu'indépendamment de telles preuves la ſeule idée de Dieu, de l'Etre infini, & ſouverainement parfait fournit une démonſtration éxacte, & pour ainſi dire, géométrique de l'éxiſtence de Dieu. Il eſt étonnant que la prévention contre le Pere de la nouvelle Philoſophie ait tant pu dans l'Eſprit de quelques Docteurs Chrétiens, que par attachement à leurs préjugés, & à leurs erreurs philoſophiques, qu'il a combattues avec tant de force, & dont il a enfin triomphé ſi glorieuſement, ils n'aient pas craint de l'accuſer d'impieté, pour avoir fourni à la Religion une nouvelle arme invincible contre les Athées, ajoutant aux preuves qu'on avoit déja de l'éxiſtence de Dieu, une démonſtration ſi belle & ſi lumineuſe, que juſqu'ici on n'a rien ſu y oppoſer que d'abſurde & de pueril. Quelle gloire pour ce Grand Philoſophe, que les premiers principes, ſur

leſquels

lesquels il établit sa Métaphysique dans ses méditations, servent aussi de fondement inébranlable aux deux vérités capitales de la Religion, l'éxistence de Dieu, & l'immaterialité de l'Ame ! S. Basile justifie ici pleinement sa méthode: il va même plus loin que Descartes; non seulement il assure que les notions intérieures, que nous trouvons en nous-mêmes, suffisent pour nous conduire à Dieu; mais de plus il ajoute, que si nous y faisons attention, comme il faut, nous n'aurons plus besoin d'aller chercher dans la structure, l'ordre, la beauté, & l'ornement de l'Univers, les traits de la sagesse, & des autres attributs du Créateur.

X. Conclusion. Je ne crois pas devoir ici entasser un plus grand nombre de passages des Peres: ceux que je viens de rapporter, sont, je pense, plus que suffisants pour confondre la présomption de ces Ecrivains, qui décident si hardiment sur les sentiments des Peres des premiers siécles, dont il ne paroit pas qu'ils aient une connoissance bien profonde, & ne craignent pas d'imputer à cette vénérable antiquité une erreur aussi monstrueuse, que d'avoir cru l'Ame humaine, les Anges, & Dieu même corporels. On a pu voir qu'Origene, S. Basile, S. Gregoire de Nazianze, S. Augustin non seulement ont donné le nom d'Esprit aux Etres doués d'intelligence & de pensée; mais que, pour prévenir toute équivoque, ils se sont expliqués sur la signification de ce mot *Esprit*, de maniere à ne laisser aucun doute, qu'ils le prenoient dans le sens d'une substance absolument immaterielle & non étenduë.

Les Auteurs payens, qui passent encore aujourd'hui communément parmi les personnes de bon sens pour ceux, qui ont su le mieux entre-voir, & suivre les lumieres de la raison parmi les ténébres du paganisme, Pythagore, Platon, Xenocrate, Aristote, Ciceron &c. ne se sont pas expliqués différemment sur la nature de l'Ame, & de Dieu.

Aujourd'hui qu'on est éclairé des lumieres de la Religion infiniment supérieures à celles de la raison; lumieres qui n'ont point brillé à l'esprit de ses Savants payens: aujourd'hui qu'une qu'une méthode nouvelle, heureuſe production d'un rare génie, a porté dans les principes de la Philoſophie une clarté juſqu'alors inconnue, & nous a appris à diſtinguer dans les qualités ſenſibles des corps, ce qui appartient au corps, & ce qui convient à l'Ame, qui en eſt affectée : aujourd'hui que les Materialiſtes mêmes conviennent que les ſentiments, qu'on éprouve à l'occaſion des corps, ſont des modifications de la ſubſtance penſante, & que les qualités ſenſibles, qu'une erreur populaire attribue aux corps, ne ſont que la puiſſance qu'ils ont d'exciter en nous certains ſentiments par l'arrangement & le mouvement de leurs parties : aujourd'hui enfin que toutes les nouvelles découvertes de la Phyſique expérimentale concourent toutes à dépouiller la matiere des qualités, qui ne ſont pas contenues en ſon idée, & ramenent tout à ce peu de principes ſi clairs, ſi ſimples, ſi féconds, que la nouvelle méthode de Deſcartes a introduit, je veux dire à la groſſeur, à la figure, & au mouvement des parties ſolides de la matiere ; qu'on diſe par quel étrange renverſement d'idées les Materialiſtes, qui adoptent de telles vérités, quand il ne s'agit que de phyſique, ne veulent plus y faire d'attention, dès qu'il s'agit de faire la matiere penſante, & ne craignent pas, en remettant dans la matiere toutes ſortes de qualités occultes & incompatibles avec ſon idée, de ſe contredire eux-mêmes, de détruire tout le ſyſtême de la nouvelle Phyſique, & d'obſcurcir la clarté des principes, qui l'ont fait trionpher de cet aſſemblage obſcur de formes & de qualités, qui compoſoient le ſyſtême de la vieille Philoſophie.

Cet embarras, ou pour mieux dire, cet abyme de difficultés, où ſe trouvent plongés les Materialiſtes, ſeulement pour tenir dans le doute d'une matiere penſante, cette perpléxité, qui tantôt leur fait rejetter, & tantôt reprendre les qualités occultes, devroient, ce me ſemble, une fois leur ouvrir les yeux, & leur faire connoître l'abſurdité de leur ſentiment. Si l'autorité de M. Locke les rétient dans leur

préjugé,

préjugé, on vient de démontrer contre cet Auteur, que par les mêmes principes, par lesquels il démontre l'immaterialité de Dieu, on peut démontrer d'une manierè également convaincante l'immaterialité de l'Ame. On a fait voir que toutes les difficultés, par lesquelles il s'efforce d'embarrasser cette question, ne sont que de vains phantômes, & que si elles pouvoient donner quelque atteinte à l'immaterialité absolue, nécessaire à tout Etre pensant, elles renverseroient du même coup le fondement, sur lequel il appuie lui-même l'immaterialité de Dieu. C'est cette liaison si étroite entre ces importantes vérités, qui a fait que M. Locke n'a pu, malgré toute sa subtilité, s'engager à soutenir l'une, & à combattre l'autre, sans se jetter dans des contradictions presque continuelles, telles qu'on les a relevées dans cet ouvrage, & encore en a-t-on dû omettre un plus grand nombre. De plus on a établi d'une maniere encore plus invincible la vérité des principes, qui prouvent l'immaterialité de Dieu, & ensuite celle des Intelligences créées. C'est vouloir donc s'aveugler de propos déliberé, que de douter un moment de l'erreur du materialisme: c'est boucher les oreilles à la voix de l'irréfragable autorité de la Religion; & c'est fermer les yeux à la lumiere de la raison. Le materialisme enfin est une erreur capitale, qui n'attaque pas simplement quelque vérité particuliére de la Religion, & de la Philosophie: il va à sapper les fondements de l'une & de l'autre. Combien y á-t-il du materialisme au spinosisme; on ne le sait que trop; & le spinosisme établi plus de Religion. Dans la Philosophie le materialisme confond toutes les idées: on ne sait plus où l'on en est. Les idées les plus claires ne servent plus de regle aux jugements des Philosophes. S'avise-t-on de faire à ces Messieurs un argument précis, tiré, par exemple, de l'idée claire qu'on a de l'étenduë & du mouvement: d'abord ils vous répondent; que savons-nous? Selon nos idées cela doit être ainsi; mais la substance de chaque chose nous est inconnue, & en vertu de ce sujet inconnu il n'y a rien, qui

ne

ne puisse avoir des qualités incompatibles avec l'idée que nous en avons. Voila donc tout renversé. On tourne le dos aux idées qui nous éclairent: on se plonge dans le cahos ténébreux de celles qui nous manquent; & au lieu de suivre le fil des vérités, que nos idées nous peuvent faire connoître, on ne craint plus de s'égarer dans les doutes, les détours, les incertitudes, & les absurdités du Pyrronisme.

Eclaircissement sur l'impénétrabilité de la matiere, contre la prétendue pénétration de certains corps.

CEux qui voudront prendre la peine d'approfondir les raisonnements, par lesquels Descartes, & ses Sectateurs ont prétendu prouver, que l'impénétrabilité est une suite nécessaire de l'étenduë, qui tacheront de n'attacher aux mots, dont ils se servent que des idées bien déterminées, & d'en considérer avec attention la liaison & les diffrents rapports, trouveront peut-être, avec satisfaction que de telles preuves ne sont pas loin de ce qu'on appelle une rigoureuse démonstration.

Tous les Philosophes reconnoissent généralement, que la matiere est naturellement impénétrable. Mais pourquoi convient-il à la matiere d'être impénétrable? Ce n'est pas sans doute à cause de son poids, de sa couleur, de sa fluidité, de sa dureté, de sa rareté, ou densité &c.; car la matiere, soit qu'elle ait ces qualités, ou qu'elle ne les ait pas, est également impénétrable; l'eau est aussi impénétrable que la glace, & ainsi des autres. Si on dit que c'est à cause de sa solidité, il faudroit attacher à ce mot de solidité une idée différente de celle qu'on attache au mot d'impénétrabilité, & faire voir ensuite comment l'idée de l'impénétrabilité se déduit de l'idée de la solidité. Mais pour multiplier les mots, on ne multiplie pas les idées, & je défie qui que ce soit d'avoir deux idées distinctes à attacher à ces deux mots de solidité & d'impénétrabilité, qui réellement ne signifient que la même chofe. Qu'y a-t-il donc dans la matiere, qui nous lui faffe attribuer l'impénétrabilité ? M. Locke l'a dit: ce font fes dimenfions. Les dimenfions font donc la raifon de l'impénétrabilité dans la matiere. Donc felon toutes les regles de la Logique, & du bon fens, par tout où il y aura des dimenfions, il y aura auffi l'impénétrabilité.

Mais comme de telles idées font un peu abftraites, elles échapent aifément. Ainfi le moindre doute qui naiffe d'ailleurs, & fur tout de quelque chofe de fenfible, fuffit pour en interrompre le fil, & faire enfuite rejetter, comme autant d'illufions, les preuves qu'on en tire. C'eft ce qui me perfuade qu'il eft très-important de répondre à une objection prife dans l'expérience même, par laquelle quelques nouveaux Philofophes prétendent établir la pénétration actuelle des dimenfions de la matiere.

Cette expérience eft, que deux liqueurs mêlées enfemble, favoir l'eau commune & l'huile de vitriol occupent moins d'efpace, qu'elles n'en occupoient chacune féparément avant leur mêlange. M. Hauksbée, qui la rapporte dans l'abregé des Tranfactions philofophiques, nous apprend que le Docteur Hooke, après avoir fait cette obfervation, penfa avoir découvert un nouveau principe de Phyfique dans la pénétration des dimenfions de ces deux liqueurs, & qu'il crut pouvoir l'employer avec fuccès, pour expliquer un grand nombre d'effets naturels, tels que ceux de l'électricité, de la poudre à canon &c. Une prétention fi nouvelle, & fi contraire au fentiment général des Phyficiens reveilla l'attention de M. Hauksbée, lui fit renouveller cette expérience, pour mieux s'affurer de ce qu'il en étoit. Voici le fait en peu de mots. En mêlant ces deux liqueurs, il s'excite une ébullition confidérable, & le vafe s'échauffe à tel point, que les doitgs ont peine à en foutenir la chaleur: pendant cette effervefcence on voit s'exhaler quantité de vapeurs & de bulles d'air: & le volume des liqueurs diminue notablement. Pour expérimenter fi cette diminution ne provenoit point,

peut-

peut-être, de l'évaporation des liqueurs, M. Hauksbée les pesa éxactement avant que de les mêler, & après leur mêlange l'ébullition & l'évaporation ayant cessé : il trouva que la diminution du poids étoit peu de chose, & n'étoit pas proportionnelle à la diminution du volume : & en effet le volume continua encore à diminuer pendant deux ou trois jours, sans pourtant que le poids diminuât sensiblement. Telle est l'expérience.

Mais avant que de recourir à la pénétration des corps, & poser un principe plus obscur que tous les effets, qu'on en voudroit déduire, expliquer par son moyen, il me semble qu'il faudroit être démonstrativement assuré, que la diminution du volume dans ces deux liqueurs mêlées ne peut provenir en aucune façon de ce méchanisme fondé sur la grosseur, la densité, la figure, & le mouvement des parties, que cent autres expériences nous découvrent, comme à l'œil, dans la nature. D'où il suit qu'en donnant une explication méchanique de cet effet, puisée dans l'analogie de la nature, on arrête tout d'un coup l'étrange conséquence de la pénétration des corps, qui détruit cette analogie, & renverse les fondements du méchanisme. Car quoiqu'on ne puisse pas démontrer que la chose s'éxécute réellement de la façon dont on l'explique, cela prouve seulement que la nature sait diversifier le méchanisme à l'infini; mais on ne laisse pas de voir que c'est un effet, qu'on peut, & qu'on doit rapporter au méchanisme. On pourroit justifier cette méthode par les ouvrages de l'art, puisque l'art, selon Aristote, ne fait qu'imiter la nature.

Il n'est pas extraordinaire de trouver parmi le peuple, & ce mot de peuple a plus d'extension, qu'on ne lui en attribue ordinairement, des gens qui rapportent à quelque opération magique les mouvements véritablement surprenants de certaines machines singulieres, dont il n'est pas aisé d'imaginer la construction. Dans l'impuissance où ils sont d'y rien comprendre, la Magie les débarrasse aussi-tôt de la peine d'en chercher l'artifice. Si pour les détromper un habile Méchanicien entreprenoit de tracer un jeu de ressorts, capable de produire à peu près de tels mouvements, on ne pourroit pas dire que ce Méchanicien eût deviné au juste la disposition de la machine; mais toujours auroit-il prouvé que le jeu de cette machine dépend des loix reglées de la méchanique. C'est presque la même chose des effets naturels. La peine qu'ont les Philosophes à en découvrir le méchanisme, leur a fait prendre souvent un chemin plus court: autrefois c'étoient des sympathies, des antipathies, des antipéristases, des horreurs du vuide; aujourd'hui ce sont des attractions, & des repulsions de cinquante sortes: on y ajoute encore des pénétrations. Mais tous ces grands mots sont encore moins significatifs dans la bouche des Philosophes par rapport aux effets physiques, que l'opération magique dans la bouche du peuple par rapport aux effets de l'art, qui sont au dessus de sa portée. Ainsi les expériences mêmes ne feront jamais qu'une physique obscure & informe, si l'on manque de méthode & de raisonnement.

Avant donc que de déduire la pénétration des corps de l'expérience proposée ci-dessus, essayons, si nous ne pouvons pas en donner une explication conforme aux loix, & au méchanisme de la nature, puisque, comme on vient de le remarquer, quoiqu'on ne puisse pas se flater d'avoir rencontré juste, une telle explication fera toujours voir que le méchanisme suffit pour cette expérience, & que c'est au méchanisme par conséquent qu'on doit la rapporter.

1. Il est certain que tout fluide est composé de parcelles dures ou consistantes, & que la fluidité consiste en ce que ces parcelles détachées les unes des autres, ou très peu cohérentes glissent facilement les unes sur les autres, & cédent à une legere impression. On n'a pas reçû le sentiment de Galilée, qui a cru que dans les fluides les parties de la matiere étoient divisées à l'infini, c'est-à-dire, que toutes les parties, dans lesquelles on conçoit qu'un corps est divisible

à l'infini,

à l'infini, ſe trouvoient dans un fluide entiérement détachées les unes des autres. Si tous les corps, quelques différents qu'ils ſoient, entr'eux venoient à perdre cette force de cohérences, qui tient leurs petites parties liées les unes aux autres, on conçoit auſſi que toutes ces parties perdroient leur configuration particuliére: ainſi tous ces corps ſe fondroient en une maſſe de matiere parfaitement homogene; de ſorte que l'idée de Galilée ne convient point aux fluides, mais ſeulement à la matiere premiere, telle qu'elle eſt expliquée par les Cartéſiens.

2. Les parcelles dont les fluides ſont compoſés, ayant leur groſſeur & leur figure déterminée, il eſt évident qu'elles ſont elles-mêmes compoſées d'autres plus petites particules unies enſemble, qui peuvent laiſſer entr'elles de petits pores ou interſtices. Les expériences de M. Neuton ſur la lumiere, & les couleurs nous autoriſent à reconnoître ces pores. Ainſi dans tout fluide il y a non ſeulement des pores entre les parcelles dont il eſt compoſé, mais auſſi des pores d'un ſecond ordre dans ces petites parcelles.

3. Il ſuit de là que deux fluides, ou même un fluide & un ſolide peuvent ſe mêler enſemble, ſans augmenter conſidérablement le volume qu'ils occupoient ſéparément avant le mêlange: cela arrive, lorſque les parties de l'un peuvent ſe loger aiſément entre les pores de l'autre. Il peut auſſi arriver que les parties d'un fluide ſoient ſi petites par rapport à celles d'un autre fluide, qu'elles pourront s'inſinuer dans les pores du ſecond ordre, dont ſes parcelles ſont compoſées.

4. Galilée a remarqué, que ſi un corps admet entre ſes pores une matiere plus legere que l'air extérieur, cette matiere fera perdre à ce corps une partie de ſon poids égale à la force qu'elle a de s'élever; & qu'ainſi ce corps deviendra plus peſant par la ſeule évaporation de cette matiere plus legere que l'air extérieur. C'eſt une des raiſons que ce grand Homme apporte, pour expliquer pourquoi les briques deviennent plus peſantes après avoir été cuites. Il n'y a rien

rien là que de conforme aux loix de l'Hydrostatique.

5. La liqueur qu'on appelle improprement huile de Vitriol n'est, selon M. Lemeri dans son cours de Chimie, qu'un sel acide, fixe, fort, pesant, & extrêmement caustique. Cet habile Chymiste prétend que l'huile de Vitriol contient beaucoup de feu, & c'est à ce feu qu'il attribue l'ébullition que produit son mêlange avec l'eau, avec l'esprit de Vitriol, & d'autres liqueurs. Il n'est pas nécessaire d'apporter ici les raisons de M. Lemeri pour rendre sa supposition vraisemblable. Quand elle ne le seroit pas d'elle-même, l'autorité seule de M. Lemeri suffiroit pour lui donner beaucoup de poids.

6. En mêlant donc l'huile de Vitriol avec l'eau commune, le feu qui ne pouvoit pas agiter aisément les sels fixes du Vitriol, à cause de leur pesanteur & de leur grosseur, trouve dans les particules de l'eau beaucoup plus subtiles un sujet plus proportionné à son action; il les agite donc avec impétuosité. De là l'effervescence & l'ébullition, pendant laquelle il doit s'éxhaler non seulement une grande quantité de vapeurs d'eaux, & des sels plus attenués du Vitriol, mais aussi le feu que l'eau, comme plus pesante, chasse des pores du Vitriol pour s'y loger, & enfin l'air qui naturellement devoit être plus raréfié dans les pores du Vitriol, à cause de son mêlange avec le feu que l'air extérieur. Les sels du Vitriol ont dû aussi s'affaisser, n'étant plus écartés par l'action du feu.

7. De là il suit, que quoiqu'en mêlant deux quantités égales, par exemple, d'eau commune & d'huile de Vitriol, leur volume pût n'être que fort peu augmenté, de ce que l'étoit le volume de chacune séparément avant le mêlange par l'observ. 3., cependant l'évaporation qui suit l'effervescence peut le diminuer même considérablement.

8. Il suit aussi de l'observ. 4. que la diminution du volume par l'évaporation ne doit pas être proportionnelle à la diminution du poids; & que dans l'expérience de M. Hauksbée, pour

pour juger si la diminution du poids répondoit à la diminution du volume, il auroit fallu ajouter la quantité du poids, que le feu & l'air raréfié, ôtoit à l'huile de Vitriol avant le mêlange, & qui lui est revenue après l'effervescence; cette quantité de poids pouvant contrebalancer celui, que ces deux liqueurs perdent par une évaporation de parties, qui diminue même sensiblement leur volume.

9. Pour expliquer enfin comment ces deux liqueurs continuent à perdre encore sensiblement de leur volume pendant quelques jours sans diminution de poids; on peut dire que l'eau qui n'occupoit, selon ce qui a été dit jusqu' ici, que les pores du Vitriol du premier ordre compris entre les parcelles dont il est composé, s'insinue peu à peu, selon l'observat. 3. dans les pores du second ordre, c'est-à-dire, dans les pores de ces parcelles mêmes; & on peut conjecturer cela d'autant plus probablement, que ces parcelles sont des sels fixes, pesants, & fort gros au moins par rapport aux particules de l'eau, lesquelles par conséquent pourront s'y insinuer. Ainsi à mesure que l'eau se mêlera plus intimément avec l'huile de Vitriol, celui-ci pourra s'affaisser encore davantage, & l'un & l'autre diminuer peu à peu de volume, jusqu' à ce que les sels ne puissent plus recevoir d'eau.

Eclaircissement sur le mouvement relatif & l'espace pur.

DE ce que l'idée de l'espace pur, pénétrable, & immobile, n'est qu'une abstraction de l'esprit, & qu'il n'existe par conséquent rien de semblable dans la nature des choses; il faut en conclure nécessairement que tout mouvement est relatif, & qu'il suppose toujours un point, que l'on regarde comme fixe, & auquel on rapporte l'éloignement successif, ou le transport des corps. C'est ce que M. de Gamaches établit par des raisonnements aussi subtils, que solides dans les deux premieres Dissertations de son Astronomie physique. Mais comme cette question regarde les principes de

la

la Philosophie, & que mon but dans cet ouvrage est de déterminer aussi nettement qu'il se puisse l'idée de la matiere, je me flate qu'on ne m'accusera pas de sortir de mon sujet, & qu'au contraire ceux qui suivent les principes de Descartes, me sauront quelque gré de mon entreprise, si je fais voir que les caractéres, par lesquels M. de Neuton distingue le mouvement absolu du mouvement relatif, peuvent convenir indifféremment à l'un & à l'autre de ces mouvements; & qu'ainsi l'on ne peut tirer de ces caractéres aucun argument, qui prouve la nécessité, ou l'éxistence d'un mouvement véritablement absolu, ni par conséquent de l'espace pur dont ce mouvement seroit une suite nécessaire.

M. Neuton 1. p. des princ. déf. 8. définit le mouvement absolu, le transport d'un corps d'un lieu absolu en un autre lieu absolu, c'est-à-dire, d'une partie de l'espace immobile en une autre partie de ce même espace; & le mouvement relatif le transport d'un corps d'un lieu relatif & mobile en un autre lieu relatif & mobile : un lieu relatif & mobile est, par exemple, un bateau par rapport à ceux qui sont dedans.

Or on distingue le mouvement & le repos absolu, dit M. Neuton, du mouvement & du repos relatif par leurs propriétés, leurs causes, & leurs effets. Mais de ces trois caractéres de distinction le plus marqué est celui des effets. Et c'est celui, par lequel je commencerai à faire voir l'inutilité d'une telle distinction.

„ Les effets, dit M. Neuton, qui distinguent le mouve-
„ ment absolu du mouvement relatif, sont les forces de s'éloi-
„ gner de l'axe du mouvement circulaire. Car dans le mou-
„ vement circulaire purement relatif ces forces sont nulles;
„ mais dans le mouvement absolu, elles s'y trouvent toujours
„ plus ou moins grandes, selon la quantité du mouvement.
„ Si l'on suspend un vase, ou un seau à une corde ou ficelle
„ fort longue, & qu'on le tourne sur lui-même, jusqu'à
„ ce que la ficelle à force de se tordre se roidisse le plus

qu'il

„ qu'il se pourra; qu'ensuite on le remplisse d'eau, & qu'on „ le tienne quelque tems en repos avec l'eau , & qu'enfin „ on lui imprime subitement un mouvement en sens contraire, „ lequel lui sera continué par la ficelle en se détordant: au „ commencement du mouvement la surface de l'eau paroîtra „ unie, comme quand elle étoit en repos. Mais après que „ le vase agissant peu à peu sur l'eau par le frottement, lui „ aura communiqué sensiblement son mouvement circulaire, „ alors l'eau commencera aussi à s'éloigner peu à peu du „ milieu, & elle montera le long des parois du seau , en „ prenant une figure concave, & elle se haussera toujours de „ plus en plus, jusqu'à ce que venant à faire ses révolu- „ tions en tems égal à celles du vase, elle y soit dans un „ repos relatif. Cette élevation montre l'effort de s'écarter „ de l'axe du mouvement, & par un tel effort on vient à „ connoître, & à mesurer le mouvement circulaire vérita- „ ble & absolu de l'eau, lequel se trouve ici entiérement „ contraire au mouvement relatif. Au commencement pen- „ dant que le mouvement relatif de l'eau dans le vase étoit „ en son plus haut degré, un tel mouvement ne produisoit „ dans l'eau aucune force, aucun éffort de s'éloigner de l'axe: „ l'eau ne s'élevoit point contre les parois du vase pour al- „ ler à la circonférence : sa surface gardoit un niveau par- „ fait. Ce qui fait voir que son véritable mouvement cir- „ culaire n'avoit pas encore commencé. Mais après que son „ mouvement relatif s'est diminué , son élevation contre les „ parois du vase a montré l'effort de s'éloigner de l'axe: & „ cet effort a marqué l'augmentation continuelle du mouve- „ ment circulaire, vrai & absolu, lequel n'est parvenu à son „ plus haut degré, que lorsque l'eau s'est trouvée en un „ parfait repos relatif dans le vase.

Telle est l'expérience, & tel est le raisonnement de Monsieur Neuton. Quoique cette experience semble d'abord mettre une différence sensible entre le mouvement absolu, & le mouvement relatif, il est aisé pourtant d'en faire une application toute contraire à celle de M. Neuton, & par là détruire la preuve qu'il en tire en faveur du mouvement absolu. Supposons pour cela, ainsi qu'il le fait lui-même un peu auparavant, la terre immobile dans l'espace pur : alors un bateau qu'on fera tourner sur son axe aura, selon M. Neuton, un mouvement circulaire, véritable & absolu : supposons encore que ce soit dans un tel bateau, qu'on fasse l'expérience de M. Neuton. Si au moment que la corde ou ficelle, à laquelle on a attaché le seau plein d'eau, commence à se détordre, on fait tourner le bateau en sens contraire, & avec une égale vitesse; il est évident en premier lieu que dans les principes de M. Neuton, le seau n'aura plus qu'un mouvement relatif; tel que feroit celui d'un homme, qui marcheroit d'Orient en Occident dans un bateau, tandis que le bateau descendroit avec une égale vitesse d'Occident en Orient. En effet dans cette supposition le seau, & l'homme sont toujours dans le même lieu absolu, & ils ne changent de place, que par rapport au bateau qui est un lieu relatif & mobile.

Il est évident en second lieu que l'eau, qui se meut dans le vase, doit avoir dans cette supposition un mouvement tout-à-fait contraire à celui, qu'elle a dans l'expérience de M. Neuton. Quand le vase commence à se mouvoir, l'eau, qui n'a pas encore pu prendre le mouvement du vase, est, selon l'expérience de M. Neuton, dans un repos absolu, quoiqu'elle soit dans son plus haut degré de mouvement relatif par rapport au vase. Mais ici qu'on fait tourner le bateau, & que le vase n'a qu'un mouvement relatif, il faut que l'eau participe le mouvement circulaire, vrai & absolu du bateau, jusqu'à ce que le vase lui ait imprimé son mouvement propre contraire à celui du bateau. Cette eau ne fait pourtant encore aucun effort pour s'éloigner de l'axe du mouvement, donc on ne peut pas distinguer le mouvement absolu du mouvement relatif par cet effort, lequel devroit toujours accompagner le mouvement circulaire, véritable & absolu.

Il est

Il eſt évident en troiſiéme lieu, que dans la ſuppoſition qu'on vient de faire, à meſure que le ſeau communique de ſon mouvement propre à l'eau, elle perd elle-même peu à peu ſon mouvement abſolu, & que quand elle parvient à faire ſes révolutions égales à celles du vaſe, elle ſe trouve auſſi-bien que lui dans un repos abſolu, n'ayant non plus que lui qu'un mouvement relatif par rapport au bateau. Voici donc encore ici tout le contraire de ce qui arrive dans l'expérience de M. Neuton. Dans cette ſuppoſition l'eau fait effort pour s'éloigner de l'axe du mouvement, à meſure qu'elle perd ſon mouvement abſolu, pour ne prendre qu'un mouvement relatif; & cet effort n'eſt dans ſon plus haut degré, que lorſque l'eau ſe trouve dans le repos abſolu. Il eſt donc prouvé qu'un mouvement purement relatif, peut être, ſuivi de cet effort, qui ſelon M. Neuton, ne peut être l'effet que du ſeul mouvement véritable & abſolu. On voit bien que ce qu'on appelle ici mouvement & repos abſolu, ſuivant le ſentiment de M. Neuton, n'eſt dans notre ſentiment qu'un mouvement, & un repos par rapport à ceux qui ſeroient ſur le rivage.

Mais, ſi l'on ne peut pas diſtinguer le mouvement abſolu du mouvement relatif par leurs effets, on ne peut pas mieux les diſtinguer par leurs cauſes. Les cauſes, qui diſtinguent, ſelon M. Neuton, ces deux eſpeces de mouvement, ſont les forces imprimées aux corps pour produire le mouvement, leſquelles il ſuppoſe néceſſaires pour le mouvement abſolu, & non pour le relatif: mais puiſqu'on vient de prouver que les effets du mouvement relatif peuvent être les mêmes, que ceux que M. Neuton attribue au mouvement abſolu, & que d'ailleurs les forces impreſſes doivent répondre éxactement à ces effets, il eſt clair que ces forces, qui devroient toujours produire un mouvement abſolu, peuvent ne produire qu'un mouvement relatif, & qu'ainſi on ne ſauroit fonder ſur de telles cauſes la diſtinction de ces deux mouvements, ſans ſuppoſer ce qui eſt en queſtion.

Enfin la propriété du mouvement abſolu eſt, ſelon M. Neuton, que les parties qui gardent leurs poſitions par rapport à leurs tous, participent le mouvement de ces mêmes tous; de ſorte que, lorſque les corps ambiants ſe meuvent, ceux-là ſe meuvent auſſi, qui ſont relativement en repos dans ces mêmes ambiants. D'ou il conclut qu'on ne ſauroit définir le mouvement vrai & abſolu, par le tranſport d'un corps du voiſinage d'autres corps, que l'on regarde comme en repos. Car, dit-il, ces corps externes ne doivent pas ſeulement être regardés comme en repos, mais y être véritablement: autrement tous les corps enfermés en d'autres corps, outre ce tranſport du voiſinage de leurs ambiants, participeront auſſi les mouvements véritables de ces mêmes ambiants: & ce tranſport venant à ceſſer, ils ne ſeront pas véritablement en repos, mais ſeulement regardés comme en repos, de la même façon que le noyau renfermé dans la pêche ſe meut avec la pêche ſans aucun tranſport du voiſinage de la peau qui l'environne.

Un tel raiſonnement prouve à la vérité, que ſuppoſé qu'il y eût un mouvement abſolu, & ſans relation à quelque autre corps que ce ſoit, on ne pourroit pas définir ce mouvement par le tranſport d'un corps du voiſinage de ceux qui l'environnent, & que l'on conſidére ſeulement comme en repos: mais il ne ſemble pas prouver l'éxiſtence d'un tel mouvement. Si les ambiants, dit M. Neuton, ne ſont pas véritablement en repos, il s'enſuivra que les corps contenus dans ces ambiants, outre le tranſport de leur voiſinage, participeront auſſi les mouvements vrais de ces mêmes ambiants; c'eſt-à-dire, qu'ils participeront les autres mouvements relatifs de ces mêmes ambiants, & en cela je ne trouve aucune difficulté. Un homme, qui ſe meut relativement dans un vaiſſeau, en s'éloignant de la poupe, participera auſſi le mouvement relatif du vaiſſeau par rapport au rivage: & l'un & l'autre participeront le mouvement relatif de la terre par rapport aux étoiles, qu'on regarde comme fixes. Tout le monde

monde convient qu'un corps peut être en repos, & en mouvement relatif en même tems. Il n'y a en cela aucun inconvenient : toute la différence est, qu'entre les Philosophes quelques-uns se bornent à ce repos, & à ce mouvement relatif, & que d'autres veulent de plus un repos, & un mouvement absolu, qui n'est point du tout nécessaire, & dont ils ont assez de peine à prouver la réalité.

Mais, dira-t-on, s'il ne peut y avoir de mouvément absolu, il s'ensuivra que s'il n'éxistoit qu'un seul corps, ce corps ne pourroit se mouvoir; ce qui semble pourtant contraire à nos conceptions les plus claires. Avant que de répondre à cet argument, je prie le Lecteur de prendre garde de ne pas confondre ce qu'on appelle idée claire, ou simple perception de l'entendement, laquelle n'est point sujette à l'erreur, avec le jugement, où nous pouvons aisément nous tromper, sans même nous en appercevoir: car il est certains préjugés, que nous regardons comme des conceptions claires, ou comme des maximes incontestables; parcequ'une longue habitude formée sur les observations des sens nous les a rendu familiers dès notre enfance. Rien n'est plus commun, ni plus aisé à apprendre que les regles, & les distinctions de la Logique: mais aussi rien de plus délicat, ni qui échape avec plus de facilité dans la pratique. Quelques Anciens d'ailleurs très-savants ont rejetté les Antipodes, sur ce prétexte, que de telles gens devroient avoir la tête en bas, & tomber dans le Ciel. Soutenir le contraire, étoit, selon eux, aller contre les conceptions les plus claires. Une observation constante leur avoit fait remarquer qu'un corps qu'on laisse tomber de quelque hauteur que ce soit, ne cesse point de tomber, & de descendre, tandis qu'il ne trouve aucun obstacle à sa chute : cette observation leur avoit fait juger ensuite, que tandis qu'un corps continuoit à se mouvoir, selon cette direction, il continuoit à tomber, & à descendre. Ce préjugé soutenu par l'imagination passoit chez eux pour une notion évidente, & obscurcissoit cependant l'idée claire de ce

qu'on

qu'on appelle monter & descendre, qui ne se dit que d'un mouvement du centre à la circonférence, ou de la circonférence au centre. Par une semblable illusion les Epicuriens s'imaginoient concevoir fort nettement, comment leurs atômes pouvoient descendre dans l'immensité du vuide; pendant qu'il est certain, que sans la détermination d'un centre du mouvement, il ne peut y avoir de mouvement ni en haut, ni en bas.

Ainsi quand on demande, si un corps qui éxisteroit seul, pourroit se mouvoir, je demande à mon tour, si l'on suppose que ce corps éxiste dans un espace positif, distingué de ce corps, & dans lequel il soit placé, ou si l'on ne conçoit rien, qui soit réellement & positivement étendu hors de ce corps. Si on suppose ce corps éxistant dans un espace réel, positif & étendu, je conçois que ce corps peut se mouvoir en cet espace; mais je conçois aussi, & je crois l'avoir démontré, que cet espace positif & étendu n'est autre que la matiere dépouillée par abstraction de toute qualité sensible, & dans laquelle on ne s'arrête à concevoir que la seule étenduë. Et quoique cette étenduë soit réellement divisible en parties, & que ces parties soient mobiles, cependant comme elles ne peuvent se mouvoir, sans que d'autres parties les remplacent; & qu'ainsi elles présentent toujours à l'esprit la même idée d'étenduë; de là vient qu'on regarde cette étenduë comme immobile, parcequ'en effet il s'y conserve toujours la même mesure d'étenduë. C'est ainsi que l'on dit, que le corps d'un animal est le même aujourd'hui qu'il étoit il y a vingt ans; parceque les parties, qui se sont dissipées par la transpiration, ont été continuellement remplacées par d'autres parties, & qu'ainsi ce corps a toujours été sensiblement le même.

Si l'on répond que cet espace infini, dans lequel on place le corps en question, n'est rien de réel, ni de positif; qu'il n'est qu'une pure privation de matiere, un néant de corps; je demande, si l'on conçoit bien clairement un corps placé

dans

dans le néant, & qu'un corps se meuve, c'est-à-dire, change de place, où il ne peut point y avoir de place, parcequ'il n'y a rien. D'ailleurs si l'espace est la privation des corps, l'espace se détruira par la création des corps; puisque toute privation se détruit par la privation de la réalité, qui lui est opposée: ainsi on se contredit dans ce sentiment, quand on soutient que les corps sont placés dans l'espace; puisqu' où est un corps, il ne sauroit y avoir la privation de ce corps, ni par conséquent l'espace qu'on fait consister en cette privation. Le mouvement d'un seul corps est donc impossible dans la supposition de cet espace privatif; puisqu'on ne peut y concevoir ni place, ni changement de place, & qu'il y a même contradiction à les supposer dans un tel espace qui n'est rien, puisque le rien n'a aucune propriété, & qu'ici on veut le rendre commensurable au mouvement.

Enfin pour calmer les scrupules de ceux, qui craignent que ce ne soit blesser le respect, qu'on doit à la Toute-puissance de Dieu, que de nier la possibilité d'un vuide positif, & du mouvement d'un seul corps; on les prie de considérer que cet espace pénétrable, positif & infini qu'ils admettent, doit être ou une chose réelle, éternelle & indépendante de Dieu; ce qui donne atteinte à la souveraine indépendance, & au souverain domaine de l'Etre Suprême; ou qu'il est une propriété de Dieu; ce qui faisant Dieu positivement, & formellement étendu, détruit sa souveraine simplicité ou spiritualité. Au lieu que nous autres nous soutenons qu'indépendamment de la création de Dieu, il ne peut rien y avoir de réel, ni de positif, de quelque nature qu'on le suppose; que l'essence de la matiere consiste dans l'étenduë, parceque nous trouvons que l'impénétrabilité a une connéxion nécessaire avec l'étenduë, mais que cette étenduë ne peut éxister que par la création de Dieu; qu'au reste, si l'on suppose que Dieu fasse de l'étenduë, il faut aussi supposer que Dieu crée de la matiere; puisqu'il y auroit contradiction que l'essence d'une chose fût créée, & que cette chose ne le fût pas. Ainsi quand on

suppose,

suppose, par exemple, que Dieu crée un vase vuide, on tombe en contradiction par un préjugé des sens, & de l'imagination. On suppose en effet que Dieu en créant ce vase, met une étenduë réelle entre les parois de ce vase. Or cette étenduë étant, comme on l'a prouvé, une portion de matiere, aussi-bien que les parois du vase, on suppose que Dieu crée de la matiere, & qu'il ne la crée pas en même tems. Et on tombe dans cette contradiction, parcequ'on s'imagine que cette étenduë doit avoir moins de corps que les parois du vase, à cause qu'on n'y conçoit ni couleur, ni cohésion, ni pesanteur, ni résistance, ni aucune autre qualité sensible, comme si l' essence de la matiere ne pouvoit être sans ces qualités, qui ne sont que les rapports, que peuvent avoir quelques portions de cette matiere, combinées d'une certaine façon avec les organes de nos sens.

Eclaircissement sur la legereté innée attribuée à certains corps, & sur quelques effets de la pression de l'Ether.

DEpuis que la gravité a été considérée comme une qualité innée de la matiere, ou tout au moins de certains corps; quelques Philosophes ont cru pouvoir reprendre avec autant de raison la legereté innée, & l'attribuer à d'autres corps, comme une qualité dépendante de leur essence. On la trouve dans un Essai Italien des Transactions philosophiques tom. 3. part. 3. chap. 1. §. 30. attribuée par un savant Anglois aux éxhalaisons sulphureuses & inflammables, & cela en conséquence de cette observation, que dans le récipient de la Machine pneumatique les exhalaisons sulphureuses n'ont pas besoin d'être soutenues par l'air, mais que venant à être agitées par la chaleur, elles montent dans le vuide, s' élevent jusqu' au sommet du récipient, & s'y soutiennent, au lieu que les autres vapeurs tombent dans l'instant.

On ne peut assez reconnoître l'obligation qu'on a à ceux, qui

qui prennent la peine d'éclaircir la nature par des expériences. Mais, j'ose le dire, ces Messieurs devroient prendre garde de ne pas diminuer le prix de leurs découvertes, & de ne pas étouffer, pour ainsi dire, la lumiere qu'elles pourroient répandre dans la Physique; en introduisant dans la matiere de nouvelles qualités occultes, à mesure qu'ils découvrent de nouveaux effets dans la nature.

Ceux, qui attribuent une legereté innée aux exhalaisons sulfureuses, peuvent-ils se persuader, qu'après avoir pompé l'air aussi éxactement qu'on le peut, du récipient de la Machine pneumatique, on parvienne à faire un vuide réel, égal à la capacité du récipient? La lumiere, qui éclaire les objets dans ce récipient, fait voir en même tems qu'il est plein d'une matiere beaucoup plus déliée que l'air, à moins qu'on ne voulût encore faire un accident de la lumiere, lequel pût subsister dans le vuide. D'ailleurs n'est-il pas probable qu'il y reste toujours un peu d'air, quoiqu' extrémement raréfié; ou même une matiere étherée, peut-être moins subtile que la lumiere, mais beaucoup plus subtile que l'air? Nous verrons bien-tôt que cet air subtil, ou matiere éthe-rée n'est pas si chimérique, que quelques fameux Physiciens, & M. de Muschembrock entre-autres ont voulu le faire croire. Ces considérations, qui font voir qu'il est beaucoup plus probable qu'il reste encore beaucoup de matiere dans le récipient, après en avoir pompé l'air grossier, rendent aussi beaucoup plus probable l'explication de ceux, qui disent que les exhalaisons sulfureuses agitées par la chaleur montent dans le récipient, pendant que les autres descendent; parcequ'étant moins pesantes, leur gravité spécifique se trouve être à peu près égale à celle de l'air subtil ou raréfié qui reste dans le récipient, & qu'ainsi la moindre impression de chaleur, c'est-à-dire de mouvement, suffit pour les faire monter au haut du récipient, où elles se soutiennent ensuite par la même raison, que les nuées se soutiennent en l'air.

Mais pourquoi chercher des probabilités, où l'on peut trouver des démonſtrations? Une preuve démonſtrative, que ce n'eſt pas par une legereté innée que les exhalaiſons ſulfureuſes montent au haut du récipient dans l'expérience ci-deſſus rapportée, c'eſt que la legereté doit faire le même effet ſur les corps legers pour les faire monter, que la gravité fait ſur les corps peſants, pour les faire deſcendre: or la gravité ſeule ſuffit pour faire deſcendre les corps peſants, lorſqu'ils ne rencontrent point d'obſtacles qui les en empêchent. La legereté ſeule doit donc ſuffire pour faire monter les corps legers, pourvu qu'il n'y ait point d'obſtacle. Mais, ſi le récipient eſt vuide, comme ces Meſſieurs le ſuppoſent, il n'y a certainement point d'obſtacle, qui empêche les exhalaiſons ſulfureuſes d'obeir à l'impreſſion de la legereté. Pourquoi donc attendent-elles une impreſſion étrangere, l'agitation de la chaleur avant que de monter?

S'ils diſent que le récipient n'eſt pas vuide, ils reviennent à l'explication propoſée ci-deſſus. Car en ce cas cette matiere qui y reſte, eſt une raiſon ſuffiſante pour empêcher ces exhalaiſons ſulfureuſes de retomber, après que l'agitation de la chaleur les a fait monter au haut du récipient.

Après avoir refuté cette prétendue legereté innée, qu'on attribue aux exhalaiſons ſulfureuſes, il me reſte encore à prouver qu'on doit admettre une matiere étherée beaucoup plus ſubtile que l'air. Comme cette matiere ne fait aucune impreſſion ſenſible ſur les organes de nos ſens, quelques Philoſophes, qui ſuivent aujourd'hui dans leur méthode des routes entiérement oppoſées à celles de Deſcartes, ont cru que c'étoit là une bonne raiſon de la rejetter, comme une chimere du Cartéſianiſme, & ils ont cru mieux faire, & ſuivre de plus près, & plus littéralement, ſi on peut le dire, l'expérience, & l'obſervation, en expliquant par autant de qualités propres, & intrinſeques de la matiere un grand nombre d'effets, que les Cartéſiens expliquent méchaniquement par le mouvement, & la preſſion de cette matiere.

Mais

Mais je trouve heureusement dans ce même Essai des Transactions philosophiques que je viens de citer, de quoi en établir solidement l'éxistence, & la nécessité. On y voit tom. 2. part. 2. chap. 3. §. 14. une savante Dissertation du Docteur Drake, sur le mouvement du cœur. Cet Auteur y fait voir que le cœur étant un muscle qui n'a point d'Antagoniste, son état naturel est celui de la Systole, laquelle est encore aidée par la dilatation des côtes, & du Diaphragme: que quelque forte que soit la constriction du cœur, jointe à celle des arteres, cette force qui pousse le sang, n'est pourtant, selon le calcul de Borelli, à la resistance qu'elle doit vaincre, que comme 1. à 45., & qu'en tout cas, elle est toujours beaucoup moindre que cette résistance; que par consequent, ni l'impulsion que le sang reçoit de la constriction du cœur & des arteres, ni son poids, ni sa percussion, ni sa prétendue effervescence ne sont pas capables de le faire rentrer dans le cœur avec assez de force, pour pouvoir le dilater, & vaincre le mouvement naturel de ses fibres, qui tendent toujours à la constriction; qu'il n'y a par conséquent que le poids, & la compression de l'Athmosphére, qui puisse pousser le sang dans les veines après l'extinction de la force, que le cœur & les arteres lui ont imprimée, & l'y pousser avec assez de force, pour pouvoir surmonter la résistance du cœur à sa dilatation.

Jé n'apporte pas ici le détail des preuves sur lesquelles ce savant Docteur appuie son sentiment; il me suffit de les avoir indiquées, persuadé que ceux qui voudront se donner le plaisir de les voir dans l'Auteur, seront pleinement satisfaits & convaincus de la solidité de ses raisonnements. Or comme tous les phénomenes de la nature sont liés les uns aux autres, je trouve que la nouvelle découverte du Docteur Drake est une nouvelle preuve de l'éxistence d'une matiere ètherée, beaucoup plus subtile que l'air. L'expérience apprend, qu'après avoir pompé l'air d'un récipient avec toute l'éxactitude possible, il est certains animaux, qui ne laissent pas que d'y vivre encore fort long-tems, & de conserver par conséquent la circulation de leur sang. Or il a été prouvé par le Docteur Drake, que la circulation du sang ne se peut faire sans la compression de l'Athmosphére. Mais après avoir pompé l'air avec toute l'éxactitude possible dans la Machine pneumatique, il ne peut y rester tout au plus qu'un peu d'air extrêmement raréfié, & par cela même incapable d'une compression assez forte, pour pousser le sang dans le cœur, malgré la résistance de ses fibres. Il faut donc que ce récipient soit rempli d'une autre matiere, qui supplée en quelque façon le poids de l'Athmosphére de l'air grossier. Et c'est cette matiere, que nous appellons matiere étherée ou air subtil. Or il est à remarquer, que comme cette matiere étherée se trouve par tout mêlée avec l'air, & que l'air nage, pour ainsi dire dans elle, il s'ensuit qu'elle doit aussi avoir beaucoup de part à plusieurs effets qu'on attribue à la pression de l'air: ainsi il n'est pas étrange que de tels effets ne cessent pas d'abord, que la compression de l'air grossier vient à cesser, que les hemisphéres de Magdebourg, par exemple, restent encore attachés l'un à l'autre dans le récipient, après qu'on en a pompé l'air grossier &c. Au reste cette matiere étherée étant beaucoup plus subtile que l'air, son action doit être différente sur les différents corps, selon que la petitesse & la configuration de leurs pores lui laissent un passage plus ou moins libre. J'ai déja remarqué que quoique M. Neuton se serve du mot d'attraction, pour expliquer le mouvement des Planettes, il avoue cependant, que tout ce qu'il attribue à ce principe mathématique, pourroit bien être produit par un milieu étheré, très-fluide, & très-élastique.

Et puisque nous avons tant fait que d'entrer dans cette discussion physique, & que l'éclaircissement de l'idée de la matiere, dépend en quelque façon de l'éclaircissement du méchanisme de la nature, il ne sera pas hors de propos de remarquer, qu'on ne doit pas attribuer avec le célébre Monsieur

ſieur Huygens, à la preſſion de cette matiere ſubtile ou éthe-rée, la ſuſpenſion du mercure à la hauteur de 70. pouces & plus dans des tuyaux fort étroits ; puiſque laiſſant à part tant d'autres raiſons, qui ont été relevées, le même effet devroit s'enſuivre également dans les tuyaux les plus larges. La cauſe de cette ſuſpenſion n'eſt donc autre que l'adhéſion du mercure aux parois du tuyau. Car on conçoit fort bien, que dans un tuyau capillaire les particules du mercure ſou-tenues dans les pores, & les ſinuoſités du verre, peuvent ſoutenir aiſément la colomne, ou pour mieux dire, le fil très-mince du mercure qui reſte au milieu ; puiſqu'on ſait qu'entre ces particules il y a une force de cohéſion, qui les attache les unes aux autres. Marque de cela, c'eſt qu'en ſe-couant fortement ces tuyaux, le mercure tombe dans l'inſtant, & que ſi l'on a ſoin de les oindre auparavant de quelque matiere huileuſe, qui bouche les ſinuoſités du verre, & faſſe gliſſer les parties du mercure, alors il y deſcend, comme dans les tuyaux les plus larges, & demeure ſuſpendu à la hauteur de 28. pouces ou environ. Juſqu'ici il n'y a pas grande difficulté.

Mais ce qu'on m'a objecté, comme une difficulté plus conſidérable, c'eſt dit-on, qu'on a obſervé que le mercure ſuſpendu dans un tuyau capillaire à la hauteur ordinaire, au lieu de deſcendre dans le récipient de la Machine pneuma-tique, à meſure qu'on en pompe l'air, s'éleve au contraire à une plus grande hauteur. Cette difficulté me parut d'abord aſſez embarraſſante ; mais quoique je n'en aie jamais fait l'expérience, j'ai depuis fort bien compris, comment un effet ſi bizarre en apparence peut arriver. Toutes les fois que j'ai eu occaſion de réiterer l'expérience commune de faire deſcendre le mercure, en pompant l'air du récipient de la Machine pneumatique, j'ai obſervé qu'au moment qu'on abbaiſſe le piſton, le mercure s'éleve tant ſoit peu, & qu'auſſi-tôt il deſcend. Or il eſt viſible que quand on abbaiſſe le piſton, c'eſt alors que l'air tombe dans la pompe, & que

cette

cette chute doit ajouter un degré de force à la pression qu'il éxerçoit sur la surface du mercure où est plongé le tuyau, par sa pesanteur & son ressort. Cette pression étant donc augmentée par le mouvement de la chute, il est clair que dans ce moment le mercure doit s'élever dans le tuyau à proportion de cette augmentation; mais comme cette pression ne dure qu'un instant, & qu'à mesure qu'il tombe de l'air dans la pompe, celui qui reste dans le récipient a moins de pesanteur & de ressort, parcequ'il est plus raréfié: il est clair aussi qu'après cette élevation instantanée, le mercure doit retomber aussi-tôt & descendre à proportion de la diminution de la force de l'air. Mais si le mercure se trouve dans un tuyau capillaire où l'adhésion soit capable de le soutenir, il arrivera premierement, que chaque fois que l'on pompera l'air, le mercure s'élevera d'autant plus haut, que le tuyau sera plus étroit; secondement qu'après s'être élevé à chaque secousse, il demeurera suspendu à la hauteur où ces secousses l'auront porté, en vertu de cette adhésion dont on vient de parler.

Eclaircissement sur la composition & la décomposition du mouvement.

ON ne peut rien souhaiter de plus clair, ni de plus précis, que ce que les Géométres nous ont donné sur la composition & la décomposition du mouvement. Mais, comme le remarque fort bien un illustre Philosophe de nos jours, un effet analisé géométriquement, n'est pas un effet expliqué: aussi, malgré l'évidence que les Géométres ont répandue sur les loix du mouvement composé, l'explication physique des effets qui s'ensuivent, en a toujours paru également difficile. C'est ce qu'on peut voir dans la premiere section de la nouvelle Méchanique de M. Varignon: s'il est vrai, disoient les Physiciens, que dans la composition du mouvement un corps en perde plus qu'il n'en communique, le mouvement se perdra peu à peu dans l'univers. M. de Vari-

Varignon tâche de les raſſurer à cet égard, ſur cette conſidération que s'il ſe perd du mouvement par la compoſition, il s'en augmente à peu près autant par la décompoſition, & qu'une telle compenſation de gain & de perte de mouvement, peut en conſerver dans le monde une quantité moralement égale, ſuffiſante, & beaucoup plus propre pour l'explication des phénomenes, que la Métaphyſique, & rigoureuſe ſuppoſée par M. Deſcartes.

Mais cette augmentation de mouvement paroit elle-même un paradoxe inconcevable. Comment comprendre en effet qu'un moindre mouvement en produiſe un plus grand, de ſorte que ſi deux corps frapés obliquement par un autre corps, & ayant par conſéquent les deux enſemble plus de mouvement, que n'en avoit le corps qui le leur à communiqué, venoient à fraper de la même maniere chacun deux autres corps, & ceux-ci d'autres à l'infini, ces chocs ainſi multipliés à l'infini devroient produire une augmentation de mouvement à l'infini, un mouvement qui ne tiendroit plus rien de la limitation de ſa premiere cauſe.

Quelque embarraſſante qu'ait paru cette difficulté à quelques Phyſiciens, il me ſemble pourtant qu'il n'y a qu'à remonter aux premiers principes de nos connoiſſances, pour la faire entiérement diſparoître. Cette difficulté en effet, ſi c'en eſt une, vient uniquement de ce qu'on adopte en Phyſique, & peut-être même ſans s'en appercevoir deux fauſſes ſuppoſitions, mais d'autant plus dangereuſes, que les préjugés de nos ſens nous les ont rendu plus familieres;

La premiere conſiſte en ce qu'on regarde le mouvement, comme une force, ou un principe d'action proprement dite, qui rend le corps effectivement agiſſant, & cauſe non ſeulement occaſionnelle, mais proprement efficiente des effets, qui ſont produits à la rencontre des corps. Ce n'eſt là pourtant qu'un préjugé des ſens, & de l'imagination, combatu par nos idées les plus claires: quelle eſt en effet l'idée du mouvement, ſinon l'idée du tranſport d'un corps d'un lieu

en

en un autre lieu? C'eſt ainſi que le définit M. Neuton d'après les anciens Philoſophes : or qui dit tranſport, dit un état paſſif, une modalité paſſive. Donc dire que le corps, qui étoit paſſif dans le repos, devient actif par le mouvement, c'eſt dire qu'il devient actif par une modalité paſſive, ce qui emporte contradiction.

L'autre ſuppoſition, dont la fauſſeté, ou pour mieux dire, l'erreur eſt encore plus viſible, eſt de s'imaginer, que dès qu'une fois le corps eſt en mouvement, il ſe conſerve par lui-même en cet état ; & qu'ainſi pour qu'un corps continue à ſe mouvoir, il n'eſt beſoin que d'une force, qui lui imprime le mouvement par une action paſſagere, & non d'une cauſe, qui le lui conſerve par une action permanente. Ce n'eſt pourtant là non plus qu'un préjugé des ſens, tel à peu près que celui par lequel on eſt porté à s'imaginer, que dès qu'une fois un corps eſt créé, il n'eſt plus beſoin d'une action immédiate de Dieu pour le conſerver, mais qu'il ſe conſerve, pour ainſi dire, par ſa propre ſtabilité. Cette opinion, qui ſemble avoir été enſeignée par Durand, eſt propoſée problematiquement par M. Le-Clerc dans ſa Pneumat. ſect. 3. chap. 6. n. 6. & 7. C'eſt, ſelon lui, une de ces opinions ſur leſquelles on ne peut rien décider par le défaut de preuves ſuffiſantes pour éclaircir la vérité : & peut-être même que ſi le reſpect dû à la Religion ne retenoit bien des gens dans le ſentiment oppoſé, l'opinion de Durand ne ſeroit-elle reçue que trop favorablement en un tems, où ceux qui ſe piquent de la Philoſophie la plus raffinée, ramenent tout à l'obſervation des ſens, & crient à l'erreur, & à l'illuſion, dès qu'ils entendent parler de raiſonnements fondés ſur les idées de l'entendement pur.

Un tel préjugé vient uniquement de ce que trompés par nos ſens, nous ſommes portés à nous imaginer qu'il en eſt à peu près des ouvrages de Dieu après la création, comme des ouvrages des hommes après leur formation. On ne ſonge pas d'abord qu'un horloger, qui fait une montre, ne lui donne

pas

pas l'éxistence, qu'il ne fait qu'assembler des parties, ou des piéces qui éxistoient sans lui, & qui continuent aussi à éxister sans lui après leur assemblage; au lieu que Dieu donne l'éxistence aux choses, & qu'il la leur donne par la volonté qu'il a qu'elles éxistent: ainsi cette éxistence dépend immédiatement de la volonté de Dieu, ou ce qui revient au même, la volonté de Dieu est la cause immédiate de l'éxistence des choses. Or les choses créées ne continuent d'éxister, que parceque Dieu veut qu'elles éxistent *in certa temporis differentia*, comme parlent les Scholastiques, tout le tems qui est déterminé par le decret de sa volonté. Ainsi l'éxistence, & la continuation de l'éxistence, ne sont pas deux effets distingués, mais un seul effet qui répond à une seule cause; c'est-à-dire, que l'éxistence reçue & continuée dépend du décret de la volonté de Dieu, qui en voulant cette éxistence, détermine le tems où elle doit commencer, & le tems qu'elle doit durer. La conservation dans les créatures, n'est donc que leur éxistence, ou leur création continuée dépendante du même acte de volonté, ou de la même action immédiate de Dieu, par laquelle elles ont commencé d'éxister.

Lors donc que l'on considére un corps en repos, il est évident qu'il n'y a dans ce corps qu'une continuation d'éxistence dans le même lieu. Or l'idée du mouvement n'ajoute à l'idée du corps, qu'une continuation d'éxistence en différents lieux successivement. Le repos & le mouvement étant donc essentiellement une continuation d'éxistence, & ne différant que par un rapport extrinseque aux autres corps, dans lesquels ils sont placés, il est évident que l'un & l'autre est aussi-bien que la conservation, un effet immédiat de l'action de Dieu. C'est ce que j'aurai occasion d'établir encore mieux dans mes réponses à M. Locke.

Ces choses supposées, il n'est pas étonnant que toutes les autres causes, que quelques Philosophes ont prétendu assigner de la continuation du mouvement, se trouvent absolument insuffisantes. Dire, par exemple, que c'est l'air, ou quelque autre fluide, lequel circulant autour du corps le pouffe par derriere, ce n'eſt rien dire, puiſqu'il faut expliquer la cauſe de la continuation du mouvement dans ce fluide.

Dire que c'eſt une certaine qualité, qu'on nomme effort ou impétuoſité, laquelle paſſant du corps qui choque dans celui qui eſt choqué, eſt la cauſe de la continuation de ſon mouvement; c'eſt expliquer une choſe obſcure par une plus obſcure, ou pour mieux dire, inconcevable. Et ſans rapporter ici les preuves, qui détruiſent ces ſortes de qualités, que l'Ecole attribue aux corps; lorſqu'une boule, qui en rencontre une autre s'arrête après lui avoir communiqué ſon mouvement, cet effort qu'on ſuppoſe qui paſſe de la premiere boule dans la ſeconde, ne peut être que l'effort par lequel elle en a reçu le mouvement, c'eſt-à-dire, l'effort, par lequel la premiere boule le lui a communiqué. Or cet effort n'eſt évidemment que l'impulſion: dire donc que l'effort a paſſé de la premiere boule dans la ſeconde, c'eſt dire que l'impulſion a paſſé d'une boule dans l'autre, ce qui eſt abſurde & ridicule; puiſque l'impulſion n'eſt eſſentiellement que la rencontre, ou le choc de deux corps.

Dire enfin que le corps continue à ſe mouvoir, parcequ'étant indifférent au repos & au mouvement, il continue de lui-même dans l'état où il a été une fois mis, juſqu'à ce que quelque autre cauſe l'en faſſe changer, c'eſt dire que le corps n'a en lui-même aucune force, aucune tendance au repos, plutôt qu'au mouvement, & qu'ainſi il obéit également, & indifféremment à l'impreſſion de la force, qui agit ſur lui pour le mettre en repos ou en mouvement: mais ce n'eſt pas expliquer quelle eſt cette force, qui le tient dans l'état du mouvement. Si on dit qu'après que le corps a reçu le mouvement, il n'eſt plus beſoin d'aucune force qui le lui conſerve, mais qu'il s'y maintient de lui-même par ſon indifférence, c'eſt ce qu'il eſt aiſé de réfuter par la nature même du mouvement. Le mouvement eſt le tranſport paſſif d'un corps, d'un d'un lieu en un autre lieu. Car le corps ne peut avoir le mouvement, s'il ne le reçoit de quelque force agiſſante ſur lui, & il eſt évident que l'état, dans lequel une choſe eſt miſe par une force agiſſante ſur elle, ne peut être qu'un état paſſif; puiſque la paſſion dans un ſujet répond par une connéxion néceſſaire, à l'action de la cauſe qui agit ſur lui. Le mouvement étant donc un tranſport paſſif, il n'eſt pas moins évident que ce tranſport actuel ne peut ſe faire ſans une cauſe qui tranſporte actuellement. Or cette cauſe n'eſt pas le corps qui en choque un autre: car on ne peut pas dire que ce corps tranſporte l'autre corps dans tout l'eſpace, où il eſt tranſporté actuellement enſuite du choc; & on ne trouve pas dans le corps choquant l'idée de la force, que nous concevons devoir répondre à un tranſport continué & ſucceſſif d'un lieu en un autre lieu.

Donc le choc ne peut être que l'occaſion, qui détermine la force motrice toujours prête à agir ſur les corps, à les mouvoir, ſelon les loix établies par l'Auteur de la nature. Et certes tous les Philoſophes conviennent qu'un corps mu, ſelon une certaine direction, ne ſauroit prendre de lui-même une autre direction. Si donc dans un corps, il n'y a point de force capable de lui faire prendre une autre direction, s'il n'y eſt pouſſé extérieurement; je ne vois pas quelle force interne on pourroit ſuppoſer, par laquelle il pût continuer de lui-même ſon mouvement dans la même direction, ſans être actuellement pouſſé ou tranſporté; puiſque la continuation du mouvement dans l'une & l'autre direction, éxige une égale force, & que ces directions ne différent entr'elles, que par un rapport purement extrinſeque.

Concluons donc qu'un corps ne continue dans l'état du mouvement, que parceque la force, qui le lui a imprimé, continue ſon action, ou ſon impreſſion ſur lui. Le commencement même du mouvement emporte néceſſairement une ſucceſſion dans l'action de la force motrice: on ne peut concevoir un commencement de mouvement ſans concevoir un transport, & l'idée d'un transport emporte celle d'une succession. Donc cette passion, qu'on peut appeller commencement de mouvement dans le corps, étant successive, elle exige une succession correspondante dans l'action qui l'a produite. Ce n'est donc pas le choc des corps qui produit le commencement du mouvement: car ce choc est instantané, au moins par rapport aux premieres parties qui cédent dans les corps moux & élastiques; ce qui revient toujours au même. Or cette force mouvante distinguée du choc des corps, lequel n'est que l'occasion de son action, cette force, dis-je, laquelle seule peut mettre les corps en mouvement, est celle-là même qui les conserve en cet état, en continuant de les transporter, ou de les faire éxister successivement en différents lieux. On voit bien que cette force ne peut être que l'action immédiate de Dieu, comme on le prouve en plusieurs endroits de cet Ouvrage, quand l'occasion s'en présente. Mais comme cette force agit sur les corps selon différentes directions, on peut la concevoir comme partagée en autant de forces distinctes; & pour soulager l'imagination on peut concevoir ces forces, comme autant de ressorts, ou de mains qui pousseroient un corps, en ne cessant point de l'accompagner, comme quand on pousse une boule en l'accompagnant de la main dans le jeu du billard. Faisons maintenant l'application de ces principes au mouvement composé & décomposé.

Soit la boule A poussée par deux ressorts agissant l'un selon la direction, & avec la force AB, lequel par conséquent donneroit par lui-même à la boule une vitesse AB; l'autre agissant selon la direction, & avec la force AC, lequel donneroit par la même raison, s'il agissoit seul, à la boule une vitesse AC. Ces deux ressorts agissant partie de concert, partie selon des directions opposées, & accompagnant toujours la boule, ils lui feront prendre la direction, & la vitesse AE. Ces ressorts agissant donc en partie selon des directions opposées, ils n'emploient pas toute leur force

à pousser

à pousser la boule dans la direction AE; mais ils emploient chacun une partie de leur force à se détruire, ou à s'équilibrer réciproquement. Ainsi la vitesse AE sera proportionnelle, non à la somme de ces deux forces entiéres, mais à la somme de leurs parties, qui agissent sur elle, & qui la poussent.

Mais quand la boule arrivée au point E, rencontre obliquement deux autres boules, l'une selon la direction EF parallele à AB, l'autre selon la direction EG parallele à AC, ce choc est cause ou occasion que les forces, qui agissoient ensemble sur la boule A dans la direction AE, passent dans les deux autres boules; puisqu'après le choc la premiere boule s'arrête, & celles-ci se meuvent. Or ces deux forces étant conçues comme deux ressorts, dont l'un agissoit selon la direction AB, & l'autre selon la direction AC, il est clair qu'au moment du choc, c'est-à-dire, au point E la direction AB se trouve être la direction parallele CE, & la direction AC se trouve être aussi la direction parallele BE. De là il s'ensuit que ces deux forces, ou ces deux ressorts devant, selon les loix de la communication du mouvement, abandonner la premiere boule A pour passer dans les deux autres, le premier passera seul, & tout entier dans la boule qui se trouve sur sa direction EF, & l'autre dans la boule qui est sur sa direction EG. Ces deux ressorts agissant ainsi séparément, agiront selon toute leur force, & par conséquent le mouvement des deux boules choquées obliquement répondra à la somme absolue des deux forces AB, AC, pendant que la boule A n'en avoit que la partie, qui n'étoit pas détruite par l'opposition des directions. L'augmentation du mouvement dans la décomposition, vient donc uniquement de ce que deux ou plusieurs forces, qui agissant ensemble sur un même corps, se détruisoient en partie à cause de leurs directions, venant à rencontrer dans le choc quelques autres corps, elles passent dans ces corps, chacune selon sa propre direction, & se degageant ainsi les unes des autres, chaque

force

force en particulier s'emploie toute entiere à mouvoir: d'où il résulte une plus grande quantité de mouvement, mais non une plus grande quantité de forces mouvantes dans l'univers. Le contraire arrive dans la composition du mouvement.

Mais la chose va plus loin. Supposant, comme on l'a dit, que les deux boules qui ont été poussées obliquement par la premiere vinssent aussi à en rencontrer obliquement deux autres, & celles-ci encore d'autres de la même maniere, il est incontestable, & tous les Philosophes Géométres en conviennent, que de telles rencontres multipliées à l'infini, produiroient une augmentation de mouvement à l'infini. Ceux qui pensent que la force, qui met les corps en mouvement, consiste dans leur mouvement même, doivent ici reconnoître qu'une force finie peut produire un effet plus grand qu'elle-même, & des effets toujours plus grands à l'infini : ce qui est manifestement absurde.

Mais dans le sentiment de ceux qui distinguent la force mouvante d'avec le mouvement, comme la cause d'avec son effet, il n'est pas difficile d'expliquer ce paradoxe apparent. Il faut donc remarquer que comme nous avons consideré le mouvement de la boule A par AE, produit par deux forces mouvantes AB, AC, agissant au premier instant selon les directions AB, AC sur la boule A, & dans chaque instant, suivant selon des directions paralleles, on peut aussi concevoir les deux forces AB, AC, comme composées chacune en particulier de deux autres forces, la premiere des deux forces AI, AL, la seconde des deux AR, AS. De là il suit que le mouvement de la boule E par EF parallele & égale à AB, étant conçu produit par une force égale à la force AB, cette force EF peut être décomposée comme la force AB, & le mouvement EF consideré comme produit par deux forces, l'une ET égale à AL, & l'autre EO égale à AI. La boule E venant donc à choquer obliquement deux autres boules en F, ces deux forces passeront de la premiere boule dans les deux autres, l'une selon

la

la direction FH parallele à ET, l'autre felon la direction FD parallele à EO, ainfi qu'il a été expliqué ci-deffus. Or comme ces deux mouvements FD, FH peuvent encore être décompofés à l'infini, on peut auffi concevoir que les deux forces AL, AI, qui leur répondent, fe décompofent à l'infini; de forte que l'on peut confidérer le mouvement AE, comme produit par une infinité de forces, qui agiffant toutes fur la boule A, mais avec des directions obliques, & quelques-unes même entiérement oppofées, ne peuvent faire fur ce corps qu'une impreffion égale à celle d'une force finie AE. Mais à mefure que ces forces trouvent dans la rencontre oblique d'autres corps, l'occafion & le moyen de fe dégager les unes des autres, leur action fe dévelope, & s'éxerce toute entiere fur ces autres corps.

Ainfi l'augmentation à l'infini du mouvement dans la rencontre oblique des corps, viendroit d'un fond de force réellement infini. Dans cette infinité de forces mouvantes, que nous pouvons confidérer dans le mouvement de chaque corps, & qui ne produifent pourtant qu'un effet fini, à caufe de l'infinie varieté de leurs directions, nous pouvons envifager en quelque forte l'action de Dieu dont la force eft infinie; mais qui étant reçue dans un fujet fini, & compofée ou modifiée, pour ainfi dire, par les loix du mouvement établies par fa fageffe, produit des effets actuellement finis.

La compofition & la décompofition du mouvement ainfi confidérées, peuvent être regardées avec raifon comme le principe de tous les effets phyfiques. Si l'on conçoit la matiere dans fon état naturel, on n'y trouve aucun principe intérieur de cohéfion: toutes fes parties doivent fe defunir, & céder à la plus legere impreffion, parceque rien ne les attache l'une à l'autre. Mais fi quelque portion de cette matiere fe trouve preffée extérieurement par une infinité de forces, felon des directions oppofées, les plus petites particules, dont cette portion eft compofée, ne pouvant fe pénétrer, cette portion de matiere deviendra une maffule ex-

trême-

trêmement dure. Je ne crois pas qu'on puiſſe bien expliquer la dureté des corps, ſans recourir à l'impreſſion primitive du mouvement: cette dureté étant réellement le phénomene primitif de la nature, que tous les autres effets naturels ſuppoſent, & dont ils dépendent en partie.

Le P. Caſtel. Un célébre Philoſophe, & Mathématicien de notre tems a judicieuſement remarqué, qu'un avantage conſidérable du Syſtême Neutonien, étoit la détermination d'un centre du mouvement. Il me ſemble que la décompoſition des forces mouvantes pourroit bien nous faire trouver cet avantage dans le Syſtême du plein, & d'une maniere peut-être moins arbitraire, que dans le Syſtême du vuide. Si l'on ſuppoſe que l'impreſſion primitive du mouvement par AB ſe décompoſe en deux forces mouvantes l'une par AC, l'autre par AD, & que celles-ci ſe décompoſent de la même maniere en deux autres forces mouvantes, & ainſi de ſuite, il eſt clair par l'inſpection même de la figure II. que ces forces mouvantes iront ſe réunir en un point A, qui ſera comme le centre, d'où partira tout à l'entour l'impreſſion du mouvement. On peut même ajouter pour rendre la choſe plus intelligible, que l'impreſſion primitive du mouvement par AB ſur la matiere, ou ſur une portion de matiere, en ſe décompoſant par AC, & par AD, diviſe cette maſſe de matiere AB en deux parties AC, AD, & ainſi de ſuite; en ſorte que le mouvement, & la diviſion de ſes parties naiſſe de la décompoſition de l'impreſſion primitive du mouvement.

De là il ſuit que la matiere venant à ſe diviſer à l'infini, & le mouvement de chacune de ſes parties ſe décompoſant à proportion, il ſe formera une infinité de centres, d'où le mouvement partira, ſelon une infinité de directions obliques les unes aux autres, & que par conſéquent il ſe formera une infinité de tourbillons les uns dans les autres: ainſi la détermination des centres du mouvement, & la formation des tourbillons paroit pouvoir ſe déduire d'une loi ſimple, générale, méchanique, que l'expérience nous apprend avoir certai-

certainement lieu dans la nature, en un mot de la loi de la décompoſition des mouvements.

L'Auteur du Traité de l'action de Dieu ſur les Créatures ſect. 6. part. 2. c. 8. §. 2. remarque fort bien, que pour former & conſerver l'Univers, ces deux voies ſimples propoſées par quelques Philoſophes. 1. Que le mouvement ſe continue en ligne droite. 2. Qu'il ſe communique à l'occaſion du choc des corps, ne ſuffiſent pas; mais qu'outre ces deux loix du mouvement, il faut encore différentes projections de matiere, & différentes déterminations du mouvement, parceque ſans cela les parties de la matiere ne pourroient pas ſe rencontrer comme elles doivent faire, pour former & conſerver les corps.

Si l'on peut donc déduire, comme on l'a fait, ces différentes projections de matiere, & ces différentes déterminations du mouvement, qu'il faut ajouter aux deux voies ſimples ci-deſſus propoſées, d'une autre loi également ſimple & géométrique, telle qu'eſt la décompoſition du mouvement; n'eſt-on pas en droit de regarder au moins comme probable la ſuppoſition qu'on vient de faire, que l'impreſſion primitive du mouvement a été reglée, & diſtribuée dans toutes les parties de la matiere, ſuivant les loix, & les différentes déterminations d'un mouvement décompoſé à l'infini?

Au reſte on ne doit pas s'imaginer, que ce que j'avance ici d'une force infinie qui communique le mouvement à la matiere, en la diſtribuant à toutes ſes parties, ſelon toutes les différentes déterminations d'un mouvement décompoſé à l'infini, ſoit contraire à ce que j'ai dit plus haut, qu'on peut concevoir tout mouvement fini, comme produit par une infinité de forces, leſquelles agiſſant ſur un corps ſuivant une infinité de directions obliques, ne retiennent pour le pouſſer en avant, que la différence finie des forces dont l'action ne ſe détruit pas: car bien loin que l'un contrediſe l'autre, qu'au contraire l'un ſuit de l'autre. La raiſon eſt que comme par la diviſibilité de la matiere à l'infini on conçoit, qu'en la diviſant à l'infini, chaque partie de la division est encore elle-même divisible à l'infini; ainsi en décomposant un mouvement donné à l'infini, chaque mouvement décomposé est conçu, comme pouvant encore être décomposé à l'infini: & comme chaque partie finie de matiere contient une infinité de parties, lesquelles se déploient par la division; ainsi tout mouvement peut être conçu, comme produit par une infinité de forces, lesquelles se déploient par la décomposition, de la façon dont il a été expliqué ci-dessus.

LA FIN.

Supplement à l'Eclairciſſement ſur la preſſion de l'Ether, avec une explication de la fixité de l'air &c.

QUand j'ai dit dans le précédent Eclairciſſement ſur la prétendue legereté innée &c. qu'on ne devoit pas attribuer à la preſſion de l'Ether la ſuſpenſion du mercure à la hauteur de 70. pouces & plus, dans les tuyaux capillaires, je n'ai pas prétendu m'oppoſer au ſentiment de ceux, qui font dépendre de cette preſſion l'élevation extraordinaire des liqueurs dans ces mêmes tuyaux. Ceux qui ſavent que dans un ſyphon renverſé le mercure, & les matieres métalliques ſe tiennent dans la branche capillaire au deſſous du niveau de l'autre branche, pendant que le contraire arrive à toute autre liqueur qu'on connoiſſe, n'auront pas de peine à concevoir que l'Ether ne ſauroit être la cauſe de cette ſuſpenſion extraordinaire du mercure; puiſque la preſſion de ce fluide eſt incapable par elle-même de l'élever à une telle hauteur; & qu'ainſi il n'y a que l'adhérence aux parois du tube qui puiſſe l'y ſoutenir, après qu'il y a été élevé en rempliſſant le tube.

Au reſte je ne doute point qu'on ne puiſſe fort vraiſemblablement expliquer par la preſſion de l'Ether, jointe à quelques autres circonſtances purement méchaniques, tout ce que les phénomenes des tuyaux capillaires préſentent de contraire, au moins en apparence aux loix communes de l'hydroſtatique.

Il n'y auroit, ce me ſemble, qu'à étendre & détailler ce que M. Neuton dit à ce ſujet dans une lettre à M. Boyle ſur la cauſe des qualités naturelles, imprimée nouvellement dans le Journal de Rome du 1745.. Ce grand génie y explique méchaniquement par le moyen de trois ou quatre ſuppoſitions non ſeulement les phénomenes des tuyaux capillaires, mais auſſi ceux de la fermentation, de la gravitation, de la refraction &c., effets qu'il ne ſuffit pas à un Phyſicien de rapporter à une cauſe purement mathematique, telle

 que

que celle qu'on entend communement par le mot d'attraction.

I. Dit-il, je suppose qu'il y ait une substance étherée répandue par tout, capable de raréfaction & de condensation, douée d'une parfaite élasticité, en un mot semblable en tout à l'air, excepté qu'elle est plus subtile.

II. Je suppose que cet Ether pénetre tous les corps, de telle façon pourtant qu'il soit plus rare entre leurs pores, que dans les espaces libres au dehors, & même d'autant plus rare que ces pores sont plus étroits. Et c'est ce que je suppose avec bien d'autres être la raison, pourquoi la lumiere qui tombe sur les corps est rompue vers la perpendiculaire; pourquoi deux lames bien polies de metal restent encore attachées dans le recipient, après qu'on en a pompé l'air; pourquoi le mercure demeure quelquefois suspendu à la hauteur de plus de 30. pouces; & enfin que cet Ether est une des causes de la cohésion des parties de tous les corps, de la filtration, & de l'élevation de l'eau dans les tuyaux *capillaires* au dessus du niveau de l'eau, renfermée dans la cuvette où ils sont plongés; parceque j'ai quelque soupçon que l'Ether soit plus rare non seulement dans les pores insensibles des corps, mais aussi dans les cavités sensibles de ces mêmes tuyaux capillaires. Le même principe étheré sera donc aussi la cause, pourquoi un dissolvant pénetre avec violence les pores des corps qu'il dissout: cet Ether étant comme une atmosphere propre à les comprimer ensemble avec force.

III. Je suppose que l'Ether plus rare dans les pores des corps, & plus dense au dehors ne se termine pas en une surface mathématique; mais que ce changement se fait par degrès, c'est-à-dire, qu'à quelque distance du corps, l'Ether extérieur commence à se faire plus rare, & l'intérieur plus dense, & qu'ils passent ainsi par tous les degrès intermediaires de densité dans les espaces intermediaires. Et ce sera là la cause de l'infléxion des rayons &c.

IV. Quand deux corps s'approchent l'un de l'autre, je suppose que l'éther compris entre ces deux corps devient plus

rare

rare qu'il ne l'étoit auparavant ; & cela parceque l'éther ne peut pas se mouvoir, & se replier de côté & d'autre aussi aisement dans l'espace étroit, que ces corps laissent entr' eux, qu'il le pouvoit faire avant qu'ils s'approchassent &c.

Quoique ces suppositions de M. Neuton ne soient tout au plus que vraisemblables, toujours est-il plus raisonnable de les employer dans l'explication des effets naturels, que de recourir pour cela à des qualités aussi peu connues par l'entendement, qu' apperçues par les sens. Un Philosophe raisonne ainsi: la nature employe certainement le mechanisme pour produire une infinité d' effets, dont on connoit évidemment la cause, les effets, par exemple, qu'on attribuoit autrefois à l'horreur du vuide. Donc les autres effets, dont nous ne connoissons pas encore certainement la cause, étant en beaucoup de choses semblables aux premiers, ils doivent aussi être produits par les loix d'un méchanisme à peu près semblable : & si nous ne pouvons pas en donner une explication, qui ne laisse rien à souhaiter, c'est que nous sommes encore bien éloignés de connoître à fond la disposition méchanique des parties, soit des solides, soit des fluides (dont on ne sauroit pourtant contester l' éxistence) pour en déduire les effets qu'ils doivent produire les uns sur les autres par les loix connues du mouvement. Un autre au contraire raisonne ainsi: on ne sauroit expliquer d'une maniere évidente qu'un tel ou tel effet soit produit par une cause méchanique . Donc il est produit par une cause non méchanique. Je laisse au Lecteur à juger laquelle des deux méthodes est la plus raisonnable.

I. Revenant donc aux suppositions de M. Neuton, & à notre sujet en particulier, on comprendra aisément que l'éther ou l'air subtil, dont parle M. Neuton, doit être plus rare dans les cavités des tuyaux capillaires, & à plus forte raison dans les pores insensibles des corps ; parceque l'éther extérieur ne sauroit y exercer de tous côtés sa pression aussi librement qu'au dehors ; d'où il suit que l'air subtil renfermé dans ces petites cavités, y étant moins comprimé de côté, il

doit

doit s'y dilater davantage, & devenir par conséquent plus rare. M. Boyle dans son essai sur la porosité des corps solides rapporte quelques expériences, qui prouvent que le verre est pénétrable aux éxhalaisons de plusieurs corps, lesquelles doivent être par conséquent incomparablement plus subtiles que l'air grossier : l'atmosphére de l'aimant, & celle des corps électriques si sensibles par leurs effets sont aussi d'une subtilité étonnante; on seroit donc assez fondé à croire que les tubes capillaires, ayant aussi leur atmosphére, cette atmosphére peut constituer dans leur cavité un milieu encore plus subtil que l'air, dont parle M. Neuton, dont la pression sera par cette raison moins forte, que celle de cette matiere éthe-rée qui presse au dehors.

II. Car il est à propos de remarquer que cet air subtil, auquel on donne généralement le nom d'éther, n'est pas tout de la même sorte. Les parties mêmes de l'air grossier, qui est le vehicule du son, ne sont pas toutes d'une égale grosseur, ainsi que l'a prouvé le célébre M. de Mairan par la différente vitesse de sa propagation, selon la différence des tons. Les différentes hauteurs, où le mercure demeure suspendu dans des différents verres, confirment la supposition de ce judicieux Philosophe, que toutes les parties de l'air subtil ne sont pas égales, qu'il y en a qui pénétrent le verre sans difficulté, d'autres qui ne le peuvent pénétrer, d'autres qui le pénétrent plus ou moins facilement. Mille expériences nous convainquent tous les jours, que si la division des parties de la matiere ne va pas à l'infini, elle est du moins indéfinie, & qu'elle passe tout ce que notre imagination peut concevoir. La lumiere, le feu élementaire répandu dans tous les corps sont des fluides incomparablement plus subtils que l'air grossier. Or la nature n'agit point par saut. N'est-il donc pas plus probable qu'entre l'air grossier, & ces fluides si subtils la nature ait placé une infinité, pour ainsi dire, de termes moyens, ou de fluides qui nagent les uns dans les autres, & dont la subtilité s'augmente toujours insensiblement, jusqu'à venir

enfin

enfin à cette matiere premiere, ou subtile des Cartésiens, dont les parties n'ont aucun lien de cohésion qui les tienne attachées l'une à l'autre. Les Hemisphéres de Magdebourg retiennent leur adhérence dans le vuide prétendu de la Machine pneumatique. Si l'on doit donc attribuer les effets semblables à des causes semblables, selon l'excellente regle de M. Neuton; comme on ne peut douter que l'adhérence de ces Hemisphéres dans l'air libre ne dépende de la pression de cet air, on ne doutera pas non plus que cette même adhérence dans le prétendu vuide ne dépende d'une cause également méchanique, c'est-à-dire, de la pression d'un fluide qui pénetre le verre, & qui comprime avec force certaines parties de ces Hemisphéres qu'il ne sauroit pénetrer avec une égale facilité. C'est-ce qu'on trouvera détaillé avec plus de précision à la fin du second Tome des expériences de M. l'Abbé Nollet.

III. De ces suppositions il suit que l'air subtil, même dans le prétendu vuide de la Machine pneumatique, étant plus raréfié dans la branche capillaire d'un syphon renversé, que dans la plus large, il exercera sur la liqueur contenue en celle-ci une pression plus forte, que sur la liqueur contenue dans l'autre branche, & par conséquent elle devra s'y élever plus haut, & d'autant plus haut que le tuyau sera plus étroit. Ainsi l'élevation des liqueurs dans les tuyaux capillaires aura également lieu dans ce prétendu vuide, comme dans l'air grossier.

IV. Il suit encore de ces mêmes suppositions, que la longueur du tube ne sauroit influer sensiblement à l'élevation des liqueurs; car dès qu'une fois l'air subtil se trouve plus raréfié dans le tube qu'au dehors, par la raison alleguée n. 1. il est clair que la pression de toute la colonne de l'air subtil doit être interrompue, & diminuée dès l'entrée même du tube; ainsi que le tube soit plus ou moins long, comme cette différence est absolument insensible par rapport à la hauteur de la colonne de l'Ether, elle ne peut apporter aucune variation sensible aux degrès de l'élevation de la liqueur dans le tube.

V. Les degrès de cette élevation toutes choſes d'ailleurs égales devront dépendre en partie auſſi de l'adhérence plus ou moins grande des différentes liqueurs aux parois du tube, puiſque cette adhérence eſt une force qu'elles doivent ſurmonter dans leur élevation ; or cette adhérence peut-être produite, & par la denſité qui cauſe un plus grand frottement, & par la figure des parties de la liqueur. Si l'adhérence produite par la figure des parties eſt plus grande dans une liqueur, que celle qui eſt produite par la denſité dans une autre liqueur, il arrivera que la liqueur plus denſe s'élevera plus haut que la moins denſe : ainſi l'eau en effet s'éleve plus que l'eſprit de vin.

VI. Il peut auſſi arriver que le frottement produit par la denſité d'une liqueur dans un tuyau étroit, ou ce frottement toutes choſes d'ailleurs égales eſt plus grand que dans un tuyau plus large, ſoit tel que ni l'excès de la preſſion du milieu extérieur ſur la preſſion du milieu contenu dans la cavité du tuyau capillaire, ni l'excès de la colonne contenue dans le tuyau plus large ne pourront le ſurmonter entiérement ; d'où il s'enſuivra que la colonne de la branche capillaire reſtera au deſſous du niveau de l'autre branche, & d'autant plus au deſſous que le tuyau ſera plus étroit. C'eſt-ce qui arrive au mercure & aux matieres metalliques. La figure de leurs parties doit auſſi être comptée dans les différences qu'on pourroit trouver, qui ne répondroient pas à leurs denſités.

VII. On peut encore expliquer aſſez heureuſement par le moyen des ſuppoſitions qu'on vient de faire, un autre phénomene des tuyaux capillaires, qui eſt que la ſurface du mercure s'y éleve en figure convexe, pendant que celle de l'eau s'y abbaiſſe, & fait une figure concave. Il eſt naturel de concevoir la colonne de l'air ſubtil dans un tuyau, comme partagée en autant de couches cylindriques, leſquelles par la ſuppoſition de M. Neuton devront être plus denſes vers l'axe du cylindre, & plus rares vers la ſurface du tuyau.

Ou

Ou si l'on aime mieux s'en tenir à la supposition, que nous avons ajoutée à celle de M. Neuton, savoir que le milieu, qui remplit la cavité d'un tuyau capillaire, est l'atmosphére même de toutes les parties de ce tuyau, il sera également aisé de concevoir. 1. Que les atmosphéres de ces parties seront obligées de se mouvoir en tourbillons, par la resistance qu'elles rencontrent à leur mouvement direct. 2. Que ces atmosphéres étant composées de parties d'inégale densité, les plus denses seront poussées de toute part vers le milieu du tuyau, où elles formeront par conséquent un milieu plus dense & plus resistant, que vers la surface intérieure du tuyau. L'eau trouvant donc plus de resistance au milieu du tuyau, ne s'y élevera pas si haut que vers les bords. Mais pour ce qui est du mercure, comme il demeure suspendu dans la branche capillaire au dessous du niveau de l'autre branche, parceque, comme il a été dit, son frottement, & son adhérence aux parois du tube surpasse la force soit de la colonne de l'air subtil, quoique plus dense, qui presse dans la branche plus large, soit celle de la colonne du mercure, qui dans le tuyau plus large excéde le niveau de l'autre branche; cependant ces forces ne cessant de presser, on conçoit aisément, que ne pouvant surmonter entiérement la resistance de l'adhérence, & du frottement du mercure contre les parois du tuyau, elles l'éleveront au moins tant soit peu vers le milieu; ce qui rendra sa surface convexe.

Et pour expliquer généralement, pourquoi la surface du mercure est toujours convexe dans un vase, qui n'en est pas plein, & qu'elle devient concave, dès que le vase est tout rempli, il faut faire attention que les loix de l'équilibre des liqueurs établies par les Mathématiciens supposent toujours un fluide parfait, dont les parties entiérement desunies prendroient éxactement la figure du vase, où il seroit contenu, sans pouvoir aucunement se soutenir par leur propre consistance. Or il est bien évident que le mercure n'est pas dans ce cas: ainsi quand on en verse un peu dans un verre,

verre, on voit que ses bords se détachent peu à peu des parois du vase, qu'ils s'élevent en s'arrondissant, & forment une figure, qui n'est soutenue que par la consistance du mercure, lequel se trouve par là rangé en quelque sorte dans la classe des corps durs ou moux, selon la définition d'Aristote: *quod suis terminis continetur*. Je n'entreprends pas de parler de la cause de cette consistance: j'ai proposé dans mon Eclaircissement sur la décomposition du mouvement une conjecture sur la cause primitive de la dureté des corps; & je me flatte qu'on me permettra de l'attribuer ici avec un grand nombre de célébres Philosophes à la pression d'un fluide ambiant: d'autant plus que ceux, qui ont prétendu démontrer le contraire, n'ont pu, que je sache, en venir encore à bout. Lors donc qu'un verre est à demi-plein de mercure, il arrive d'un côté que les colonnes du mercure ne peuvent vaincre cette force de consistance, qui tient ses bords arrondis: d'un autre côté le vase empêche que les parties du mercure, qui s'appuient contre ses parois, ne puissent s'écarter. La surface du mercure doit donc s'y faire nécessairement convexe, par l'équilibre qui regne entre l'élevation des colonnes du milieu, & la consistance des bords du mercure, laquelle consistance est une force, qui empêche que les parties du mercure ne se desunissent, en cédant à la pression des colonnes du milieu, pour se mettre à un niveau parfait dans le vase.

Mais quand on remplit le verre, alors les bords du mercure, qui ne pouvoient s'étendre dans le vase à cause de la resistance de ses parois, s'étendent sans difficulté sur les bords mêmes du verre, qu'ils surmontent. Ainsi les bords du mercure, qui resserrés dans le vase soutenoient le poids des colonnes du milieu, qui formoient la surface convexe, pouvant s'étendre aisément sur les bords du verre, quand il est plein, ils cédent à la pression de ces colonnes: or ils ne peuvent céder, que ces colonnes ne descendent par leur propre poids: d'où il suit qu'elles doivent rendre la surface

totale

totale du mercure concave. S'il s'agissoit d'un fluide parfait, dès qu'il surmonteroit les bords du vase, où il est contenu, il s'écouleroit, mais le mercure s'y soutient par sa consistance de l'épaisseur d'environ un écu. Et c'est-ce qui fait, au moins dans les verres, où j'en ai fait l'expérience que le point du plus grand abbaissement dans la surface concave du mercure est encore au dessus des bords du verre, & qu'il feroit une surface convexe, si tout ce qui se soutient par sa propre consistance s'écouloit.

Après avoir bien essuyé un petit verre assez épais fait en cone renversé, je l'ai rempli d'eau par le moyen d'un petit entonnoir, & ayant réussi par là à faire que l'eau se soutint sur les bords de ce verre à une hauteur même assez considérable, je remarquai que sa surface étoit concave, quoique moins que celle du mercure. Plusieurs personnes, devant qui je fis cette expérience, sans être informées de mon dessein, ni savoir quel devoit être le resultat de l'expérience, jugerent toutes unanimement que l'eau s'abbaissoit vers le milieu, & je trouvai que la refléxion des objets dans cette surface répondoit parfaitement au jugement des yeux. Si donc pour l'ordinaire l'eau fait une surface convexe dans les vases, qui en sont pleins, c'est qu'ordinairement elle s'écoule, dès que par la pression des colonnes du milieu elle vient à surmonter les bords du vase, où elle est contenue.

VIII. Il n'est pas difficile de rendre raison par les mêmes principes, pourquoi dans un tuyau composé de deux parties, dont les diametres soient différents, si on le remplit jusqu'à la hauteur, où s'éleveroit l'eau dans un tuyau, qui fut par tout égal à la partie du plus petit diametre, & qu'on le plonge ensuite dans l'eau par l'autre partie, elle y restera suspendue à cette même hauteur, & qu'au contraire, si on plonge la partie du plus petit diametre, la liqueur, en montant dans la partie du plus grand diametre, y restera simplement suspendue à la hauteur, où elle s'éleveroit, si tout le tuyau étoit de ce même diametre. Dans le premier cas

la

la liqueur n'eſt répouſſée en bas, que par la preſſion du milieu contenu dans la partie plus étroite, qui a moins de force que le milieu extérieur. D'où il ſuit que la preſſion de ce milieu ſur la cuvette, n'étant pas contrebalancée par une preſſion égale dans la cavité du tuyau, elle fera équilibre avec la liqueur contenue dans tout le tuyau, quoique ſa partie inférieure ſoit d'un plus grand diametre. Dans le ſecond cas la preſſion du milieu dans le tuyau, étant d'autant plus forte que la partie, où elle agit, eſt plus large, elle aura autant de force pour empêcher la liqueur de monter, que ſi le tuyau étoit par tout d'un égal diametre. Pour mieux comprendre cette explication, il faudroit lire le détail de ces expériences dans M. Saurin, ou M. Nollet.

IX. Comme cet air ſubtil, qu'on nomme Ether, n'eſt pas tout également ſubtil, ainſi qu'on l'a prouvé, on peut auſſi raiſonnablement ſuppoſer, que dans les tuyaux plus larges une certaine partie de cet Ether s'inſinue entre la liqueur, & les parois du tuyau, ce qu'elle ne ſauroit faire dans les plus étroits. M. Cotes dans ſes leçons de Phyſique expérimentale traduites par M. Le Monnier page 27., parlant d'une certaine expérience d'Hydroſtatique, a ſoin d'avertir que cette expérience ne réuſſit que dans des tuyaux d'un très-petit diametre: car, dit-il, s'il eſt un peu trop large, l'eau s'inſinuant entre le tuyau & le mercure la fera manquer On voit donc qu'il n'y a rien dans notre ſuppoſition, que de conforme aux loix de l'Hydroſtatique, & que pourtant elle doit avoir beaucoup d'influence ſur les différents effets des tuyaux capillaires, ſelon que cette partie d'air ſubtil peut s'y inſinuer plus ou moins librement.

X. L'expérience fait voir, que ſi l'on induit l'intérieur du tube de ſuif, ou de quelque autre matiere huileuſe, l'eau ne s'y éleve point. C'eſt peut-être ici un des cas les plus favorables à l'attraction. Cependant, comme cette attraction, malgré ſa prétendue uniformité, n'a pu éviter le ſort des autres ſyſtêmes, & qu'il a fallu la modifier de cent diffé-

différentes façons, pour l'appliquer aux différents effets de la nature; systême pour systême ne pourroit-on pas recourir ici aux atmosphéres, dont l'éxistence dans tous les corps est une vérité incontestable, & géneralement reconnue? Supposant donc que l'atmosphére des parties huileuses est plus dense, que l'atmosphére du verre, ou bien qu'il éxhale de ces matieres huileuses une grande quantité de particules de feu (ce qui est assez conforme à ce que nous connoissons de la nature de ces matieres) on aura dans la cavité du tuyau un milieu, qui ou par sa densité, ou par l'augmentation qu'il produit dans le ressort de l'air subtil, supplera au défaut de sa densité, & empêchera l'eau de s'élever.

Mais, comme il pourroit arriver que des personnes, qui n'auroient aucune difficulté a admettre les suppositions de M. Neuton, & les explications méchaniques qu'il en tire, se trouveroient encore embarrassées dans l'explication méchanique de l'élasticité de l'air tant grossier, que subtil; d'autant plus que quelques Philosophes appuyés sur les expériences de M. Hales prétendent qu'il n'est aucune cause méchanique, qui puisse faire perdre à l'air son élasticité, & le reduire en un état de fixité & de compression, tel qu'il se trouve en certains corps, d'où l'on en fait sortir une quantité prodigieuse, en lui rendant son élasticité; & qu'ainsi, pour expliquer ces passages comme instantanés de l'air d'un état d'élasticité à un état de fixité, & au contraire, il faut de toute néceffité recourir à des attractions, & à des répulsions naturelles; je crois devoir dire deux mots sur ce sujet, pour tâcher de rappeller ces effets au méchanisme.

Je dis donc premiérement que la cause de l'élasticité de certains corps, que nous connoissons, est certainement méchanique.

Un arc à force d'être tenu bandé perd son élasticité: or si la perte de cette élasticité provenoit de quelque attraction entre les parties de sa surface concave ensuite d'une plus grande proximité, cet effet devroit s'ensuivre dès le premier

instant

instant que l'arc seroit bandé; puisque l'effet que l'attraction peut produire à une certaine distance déterminée, elle le produit tout d'un coup, comme dans le point du contact; au lieu qu'on conçoit fort bien que l'action d'un milieu, qui passe par les pores de l'arc bandé, peut par son agitation, & sa pression continuée déranger peu à peu la disposition des parties, & des pores de cet arc, & surmonter ainsi l'obstacle, que la courbure de l'arc oppose à son passage; de sorte que par aprés le milieu ètheré passant librement par l'arc courbé il ne fera plus d'effort pour le redresser, & ainsi l'arc aura perdu sa force élastique.

On conçoit donc que l'élasticité peut dépendre d'une certaine flexibilité, & disposition de parties, & de pores dans un sujet, & de l'action d'un milieu, qui passe plus ou moins librement dans ce corps, selon que ses parties sont dans telle ou telle situation; de sorte que quand on les ôte de cette situation, en vertu de laquelle ce fluide passe plus librement dans ce corps, il faut qu'il fasse effort pour les y remettre. Or quoique le milieu, qui agit sur certains corps élastiques, puisse être lui-même élastique, & qu'on ne puisse même déterminer la graduation des fluides, ou des milieux élastiques plus subtils que l'air, il n'est pourtant pas nécessaire pour produire l'effet, que nous venons de décrire, & expliquer originairement l'élasticité, que ce milieu soit élastique: il suffit qu'il soit assez subtil pour pénétrer le corps, & qu'il ait assez de force, ou de mouvement pour en plier, ou en dilater les parties.

Je dis donc en second lieu que l'élasticité de l'air peut provenir aussi d'une cause méchanique.

Quelque subtile que paroisse à l'imagination une particule d'air, elle est pourtant aussi composée, que le corps le plus grossier que nous connoissions. Les petits animaux, qu'on nommoit autrefois imparfaits, sont aussi bien organisés que les plus grands, & les plus petites particules de matiere ont aussi bien leurs structures particuliéres que les plus grosses.

On

On peut donc concevoir chaque particule d'air, comme un corps doué d'une telle disposition de parties & de pores, que nageant dans un fluide beaucoup plus subtil, ce fluide tende à en dilater les petites parties par son agitation. Par exemple, on peut concevoir les particules de l'air, comme autant de ballons extrêmement déliés & flexibles, tous parsemés de pores, dont les uns donnent une entrée libre à cette matiere subtile & étherée, que nous regarderons ici comme l'élement du feu, & les autres la laissent sortir, quoiqu'avec plus de difficulté, que les premiers ne la laissent entrer. Rien de plus simple que cette construction, ni de plus conforme à ce que nous connoissons de la structure de tant d'autres corps. Cependant elle paroit suffire pour expliquer méchaniquement ces effets surprenants, dont on va chercher la cause dans des qualités absolument inintelligibles.

Cette méchanique supposée, on concevra aisément pourquoi la chaleur augmente le ressort de l'air; c'est que l'élement du feu ne peut entrer en plus grande quantité dans les ballons de l'air, qu'il ne les enfle, & ne les tende davantage. Et cette tension fera que venant à se heurter les uns contre les autres, ils se repousseront avec plus de force. C'est-là peut-être tout le secret de la repulsion, qu'on attribue aux parties de l'air. Au reste comme on peut supposer que ces ballons s'enflent en quelque raison donnée que ce soit, on peut expliquer la dilatabilité de l'air par le moyen de ces ballons, aussi bien que par le moyen des lames à ressort, ou de toute autre figure, qu'on voudroit attribuer aux particules de l'air.

Il conste par quelques expériences de M. Hales, que l'élasticité de l'air est le plus souvent fixée, ou suspendue par les vapeurs sulphureuses; mais aussi les vapeurs sulphureuses peuvent avoir une telle grosseur, & une telle configuration, qu'elles s'arrêteront aisément dans les pores, par lesquels l'élement du feu s'insinue dans les ballons de l'air, & lui boucheront le passage, ce qu'elles ne pourront pas faire

dans

dans les pores, par où il sort, pour être trop étroits, comme on l'a dit ci-dessus, en supposant que l'élement du feu entre plus facilement dans les ballons de l'air, qu'il n'en sort. L'élement du feu ne pouvant donc plus s'insinuer dans un ballon d'air, celui, qui y étoit renfermé, en sortira peu à peu, soit à cause de son agitation continuelle, soit à cause du poids, & de la compression de la matiere sulphureuse, & du fluide environnant. Ainsi ce ballon s'applatira comme une vessie vuide, dont les côtés se touchent. De cette façon on conçoit que l'élasticité de l'air sera fixée ou suspendue, & qu'une quantité d'air, qui occupoit un grand volume dans son état de tension, pourra se reduire en un très-petit volume dans cet état de fixité, & se loger par conséquent en très-grande quantité dans les pores des différents corps; & qu'enfin si l'on parvient à débarrasser les particules de cet air ainsi comprimé des vapeurs sulphureuses, qui l'enveloppent, soit par la fermentation, soit par tout autre moyen, l'élement du feu, qui s'y insinuera de nouveau, lui rendra sa premiere élasticité. Ainsi cet air se dilatera prodigieusément, & selon que cette dilatation sera plus ou moins prompte, il produira des effets plus ou moins violents. Ainsi on expliquera fort bien la fameuse expérience du Docteur Slare, & quantité d'autres phénomenes.

Pour pousser encore plus loin cette explication méchanique, il me semble que ce seroit une pensée assez conforme aux expériences, que plusieurs habiles Physiciens, & M. Boerrhaave entre autres ont communiqué au public sur le feu élementaire également répandu dans tous les corps, que de le concevoir comme un fluide composé de petits tourbillons; mais d'un ordre différent, que ceux qui servent de vehicule à la lumiere; quoique ces deux especes de fluides puissent agir reciproquement l'une sur l'autre. Un effet universel, qui a fait juger aux Philosophes, que le feu étoit également répandu dans tous les corps; c'est de voir que tous les corps s'échauffent par le frottement. Pour expliquer un effet si comſi commun, & ſi peu difficile en apparence, mais auquel ſe rapportent pourtant une infinité d'autres effets particuliers, & plus obſcurs; M. Boerrhaave prétend que le choc, & le frottement des corps produit dans leurs plus petites parties un mouvement de vibration; ce qui fait que le feu s'inſinue en plus grande quantité dans ces corps, & s'y condenſe. On conçoit aiſément que le choc des corps peut exciter un mouvement de vibration dans leurs plus petites parties; mais comment cela puiſſe cauſer une condenſation du feu dans ces corps, & obliger le feu extérieur à s'y inſinuer, c'eſt ce qu'il n'eſt pas aiſé de comprendre, & M. Boerrhaave même ne le diſſimule pas. Je crois donc pouvoir hazarder une autre explication plus claire, & plus ſimple.

Le P. Maziere dans ſon excellent Traité des petits tourbillons de la matiere ſubtile rapporte, qu'après avoir verſé quelques goutes de mercure dans une boule creuſe de verre remplie d'eau, il avoit obſervé qu'en ſecouant la boule un ſeul tourbillon de mercure ſe rompt ſans peine en cent autres, qui commencent à ſe réunir, lorſque le mouvement, qui a cauſé leur ſéparation, vient à ceſſer. Ce même Auteur établit d'un autre côté, que les forces centrifuges des tourbillons ſont en raiſon inverſe de leurs diametres. Faiſant donc l'application de ces principes à ce, que nous avons dit plus haut, que le frottement produit de très-promptes vibrations dans les plus petites parties des corps, qui ſe choquent, nous trouverons que ces petites parties pourront par leurs ſecouſſes réiterées diviſer chaque tourbillon du feu élementaire en pluſieurs autres petits tourbillons, par la même raiſon qu'en ſecouant la boule on diviſe le tourbillon de mercure en cent autres petits tourbillons, & comme la force centrifuge des tourbillons eſt en raiſon inverſe de leurs diametres, on voit que le feu peut recevoir par la diviſion de ſes tourbillons une augmentation de force tout-à-fait prodigieuſe. Et cette force ceſſera, lorſque les vibrations des petites parties venant à ceſſer, les petits tourbillons ſe réuniront,

ront, & reprendront leur premier état. Cette division des tourbillons du feu, augmentant leur surface, & par conséquent leur volume, elle devra aussi causer une raréfaction proportionnelle dans tous les corps, où elle a lieu. Or cette raréfaction est l'effet le plus propre, & le plus inséparable du feu, selon M. Boerrhaave. Je crois qu'on pourroit expliquer par ce moyen bien d'autres phénomenes du feu : mais mon dessein n'est précisément que d'indiquer quelques ouvertures, que le méchanisme présente pour pénetrer dans les secrets de la nature. Tant d'effets différents, qui se rapportent si visiblement aux loix génerales, & toutes simples du méchanisme, doivent nous persuader qu'il est l'instrument de la nature; & dans les occasions, où il se dérobe à nos connoissances, nous risquons moins de croire, que la nature a employé son art avec une délicatesse, qui nous échappe, que de croire qu'elle ait été obligée d'y renoncer, & d'emprunter au défaut de l'art le secours de certaines qualités occultes faites exprès, pour faire produire aux corps certains effets, qu'elle ne sauroit, comme le supposent ceux, qui bornent sa sagesse par leurs lumieres, leur faire produire par l'arrangement, & le mouvement de leurs parties.

IMPRIMATUR

F. Joannes Dominicus Allonus Magister, & Vicarius Generalis S. Officii.

V. Chionius A. L. P.

Se ne permette la Stampa.

Morozzo per la Gran Cancellaria.

TABLE DES SOMMAIRES.

PREMIERE PARTIE

Examen des Principes, par lesquels M. Locke démontre l'Existence, & l'Immaterialité de Dieu.

§. I.

§. II.

§. III. 12

§. IV.

SECONDE

SECONDE PARTIE.

Démonstration de l'immaterialité de l'Ame, fondée sur les principes, par lesquels M. Locke démontre l'éxistence & l'immaterialité de Dieu.

SECTION PREMIERE.

SECTION SECONDE.

TROI-

TROISIEME PARTIE.

SECTION PREMIERE.

SECTION SECONDE.

§. I.

§. II.

Des Idées originales particuliéres à l'Esprit & au corps, selon M. Locke.

SECTION TROISIEME.

Examen des difficultés de M. Locke, contre l'idée claire de l'étenduë.

SECTION QUATRIEME.

Suite du parallele, que fait M. Locke entre l'Esprit & le corps.

QUA-

QUATRIEME PARTIE.

Que l'essence de la matiere consiste dans l' étenduë ; que tous les hommes en ont réellement la même idée, quoiqu'ils différent dans les divers jugements qu' ils en portent : déduction géométrique des attributs de la matiere, de l'idée simple de l'étenduë. 76

CINQUIEME PARTIE.

Examen des raisons, sur lesquelles M. Locke appuie son doute touchant l'immaterialité de l'Ame.

SECTION PREMIERE.

SECTION SECONDE.

De la prétendue action du corps sur l'Esprit.

SECTION TROISIEME.

SIXIEME PARTIE.

Examen des raisons de M. Locke en faveur de son doute sur la materialité de l'Ame contre le Docteur Stillingfléet.

SECTION PREMIERE.

SECTION SECONDE.

SECTION TROISIEME.

SECTION QUATRIEME.

SEPTIEME

SEPTIEME PARTIE.

Preuves qu'entre les anciens Philosophes plusieurs ont reconnu la substance de l'Ame absolument immaterielle.

HUITIEME PARTIE.

SECTION PREMIERE.

§. V.

§. V.

§. VI.

§. VII.

pour

SECTION SECONDE.

Preuves de l'immaterialité absolue de Dieu, & des Intelligences créées, tirées des Peres de l'Eglise.

DOM. FRANCISCUS CAJETANUS SOLA

Congregationis Cleric. Regul. S. Pauli Præpositus Generalis.

QUum Librum, cui titulus est: *L'Immaterialité de l'Ame, démontrée contre M. Locke par les mêmes principes, par lesquels ce Philosophe démontre l'éxistence & l'immaterialité de Dieu &c.* a P. D. Hyacintho Sigismundo Gerdil Congregationis nostræ Presbytero Professo compositum, duo ejusdem Congregationis nostræ eruditi Viri, quibus id commissimus, accurata lectione, & gravi judicio recognoverint, & posse in lucem edi probaverint: Nos, ut Typis mandetur, quantum in nobis est facultatem facimus. In quorum fidem has fieri, sigilloque nostro muniri jussimus.

Dat. Romæ ex Collegio nostro SS. Blasii, & Caroli pridie nonas Septembris an. Dom. MDCCXLV.

D. Franciscus Cajetanus Sola Præp. Gen.

Locus † Sigilli.

D. Philippus Maria Brambilla Cancell.

Page	Ligne	Erreurs.	Corrections.
32	26	voici.	voyez.
37	22	fignifient.	fignifie.
54	31	étenduë.	étendu.
60	27	idés.	idées.
64	9	lieu.	lien.
65	33	je ne dois m'étendre.	je ne dois pas m'étendre.
68	27	pourroit.	pouvoit.
74	24	ainfi.	auffi.
75	18	de .	&c.
75	24	fenfalines.	fenfations.
82	12	principes.	principe.
89	7	renfermées.	renfermés.
94	11	fes.	les.
95	1	des.	de.
110	1	au.	à un.
115	13	de la conftruction.	de la conftruction d'une telle machine.
127	4	é ige.	éxige.
129	30	connois.	conçois.
136	25	fa.	la.
149	24	de.	du.
150	14	trovat.	trouvat.
151	4	elles.	elle.
153	14	des.	les.
154	31	peut avoir d'autres.	peut avoir d'autres qualités.
159	1	fe.	ce.
172	31	néantir.	anéantir.
179	2	mais pluftôt.	mais que pluftôt.
ibid.	4	& ne plus.	& ne peut plus.
182	25	avons ci-deffus.	avons vu ci-deffus.
204	13	donc.	dont.
220	29	eft donc bien de celui.	eft donc bien éloigné de celui.
247	5	par la privation.	par la création.
257	30	j'aurai occafion.	j'ai eu occafion.

On prie le Lecteur d'excufer les autres fautes de moindre importance, & fur tout celles qui regardent la ponctuation, qu'on n'a pu marquer ici. En quelques endroits, où l'on cite M. Locke, le *p* qu'on trouvera après le liv. & le chap. ne fignifie pas la page, mais le paragrafe.